관상보고
사람 아는 법

관상보고
사람 아는 법

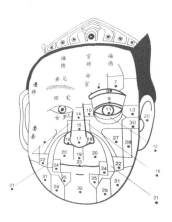

백만문화사

머리말

　먼 옛날 2200년 전 사람의 얼굴과 몸 전체를 보고 그 사람의 미래 운명을 예지하는 술법이 중국의 황하 유역에서 화려한 문명의 꽃을 피웠는데 이것이 이른바 관상학이다.

　그 근본은 인간은 우주 대자연의 소우주라고 비유하는 데서 그 연유를 찾을 수 있다. 즉 사람의 머리가 둥근 것은 하늘(天)을 본으로 삼았기 때문이며 발이 넓적한 것(方形)은 땅을 상징하고 두 눈은 해와 달에 비유되고 몸의 오장육부와 365 경락은 각각 월(月)과 시(時), 년(年)에 대응된다.

　이와같이 우주에는 춘하추동 사계절이 있고 바람과 비, 구름 등 측량키 어려운 변화가 있다. 사람도 우주와 같이 길흉화복, 생로병사, 희노애락의 흐름이 숨어 있어 세세년년 이어진다.

　그러나 선현들은 겉으로 보는 관상보다는 마음에 큰 비중을 두었다.

　공자는 '관상불여심상(觀相不如心相)'이라 하고 석가는 화엄경에서 '일체 유심조(一切唯心造)'라고 하였으며 예수는 "원수를 사랑하라."고 하는 등 모든 것이 마음에 연유한다고 설파하였다.

관상은 형상이 있으나 마음은 형상이 없다. 유형의 상은 무형의 마음에 의해 투영되며 지배되고 변화한다. "건전한 육체에 건전한 정신이 깃든다."는 말과 같이 신체와 정신은 표리 관계에 있고 마음은 형상이 없어 겉으로 판단키 어려우므로 형상 즉 관상에 의해 그 사람의 현재 상태와 미래 운명을 예지할 수밖에 없다.

이렇게 중국에서 발전한 관상학이 원·명·청·당·송을 거쳐 한국에 전래되었으며 그 내용으로 우리의 현재의 건강상태·성격·가족관계·사업운·돈복·취직운 결혼운 등을 종합적으로 예지할 수 있다.

이에 이 내용을 책으로 펴내는 바 몸 전체와 신체 각 부분으로 나누어 자세히 기술하였으므로 독자 제현은 자신은 물론 주위 사람의 현재 운세와 미래 운명의 궁금증을 이 책으로 풀어볼 수 있으리라 믿는다.

저자 **엄원섭**

차례

제3장 얼굴 생김새와 운세·성격

제4장 얼굴 각 부분과 운세·성격

제1장
관상학 상식

I. 관상학의 기원

만물(萬物)의 영장인 사람은 대자연(大自然)의 정기를 받고 태어났기 때문에 흔히 소우주(小宇宙)라고 부르는데 인체는 하늘의 변화와 땅의 신비를 감추고 있다.

머리가 둥근 것은 하늘(天)을 본으로 삼았기 때문이며, 발이 넓적한 것(方形)은 땅(地)을 상징하고, 두 눈은 해와 달에 비유되고, 몸의 오장육부와 365 경락은 각각 월(月)과 시(時) 년(年)에 대응된다.

이런 인간은 장구한 인류 역사의 수레바퀴 속에서 2200여 년 전 중국의 황하 유역에서 화려하게 문명의 꽃을 피웠던 술법이 있었으니 이는 사람의 얼굴과 몸 전체를 보고 미래의 운명을 예지하는 기법이 그것이었다.

그것은 관상학이다. 이 관상학이 동서양에 널리 퍼져 그 기법이 점차 다양해지고 수준이 향상되기에 이르렀다.

그 근본은 인간을 우주와 자연에 비유하고 사람을 소우주라고 보는 데서 그 관상학의 연유를 찾을 수 있다.

2. 한국의 관상 전래

　이렇게 중국에서 발전된 관상학이 원·명·청·당·송을 거쳐 한국에 전래
되었으나 언제쯤인지 확실치 않으며 다만 지금부터 1400여 년 전 신라 선
덕여왕 때 달마대사의 상법을 중국에 유학한 석학들이 공부하여 도입되었
던 것으로 역사학자들은 추정하고 있다.

　그 후 혜초나 무학대사 등이 관상에 깊이를 더하고 허준의 〈동의보감〉,
이제마의 〈사상의학〉 등은 관상의 찰색(기색) 부분을 중시하여 건강을 살
피는 연구를 발전시켜 후세에 전하였다.

3. 관상 보는 법

선현들은 겉으로 보는 형상보다 마음에 큰 비중을 두었다.

즉 공자는 〈만상불여심상(萬相不如心相)〉, 석가는 화엄경에서 〈일체유심조(一切有心造)〉, 예수는 〈원수를 사랑하라〉고 하여 모든 것은 마음에서 연유한다고 설파하였다.

관상은 형상이 있으나 마음은 형상이 없다. 그러나 유형(有形)의 상은 무형(無形)의 마음에 의해 투영되며 지배되고 변화한다.

또한 〈건전한 신체에 건전한 마음이 깃든다〉고 하였다.

신체와 정신은 표리의 관계에 있다고 할 수 있다.

마음의 행위에 대하여 많이 강조하고 있다.

그러나 마음은 형상이 없어 겉으로 판단하기 어렵다. 그러므로 본장에서는 겉으로 나타난 형상 즉 관상에 대하여 기술코자 한다.

(1) 얼굴을 기본적으로 삼정(상정·중정·하정)으로 구분하여 운의 흐름을 본다.

얼굴을 상정(털이 난 머리부터 눈썹 위까지)

　　　중정(눈썹에서 코까지)

　　　하정(코의 밑에서 턱까지)으로 삼등분하여 밸런스를 본다.

밸런스가 잘 잡힌 사람은 인생이 화평하고 파란이 없다.

그러나 밸런스가 깨진 사람은 인생에 파란과 고난이 많다고 본다.

① 상정은 선천운으로 선조, 부모 관계로 1세~26세의 운을 본다.

이곳은 인물의 지성이 나타나고 두뇌·지력·관록·정서·욕망·희비 등을 볼 수 있다.

손가락 세 개가 들어갈 정도의 넓이가 표준이며 위 이마가 넓으면 그릇이 크고 도량이 있는 것으로 본다.

이마가 좁으면 부모와 인연이 박하고 운이 약하다.

② 중정은 의지를 나타낸다. 사회 활동을 보고 26~45세의 운을 본다.

체력·기력·실행력·적극성·생활력·금전·인기·애정 등도 나타낸다.

눈·코·관절·귀의 각 부분이 있으나 눈이 표준이고 눈과 눈 사이는 눈이 하나 들어갈 정도로 넓으면 좋다.

중정이 빈약하면 실행력이 약하고 현실 대응 능력이 떨어지며 사회적, 금전적 혜택도 약하다.

③ 하정은 생명력과 애정의 깊이를 보며 46세 이후의 운을 본다.

자손·부하·토지·주거·가정운을 나타낸다.

하정이 충만하면 부하·토지·주거 혜택이 있고 수명도 길며 자손도 잘되어 노후에 만족한 여생을 보낸다.

하정이 빈약하면 부하·토지·주거·가정의 혜택이 약하고 신경이 예민하여 정이 메마르고 말년에 고독한 생활을 한다.

(2) 얼굴의 밸런스를 본다.

얼굴이 크고 눈·코·입·귀 등이 밸런스가 맞아야 길하다.

밸런스가 좋으면 의지가 강하고 총명하며 상식도 풍부하다.

눈·코·입이 큰 사람은 자기주장이 강하고 신경도 건전하다.

눈이 특별히 크면 감수성이 강하고 애정적 성격이며 코가 특히 크고 높으면 프라이드가 높고 자기주장이 강한 한편 코가 낮고 콧망울이 퍼져 있으면 금전욕이 강하고 프라이드보다 물질욕이 강하다.

입이 특히 크면 생활력이 있고 터프하다.

귀가 옆으로 넓으면 신경질이 있고 길이가 길면 신장이 튼튼하여 체력이 좋아 장수한다.

(3) 얼굴의 정면과 옆얼굴을 본다.

얼굴의 정면은 그 사람의 사회적인 면이 나타난다.

생기가 있으면 의지력·지성·감성이 잘 표현되고 인기·명예·지위도 상당한 수준이다.

정면을 잘 관찰하면 순간순간 그 사람의 마음의 움직임을 알 수 있다.

옆얼굴은 사생활의 비밀, 정신적 고통, 마음의 평정이 나타난다.

옆얼굴이 밝으면 현실생활에서 만족한 표정이며 행운아이다.

옆얼굴이 깨끗지 못하면서 고요하면 겉은 화려하나 속은 고뇌가 숨어 있다.

(4) 밝은 얼굴 어두운 얼굴

밝고 미소띤 얼굴은 현실 운세가 양호하고 반대로 어두운 얼굴은 운이 나쁘다.

점포의 점원이나 스튜어디스에게 밝고 미소 띤 얼굴로 손님을 응대하라고 교육을 시키는 것은 '웃으면 복이 온다' 는 말처럼 웃음띤 얼굴은 운세도 좋아지고 회사도 번창할 것이다.

(5) 얼굴의 세 가지 형으로 성격을 본다.

정신형 : 성실함
지방질형 : 사교적
근골형 : 완고한 성격

(6) 피부의 두껍고 얇음과 색으로 건강을 본다.

얼굴이 두툼하면 감수성이 있고 건강하며 날마다 삶에 활력이 있고 직업에서도 발전한다.

반대로 얼굴이 얇으면 신경질적이며 감수성이 예민하다.

(7) 눈의 좌우가 크거나 작은 차이를 거울을 보면 알 수 있다.

좌우 어느 쪽이 얼굴을 더 좋게 보이게 하는지 판단하면 즐거울 것이다.

얼굴의 밸런스가 맞지 않으면 성격도 원만치 못하고 극단적이며 가정에서는 양친부모의 사이가 좋지 않아 심적으로 고뇌가 있으며 성격도 이중적이다.

남성의 선천운(타고난 운)은 아버지의 유전자를 받는다.

여성의 후천운(자신의 노력으로 개척한 운)은 어머니의 유전자를 받는다.

(8) 코가 잘생긴 사람은 오황토성의 사람이며 토성의 활동이 강하고 오른쪽 귀의 모양이 큰 사람은 목성의 활동이 강하다고 본다.

(9) 옆얼굴로 요철(凹凸)을 본다.

凸 얼굴은 외향적이며 밝은 성격이다. 적극적 행동가이다.

凹 얼굴은 내성적이며 암울한 성격이다. 소극적이며 행동력이 부족하다.

이마가 발달되어도 턱이 빈약한 사람은 지적인 면이 있으나 행동력이 떨어진다.

반대로 이마가 빈약하고 턱이 발달되면 이성이 떨어지나 본능적인 타입이다.

지적 행위는 신체의 행동력이 활발하다.

(10) 얼굴의 찰색

기색의 기는 피부의 안쪽에 흐르는 색을 기라 이름한다.

피부의 겉에 나타난 기는 오장육부의 사이에 흐르는 기를 이른다. 희·노·애·락·애·오·욕의 칠정이 피부의 겉에 나타난다.

기색은 안색의 변화이다.

인간은 매사가 안색에 나타난다.

얼굴이 밝으면 담홍색이 되고 반대로 나쁘면 어두운 얼굴색으로 곤란에 처하며 나아가 청색으로 바뀐다.

그 사람의 상색을 안 후에 혈색을 판단하는 것이 중요하다.

얼굴의 삼형(三形)으로 기색을 본다.

정신형은 피부가 희고 지적 능력이 뛰어나 사고력과 판단력이 있다.

지방형은 담홍색이다. 만약 붉은 색에 가까우면 다혈질로 정력이 강하다.

근골형은 붉은 기가 있는 구릿빛이다. 이런 타입은 의지가 강하고 자존심이 높다고 할 수 있다.

(11) 얼굴의 오성과 혈색

① 수성 : 흑색 : 입 : 정력 왕성 : 고운 색이 아니면 재난
② 금성 : 황색 : 왼쪽 귀 : 소망성취 : 어두운 황색 : 쇠퇴
③ 화성 : 백색 : 이마 : 명예와 인덕이 있다. 건조하면 : 부모 중 하나 결손
④ 목성 : 적색 : 오른쪽 귀 : 운이 열린다. 어두운 적색 : 과로, 이별
⑤ 토성 : 청색 : 코 : 발전, 성장 어두운 청색 : 사고 발생

(12) 얼굴의 오관을 본다.

① 눈썹 : 보수궁(保壽宮) : 건강 · 장수 · 품성 · 지력을 나타낸다.
② 눈 : 감찰관 : 감정의 움직임 · 두뇌의 명석을 보여준다.
③ 코 : 심벌궁 : 자존심 · 재운을 나타낸다.
④ 입 : 출납관 : 음식과 성욕 · 생명력 · 애정의 강도를 나타낸다.
⑤ 귀 : 채청관 : 조상의 유전인자를 나타낸다.

4. 관상 보는 순서

(1) 먼저 형(形)을 본다.

(2) 에너지의 활력 즉 기(氣)를 본다.

(3) 얼굴 및 신체의 각 부분을 하나하나 본다.

(4) 얼굴 표정의 밝고 어두움이나 얼굴 형태를 부위별로 분석한다.

　　① 얼굴의 기본형 삼정의 판단

　　② 이·목·구·비 등 부분별 판단

　　③ 연령 구분, 현재·미래 운세 판단

　　④ 위의 세부 사항을 종합하여 종합 운세 판단을 한다.

5. 관상학의 기초 그림

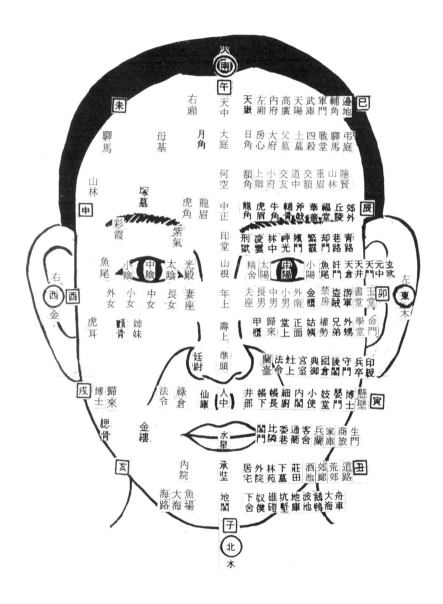

(1) 얼굴 부위 명칭도①

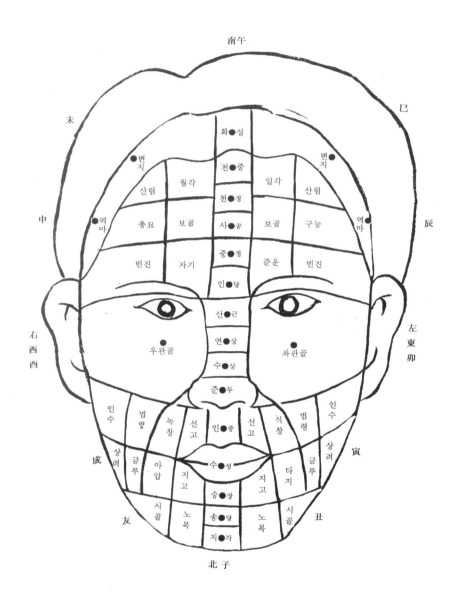

(2) 한글 얼굴 부위 명칭도②

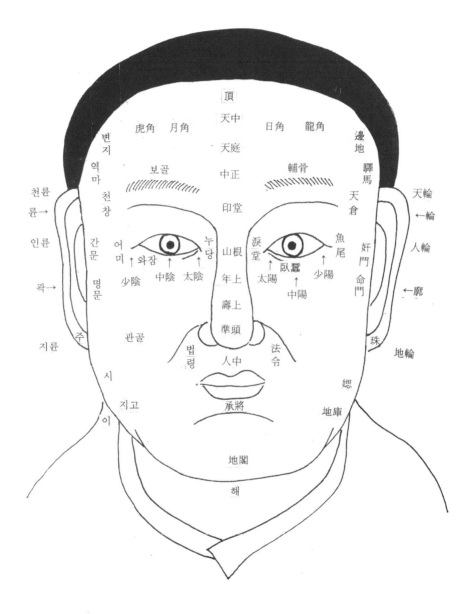

(3) 얼굴 주요 부위 명칭도

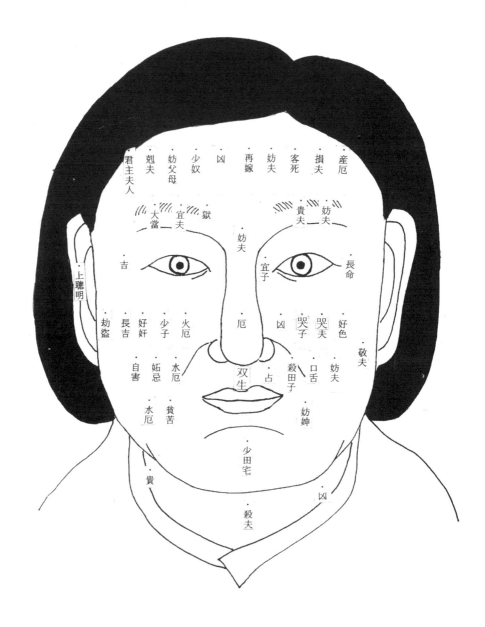

(4) 얼굴 부위별 운세도

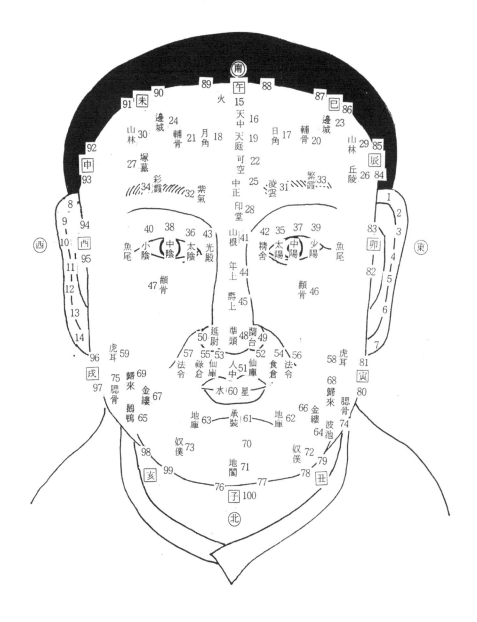

(5) 연령별 순서도

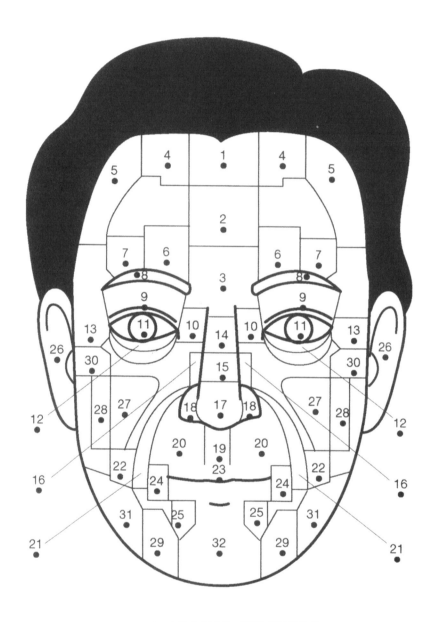

(6) 남자 부위별 흑점 표시도 ①

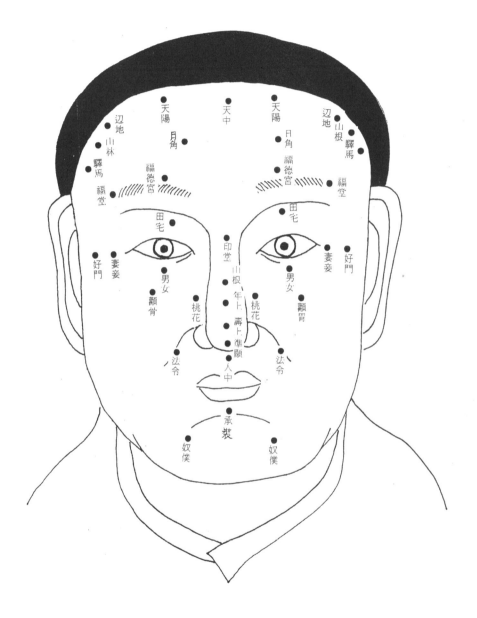

(7) 남자 부위별 흑점 표시도 ②

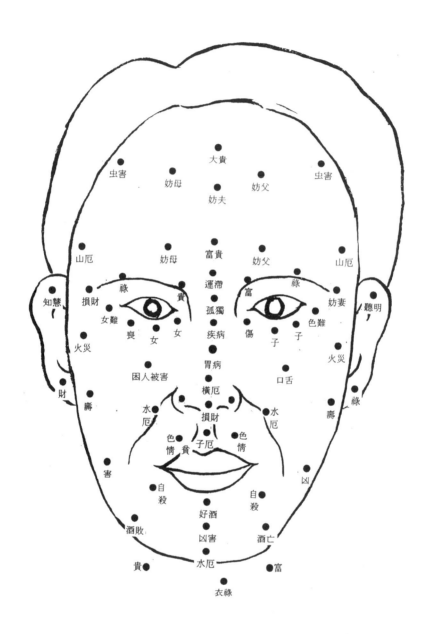

(8) 남자 흑점 길흉도

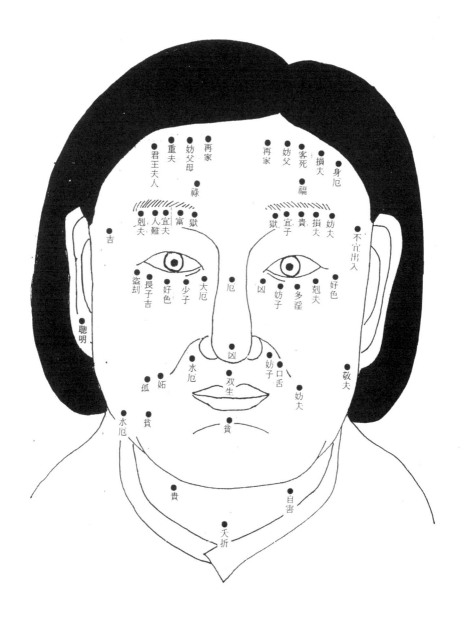

(9) 여자 흑점 표시도

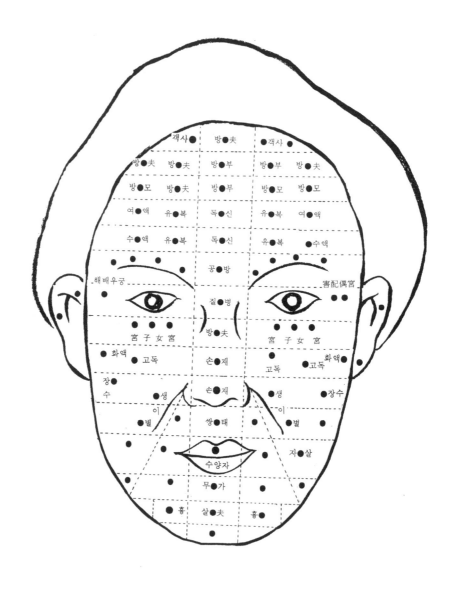

(10) 여자 흑점 길흉도

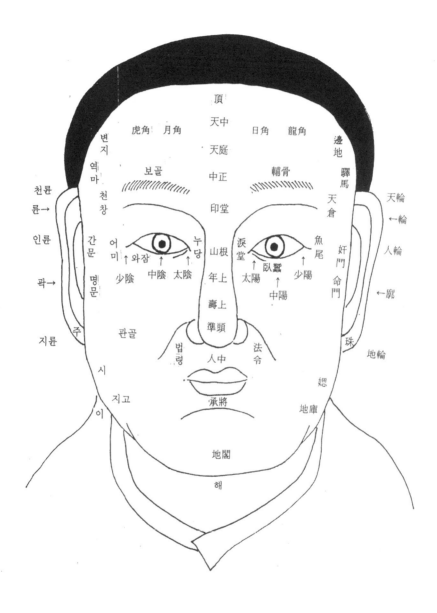

(11) 얼굴 부위 명칭도

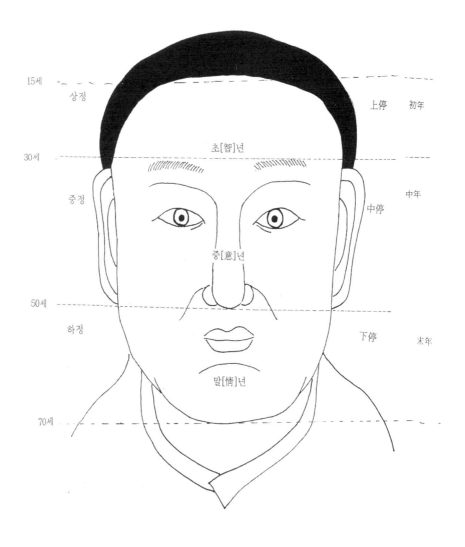

15세
상정   上停   初年

                    초[智]년
30세

중정   中停   中年

                    중[意]년

50세

하정   下停   末年

                    말[情]년

70세

(12) 얼굴의 삼정도

제2장
관상학의 세부 구분

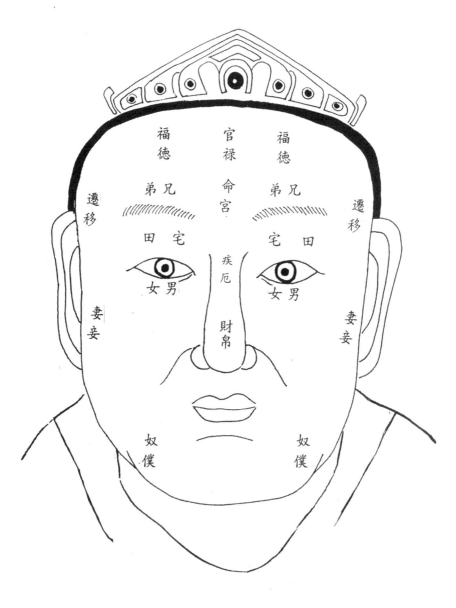

（1）얼굴의 대분류(12궁도)

I. 마의상법의 안면 분류

(1) 얼굴의 대분류(12궁도)

① **명궁**(命宮 : 인당궁 : 희망궁) : 희망·생활력·건강·정신력

눈썹과 눈썹 사이 미간을 일컫는다. 운세 전반(생활운)을 보는 포인트이다. 명궁에 가는 적기(붉은 색의 기운)가 생기면 소송이나 구설이 생긴다. 짙은 적색은 감옥행, 잿빛이나 흑색은 중병이요 짙은 어두운 색이면 사망에 가까운 징후이다. 이곳에의 백색은 부모나 형제·처자에게 액운이 있다. 나쁜 일도 생긴다.

이곳이 청색이면 병이나 부상이 있다. 이곳이 담홍색이면 재물이 생기거나 취직·승진 등 행운이 따른다. 밝고 깨끗하면 학문에 통달하며 주름이 산란하고 꺼져서 빛이 어두우면 가산을 탕진하고 가문이 박살난다.

② **천이궁**(遷移宮) : 두 눈썹의 꼬리 위에서 머리털이 나 있는 사이를 일컫는다. 여행·이동, 사물의 변화를 본다.

이곳을 천창이라고도 한다. 살이 두둑하고 뼈가 풍만하면 언제나 영화가 있다. 눈 끝 부분이 두둑하면 관운이 좋다. 낮으면 집 걱정이 많고 곤궁하며 이마가 틀어지고 턱이 뾰족하면 손재수가 따른다.

③ **관록궁**(官祿宮) : 이마의 한가운데를 일컬으며 지위·명예·직업(출세운)을 본다.

이곳이 들어가지 않고 맑고 어둡지 않으면 좋은 상이다. 이 부위가 좋으면 관직에 출세한다. 이곳이 꺼져 들어가고 어두우면 직업이 불안정하고 재산·명예운도 나쁘다. 여자가 이마가 좁으면 재취나 재가할 상이다.

④ **형제궁**(兄弟宮 : 보수궁) : 눈썹을 지칭하며 재능·수명·자녀와 형제운을 본다.

눈썹의 길이가 눈의 길이보다 길면 삼사형제가 있고, 가지런하고 초승달 모양은 복되고, 짧고 거칠면 형제간에 이별이 잦고, 눈썹과 눈 사이가 좁으면 형제가 적다. 두 눈썹의 높이가 다르면 다른 어머니를 모신다. 두 눈썹이 맞닿으면 형제간에 원수 맺고, 왼쪽 눈썹 시작 부분이 끊기면 손윗사람과 사별하고 왼쪽 눈썹 끝 부분이 끊기면 손아랫사람과 사별한다. 왼쪽 눈썹은 남자형제, 오른쪽 눈썹은 여자 자매를 본다. 여자는 그 반대이다.

⑤ **복덕궁**(複德宮) : 눈 꼬리의 윗부분을 일컫는다. 금전운과 재테크·인간관계를 본다.

이곳이 둥글고 윤택하면 복록이 크고 결함이 있고 뾰쪽하면 의식이 곤궁하고 평안함이 없다.

⑥ **전택궁**(田宅宮 : 가계궁) : 눈썹과 눈의 사이를 지칭한다. 부동산운·인기운·가족운·애정운의 유무를 본다.

이곳이 부어오른 상은 불효하고 자기주장이 강해 실패한다.

넓은 사람은 이상이 높고 집념이 있어 목적 달성하며 간격이 좁으면 답답한 일이 많고 곤궁하게 된다.

⑦ **질액궁**(疾厄宮) : 눈과 눈 사이 산근이라 부르는 곳이다. 건강과 질병·재난운을 본다.

너무 깊지 않아야 하고 너무 높지 않아야 한다. 이런 상은 조상의 유산이 있고, 문장력도 있고, 복록이 풍성하다.

주름이 있고 **뼈가 뾰쪽**하면 지병이 계속되고 여성은 신경질이 있다.

넓은 여자는 조혼하고 사마귀나 흠집·상처가 있으면 본인이나 가족의 우환이 있고 색이 어두우면 손재수나 재난이 발생한다.

눈동자가 솟아나온 상은 부모의 재산이 소멸된다.

⑧ **남녀궁**(男女宮) : 눈 밑 와잠이라 부르기도 하고 누당이라고도 하는 곳이다. 정력·남녀 이성 관계 및 자녀운을 본다.

이곳이 풍만하고 색이 밝으면 자녀가 많고, 꺼져 있거나 사마귀나 주름이 있고 색이 어두우면 자녀의 사망·질병 등 고통의 상이다. 검푸른 색이 있고 푹 꺼진 상은 성병이 있거나 자녀 출산이 어렵다.

⑨ **처첩궁**(妻妾宮) : 눈 꼬리와 귀 사이의 부분으로 배우자와 결혼·애인의 관계운을 본다.

이곳을 어미 또는 간문이라고도 한다. 이곳이 풍만하고 색이 깨끗하면 부부화목하고 가정이 행복하다.

이곳에 주름이 많거나 들어가 꺼져 있으면 부부는 이별·사별하거나 불화한다. 이곳에 이상한 문양·점·흉터는 부부의 파란을 예고한다. 사마귀가 있으면 음탕하거나 주거가 불안정하다.

⑩ **재백궁**(財帛宮) : 코 전체를 지칭하며 금전출납·재운을 본다.

대롱을 자른 것과 같이 곧고 가지런하고 깨끗하고 둥글고 높아 윤기가 있어 잘생기면 건강도 좋고 의지력도 강하고, 코가 구부러지거나 너무 낮거나 너무 높거나 비뚤어지면 금전운이 약하고, 코의 양옆이 약하지 않고 튼튼하면 재운이 좋고, 콧구멍이 보이면 재물이 새고, 코끝이 뾰족하거나 매부리코는 파산 또는 빈곤한 상이며 이기적·타산적이고 인색하다. 코가 짧으면 조급하고 수명도 짧고 생이 안정되지 않는다. 코가 너무 크면 처자식과 인연이 약하다.

⑪ **노복궁**(奴僕宮) : 법령의 근육의 끝, 턱의 좌우 부분으로 부하나 고용인·손아랫사람(부하)운과 만년운·주거운을 본다.

이곳에 살이 넉넉하고 두터우며 색이 밝으면 리더십이 뛰어나 재운이 좋다. 이곳의 턱 끝이 뾰족하거나 좁으면 배신을 당할 상이다. 흉터나 주름이 있으면 월급쟁이가 적당하다.

⑫ **상모궁**(相貌宮) : 얼굴 전체를 지칭하며 특히 인격·건강·말년운을 본다.

얼굴 전체의 밸런스와 다음으로 오관, 12궁을 보고 종합적으로 판단한다. 이마는 초년, 코는 중년을 보며 턱과 입은 말년의 운을 본다.

이 얼굴 중 들어가거나 크게 나오면(요철(凹凸 : 오목함과 볼록함)) 그곳의 운이 약하고, 끊기면 불길하다. 얼굴 전체가 밸런스 즉, 균형을 이루어야 좋고 균형이 잡히지 않으면 나쁜 운이 많고 생활이 불안정하다.

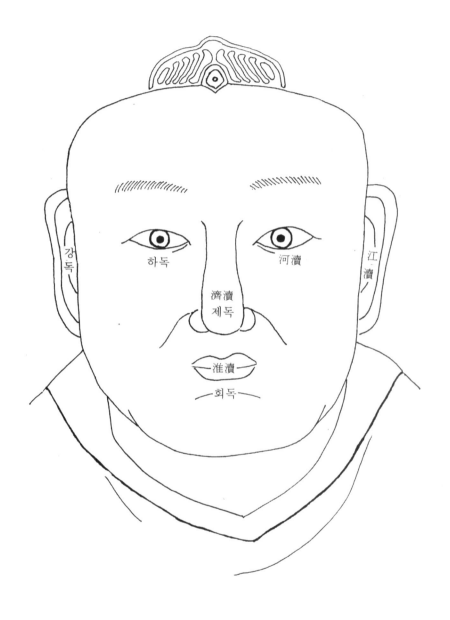

(2) 사독도(四瀆圖)

(2) 사독도(四瀆圖)

독(瀆)이란 개울과 같이 골이 진 곳을 뜻한다. 따라서 얼굴 부위의 네 곳을 개울에 비유해 사독이라 하는데, 귀·눈·입·코 주위의 골이 진 곳을 이른다.

① 귀 : 강독(江瀆)	건강상태와 총명함을 본다.
② 눈 : 하독(河瀆)	부귀와 심성을 본다.
③ 입 : 회독(淮瀆)	인덕과 운세
④ 코 : 제독(濟瀆)	재복

① 귀(江瀆 : 강독)

그 모양이 크고 넓어야 하고, 위아래로 길며 그 윤곽의 모양이 튼튼해야 하고, 피부 살결이 깨끗해야 한다. 그러한 귀라야만 길하다. 귀는 사람의 몸을 운행하는 피의 흐름과 그로 인한 건강 상태와 총명함을 보는 곳이다.

② 눈(河瀆 : 하독)

눈은 길고 맑고 야무져야 좋고, 눈동자의 흑백이 분명하여 생기가 있어야 한다. 눈망울이 솟거나 얕고 흐릿하고 지저분하면 가난하고 단명할 상이다. 눈은 바로 심성(心性)이 간직된 곳이다.

③ 입(淮瀆 : 회독)

회독인 입은 그 모양이 크고 각이 지고, 입술은 붉고 두터우며, 입끝(口角)이 밑으로 처지지 않아야 한다.

④ 코(濟瀆 : 제독)

제독인 코는 그 모양이 크고 곧아야 하며 비뚤어지거나 만곡(彎曲)됨이 없이 콧구멍이 드러나 보이지 않고 얇아서 벌렁거리지 않는 것이 좋다.

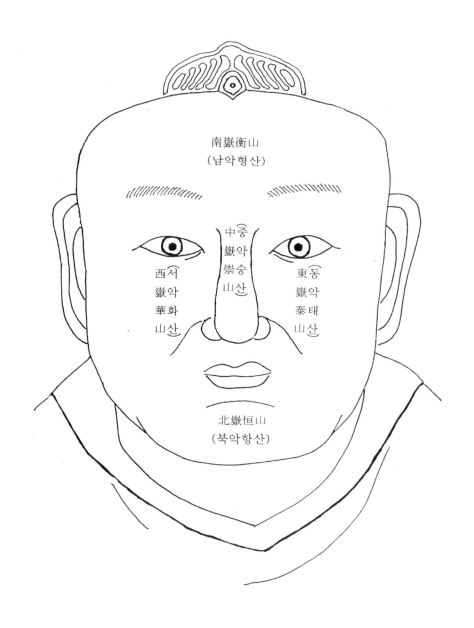

南嶽衡山
(남악형산)

中중
嶽악
崇숭
山산

西서
嶽악
華화
山산

東동
嶽악
泰태
山산

北嶽恒山
(북악항산)

(3) 오악도(五嶽圖)

(3) 오악도(五嶽圖)

얼굴에는 다섯 군데의 솟아 있는 부분이 있다. 이를 산의 형상 즉, 산악(山岳)에 비유하여 오악이라 한다. 오악이라 이르는 곳은 이마, 양쪽 관골, 코, 턱 등이다.

① 좌측 관골	동악-태산(東岳 - 泰山)	왼쪽 광대뼈 부분
② 우측 관골	서악-화산(西岳 - 華山)	오른쪽 광대뼈 부분
③ 코	중악-숭산(中岳 - 崇山)	코 부분
④ 이마	남악-형산(南岳 - 衡山)	이마 부분
⑤ 턱	북악-항산(北岳 - 恒山)	턱 부분

① **양쪽 관골**(東·西岳 : 泰山, 華山(왼쪽, 오른쪽 광대뼈 부분))

동서 산악에 비유되는 좌우측 관골은 중앙의 코를 바라보는 듯 두둑하게 솟아야 좋다. 너무 밋밋하거나 한쪽만 일정하지 않게 너무 솟아 균형을 이루지 못하면 짝이 없이 말년에 홀로 지낸다.

② 코(中岳 : 崇山)

코는 사람에게 있어서 매우 독특한 분위기를 풍기는 곳이다. 오악 중에서도 중악이라 이르는 코는 가장 중요한 위치로서, 높고 풍륭하며 곧아야 좋다. 빈약하고 높지 않으면 세(勢)가 없음이니 성패가 많고 단명한다.

③ 이마(南岳 : 衡山)

이마는 훤해야 좋다. 이마는 널찍하고 두둑하며, 맑고 밝고 풍요롭게 보이며, 움푹 꺼진 상태가 있거나 손상된 곳이 없어야 한다. 이마가 여러 가지 측면에서 결함이 있으면 초년고생이 있다.

④ 턱(北岳 : 恒山)

턱도 역시 적당한 모습을 갖춰야 한다. 턱은 말년의 운세를 보는데, 두툼하고 풍만하며 중후하고 원만하게 생기면 말년에 영화롭고, 뾰족하거나 깎이거나 함몰되면 말년에 되는 일이 없다.

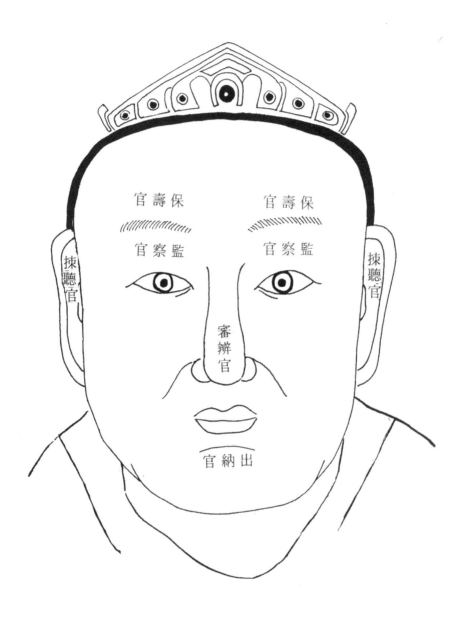

(4) 오관도

(4) 오관도

오관은 눈썹·눈·코·입·귀 등 다섯 군데를 지칭하는 말로 그 기능에 따라 다음과 같은 명칭이 붙여졌다.

① **눈썹** : 보수관(궁) : 건강·장수·품성·지력을 나타낸다.(문교부·보사부의 역할)

② **눈** : 감찰관(궁) : 감정의 움직임·두뇌의 명석을 보여준다.(내무·국방부의 기능)

③ **코** : 심변관(궁) : 자존심·재운을 나타낸다.(문공부·법무부의 기능)

④ **입** : 출납관(궁) : 음식과 성욕, 생명력, 애정의 강도를 나타낸다.(재무·상공·보사부의 기능)

⑤ **귀** : 색청관(궁) : 조상의 유전인자를 나타낸다.(문교부·보사부의 기능)

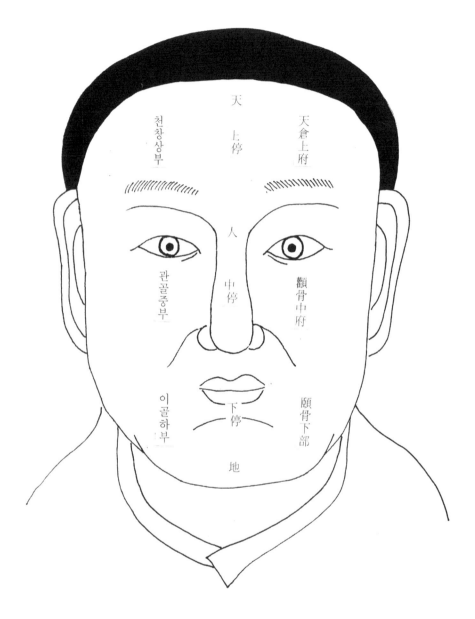

天倉上府

天
上
停

천창상부

人
中
停

顴骨中府

관골중부

頤骨下部

이골하부

下
停

地

(5) 육부·삼재·삼정(六府·三才·三停)

(5) 육부 · 삼재 · 삼정 (六府 · 三才 · 三停)

육부란 좌우 이마, 좌우 광대뼈, 좌우 턱뼈의 여섯 부분을 말한다.

이마의 양쪽 뼈가 높이 솟아 있으면 재복이 많고 출세할 상이며, 양쪽 광대뼈가 힘있게 뻗어 있으면 입을 한번 벌리면 사람을 모았다 흩어지게 할 정도의 권세가 있으며, 양쪽 턱뼈가 안으로 솟아 있으면 말년에 재복이 형통하고 자손도 번성하며 많은 부하를 거느리게 된다.

육부는 살이 팽팽하게 차고 서로 조응함을 길격이라 하고, 쭈글쭈글하거나 오목하게 들어가거나 툭 불거지면 좋지 않다.

좌우보골은 보각(輔角)으로부터 천창(天倉)에 이르는 곳이요, 가운데 이부(二府)는 명문(命門)으로부터 호이(虎耳)에 이르는 곳이니, 육부가 살이 차고 곧고, 이그러지거나 얼룩지거나 흠집이 없으면 재물이 왕성한 상이다. 천창(天倉)이 높게 솟으면 재록이 많고, 지각(地閣)이 방정(方正)하고 풍만하면 전지(田地)가 많고 이지러진 자는 좋지 않다.

삼재(三才)란 천지인을 말하는데 이마를 천(天)이라 하는데 넓고 둥그스레하니 이름에 이르기를 천(天)자를 가진 것은 귀하고 코는 인(人)이라 하는데 바르며 가지런히 하고 이 인(人)자를 가진 것은 수하며, 턱은 지(地)라 하는데 모나고 넓어 지(地)자를 가진 것은 부귀(富貴)를 누린다.

삼정(三停)이란, 상정(上停)·중정(中停)·하정(下停)을 말하는데 머리털이 있는 곳에 가까운 위치로부터 인당(印堂)까지가 상정(上停)이며 주로 초년운을 보고 산근(山根)으로부터 준두(準頭)에 이르는 부위가 중정(中停)이니 중년의 운을 보고, 인중(人中)으로부터 지각(地角 : 턱)까지가 하정(下停)이며 말년의 운세를 본다.

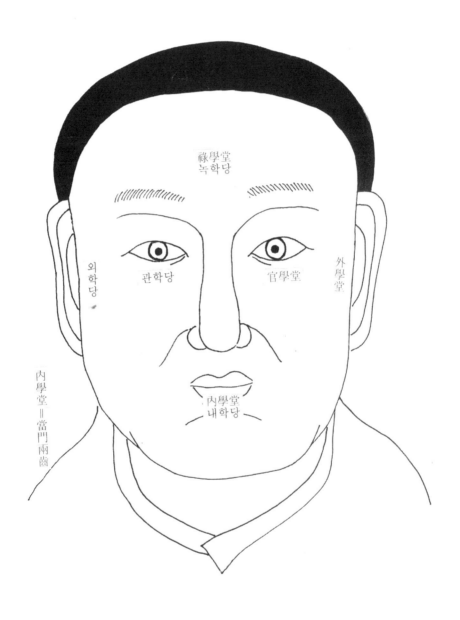

祿學堂
녹학당

외학당

官學堂

관학당

外學堂

內學堂＝當門兩齒

內學堂
내학당

(6) 사학당

(6) 사학당(四學堂)

① 안목(眼目) : 관학당(官學堂)

② 인당(印堂) : 녹학당(祿學堂)

③ 문아(門牙) : 내학당(內學堂)

④ 이문(耳門) : 외학당(外學堂)

▶ 눈(眼) : 관학당(官學堂)

관직에 대한 것을 본다. 눈이 길고 눈동자가 맑으면 고위 관직에 오른다.

▶ 인당(印堂) : 녹학당(祿學堂)

인당으로 벼슬의 직위가 있는지 없는지 본다.

▶ 문아(門牙) : 내학당(內學堂)

언어의 덕이 있고 없음을 본다. 당문양치(當門兩齒) 두 개의 앞니는 바르고 빽빽하고 틈이 벌어지지 않고 색깔이 밝으면 국가에 충성하고 부모에 효도하는 믿음이 있어 만인의 존경을 받는 것으로 본다.

▶ 이문(耳門) : 외학당(外學堂)

귓구멍의 앞부분이 풍만하고 밝고 윤택하면 지혜 있고 총명하다. 주거 환경의 좋고 나쁜 것을 보며, 명예의 고리를 본다.

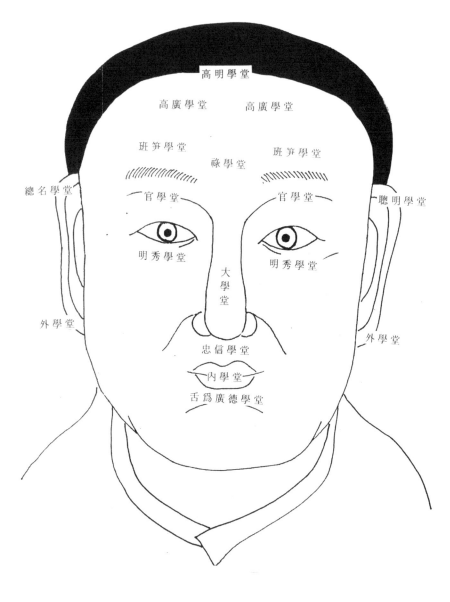

(7) 팔학당(八學堂)

(7) 팔학당(八學堂)

팔학당은 머리·옆이마·인당·눈빛·귀(耳)·이·혀·눈썹(眉)의 여덟 부위를 이른다.

① **고명학당**(高明學堂)은 머리가 둥글고 툭 불거진 머리뼈가 솟은 것이다.

② **고광학당**(高廣學堂)은 옆이마가 밝고 뼈가 윤택하여 두툼하게 솟아오른 것이다.

③ **광대학당**(光大學堂)은 인당(印堂)이 평평하고 밝고 흠집이나 상처가 없는 것이다.

④ **명수학당**(明秀學堂)은 눈빛이 밝고 눈동자가 검은색이 많다.

⑤ **총명학당**(聰明學堂)은 귓바퀴에 홍(紅)·백(白)·황색(黃色)을 띤 것이다.

⑥ **충신학당**(忠信學堂)은 이(齒)가 가지런하고 촘촘하고 희기가 백옥 같은 것이다.

⑦ **광덕학당**(廣德學堂)은 혀(舌)는 길어서 코끝을 닿을 듯하고 주름이 있는 것이다.

⑧ **반순학당**(班筍學堂)은 눈썹이 짙고 초생달 같아야 한다.

2. 연령법

(1) 초년·중년·말년운 보는 법

인생의 운세는 초·중·말년으로 3등분 할 수 있다.

초년 20%, 중년 20%, 말년 60%로 나눌 수 있다.

인생의 성공 비법은 덕을 쌓고 지식보다는 지혜를 가진 사람이 성공 확률이 높다.

① 초년운은 25세~46세로 본다. 셋으로 나누면

25~28	
34~37	이중 34세~37세가 인생의 최대의 승부처이다.
43~46	

② 초년은 젊어서 사회의 인정을 받고 개화하여 활동하는 시기이다.

말년을 위해 대비하고 일찍 가정을 일으키고 재산을 모으고 인생의 기초를 공고히 하여 후회 없는 생을 마련해야 한다.

③ 초년운은 25~28세, 34~37, 43~46으로 나눌 수 있는데 이중 34~37세는 최대의 승부처로 찬스를 잡아 노력을 집중해야 한다.

④ 중년운은 34~55세인데 이 시기는 열심히 일하고 노력하는 중년기 최대의 승부처이다. 이 시기는 만년을 위해 대비하는 시기이다.

⑤ 만년운은 43~64세이다.

이 시기는 인생의 쓴 맛과 짐을 덜기 위해 전력투구 노력하는 시기이다. 안일과 타성이 몸에 흐른다.

노후 약속을 위해 행운을 맞이해야 하는 시기이다.

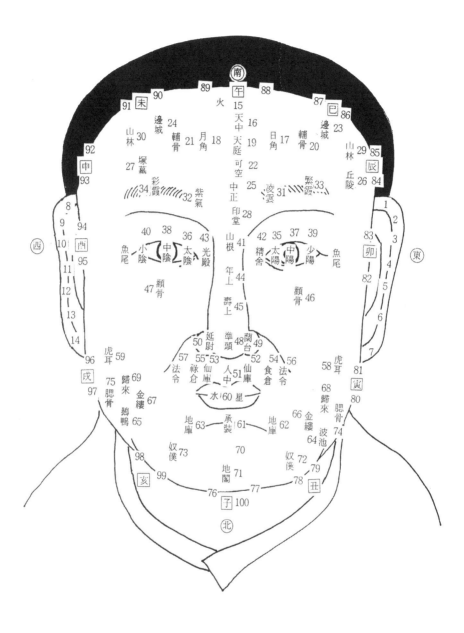

(2) 연령별 순서도

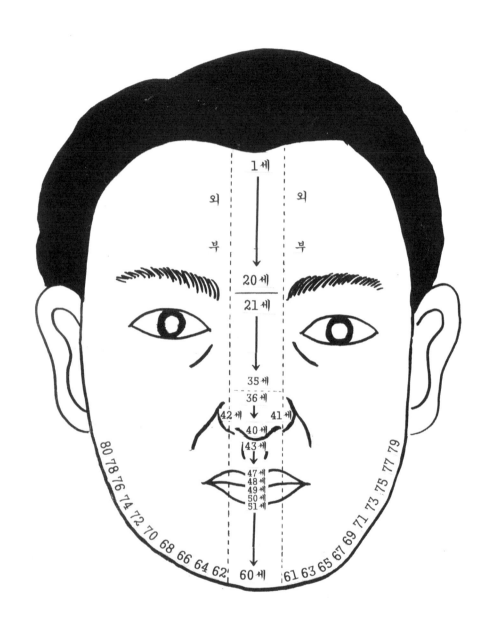

(3) 얼굴의 연령 표시①

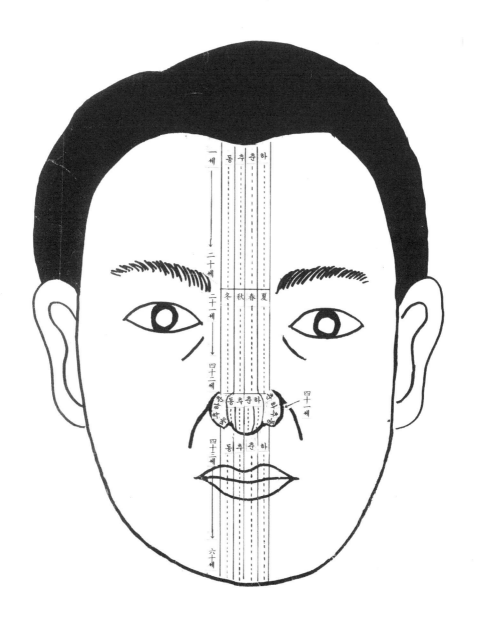

얼굴의 연령 표시②

(4) 연령별 운세 보는 법

① 1세부터 7세까지

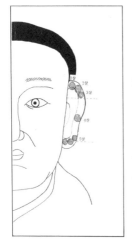

왼쪽 귀

왼쪽 귀에 해당한다.

천창이 두둑하고 빛이 밝고 깨끗하고 산근이 힘있게 뻗어 있는 사람은 2세까지 부모의 은덕으로 잘자라 성장한다.

반대로 천창이 움푹 들어가고 빛이 밝지 못하고 어두우며 산근에 흠이 있거나 들어가고 색 또한 푸르면 어려서 부모를 일찍 사별하거나 질병으로 고난을 겪는 상이다.

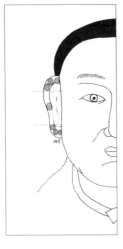

오른쪽 귀

② 8세~14세까지

오른쪽 귀에 해당한다.

천창의 뼈가 힘차며 살이 두둑하고 양입 끝의 밑의 지고가 색이 선명하고 눈과 눈 사이의 상근에 흠터나 주름이 없고 색이 밝고 선명하면 운세 길하고 반대면 흉하다.

③ 15세부터 16세까지

15·16세는 천중(이마의 중간 지점, 머리 밑)에 해당한다. 눈썹과 눈썹의 사

이가 멀어야 좋고 빛이 깨끗하고 흠이 없어야 좋으며 부모덕이 있고 일찍 관직에 나아간다.

만일 이곳이 힘이 약하고 빛이 어둡고 움푹 들어가든지 두 귀의 모양이 서로 다르면 어려서 부모를 여의고 고생한다.

④ 17세는 일각(왼쪽 위 이마)에 해당하고 18세는 월각(오른쪽 위 이마)에 해당한다.

이곳의 골격(뼈)이 단단하고 두둑하며 눈에 광채가 있고 색이 선명하고 깨끗하면 어려서 평안하고 명예가 있다. 이와 반대면 어려서 질병이 따르고 생활이 어렵고 부모와의 인연도 박하다.

⑤ 19세는 천정(천중(이마의 위 중간 지점)의 밑 지점)에 해당한다.

두 눈썹이 길고 검으며 드문드문 나야 좋고 눈썹의 끝은 위로 향하면 좋다. 또한 일각·월각의 색이 깨끗하고 선명하면 어려서 길하다.

이와 반대면 운이 약하고 흉하다.

⑥ 20세는 일각 및 천창에 해당한다.

천창은 창고 즉 보물을 쌓아두는 곳이니 재물과 관련이 있어 입이 단정하고 코가 흠이 없이 곧고 높으며 색이 깨끗하고 입술이 붉고 이가 희며 천창의 뼈가 두둑하면 이 연령에 재물과 명예가 크고 발전하며 반대로 천창에 흉터가 있거나 색이 선명치 못하고 탁하면 일이 뜻대로 되지 않는 흉한 운세이다.

⑦ 21세는 오른쪽 천창에 해당한다.

20세와 같이 길흉이 나타나며 재물과 명예를 반영하고 반대면 운세가 약하다.

⑧ 22세는 천정 밑 사공에 해당한다.

두 귀의 모양이 서로 다르지 않고 같으며 귀의 바퀴가 뒤로 뒤집어지지 않고 빛이 선명하고 찌그러지지 않고 눈썹과 눈썹 사이 산근이 끊어지지 않고 인중은 위는 좁고 중간은 넓고 밑은 좁아 마치 펜촉과 같으며 가로세

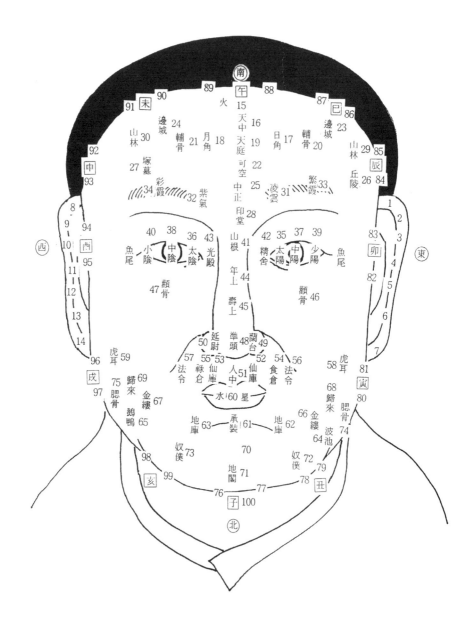

연령 찰색 순서도

로에 무늬가 없고 깨끗하며 주름이 나타나지 않으면 모든 하는 일이 뜻대로 된다. 이와 반대이고 귀가 색이 어둡고 뒤로 뒤집어지고 산근에 흉터가 있거나 인중이 비틀어지거나 하면 되는 일이 없고 재물이 흩어진다.

⑨ 23세·24세의 운은 이마 끝 부분인 두 변성에 해당한다.

눈이 흐리지 않고 분명해야 하고 안구가 청숙하고 광채가 있어야 하며 이마가 두둑하고 흉터가 있거나 찌그러지지 않고 색이 흐리지 않아야 하며 색이 선명해야 운세가 형통하고 재물과 명예가 있으며 반대로 두 눈에 광채가 없고 안구가 튀어나오며 이마에 흉터가 있거나 찌그러지고 색이 어두우면 병색이 짙고 운세 불길하여 고생이 많다.

⑩ 25세의 운세는 중정에 해당한다.

중정은 두 눈썹 사이인 인당의 바로 위를 이른다.

두 눈썹이 짙고 가지런하며 산근에 흉터가 없고 색이 밝아야 하고 두 귀의 수주(귓불)가 두둑하고 빛이 선명하면 운세가 길하고 명예·지위가 높고 발전한다. 반대로 눈썹이 헝클어지고 산근의 색이 어둡고 흉터가 있으며 귀의 수주가 없고 뒤로 젖혀지면 운세가 불길하고 만사가 여의치 못하고 막힌다.

⑪ 26세·27세의 운세는 구릉과 총묘에 해당한다.

구릉은 왼쪽 눈썹의 끝 위를 이른다. 총묘는 오른쪽 눈썹의 끝 위를 이른다. 눈의 흰자위가 분명하고 눈의 모양이 가늘고 길며 두 눈에 광채가 있고 두둑하면 운세가 길하고 이와 반대로 흰자위에 붉은 줄이 있거나 눈이 크고 둥글며 귀의 수주가 없으면 운세가 불길하여 하는 일이 뜻대로 이루어지지 않는다.

⑫ 28세의 운세는 인당에 해당한다.

천창의 색이 선명하고 뼈가 두둑하며 눈썹에 수기가 있고 길이가 눈보다 길고 인당의 색이 맑고 깨끗하고 흉터가 없고 두 눈썹 사이에 주름이 없으면 매사 형통하며 이와 반대로 두 눈썹이 어둡고 산근에 흉터가 있거나 색이 검고 귀에 수주가 없고 색이 어두우면 만사 불길하다.

⑬ 29세·30세의 운세는 산림에 해당한다.

인당의 색이 밝고 선명하며 눈에 광채가 있고 코는 곧고 두둑하며 입이 위를 향한 모양이고 입이 뾰족하지 않고 입술이 붉고 윤기가 있으면 운세 대길하며 이와 반대이면 운세 불길하고 궁핍하다.

⑭ 31세·32세는 눈썹의 시작점인 능운에 해당한다.

두 눈에 광채가 있고 두 귀의 크기가 같고 귀가 뒤집히지 않고 색이 좋으면 만사 대길하고 재운과 관운도 좋으나 이와 반대로 각 부위에 결함이 있으면 일이 뜻대로 되지 않는다.

⑮ 33세·34세의 운세는 눈썹의 끝에 해당한다.

이마에 뼈가 두둑하고 산근이 끊이지 않고 법령이 깊이가 있고 선명하면 운세가 대길하고 반대로 각 부위에 결함이 있으면 운세가 불길하고 처와 이별하는 수도 있다.

⑯ 35세·36세는 두 눈에 해당한다.

두 눈의 흰자위에 붉은 줄이 없어야 하고 색이 맑고 두 귀의 모양이 분명하고 눈썹은 눈의 길이보다 길어야 하고 눈 주위에 흉터가 없으면 대길하며 이와 반대이면 흉하다.

⑰ 37·38세의 운세는 두 눈의 검은자위에 해당한다.

관골에 살이 두둑하고 빛이 선명해야 하고 눈썹이 눈보다 길면 매사 뜻대로 이루어지며 반대이면 운세 불길하다.

⑱ 39세·40세는 두 눈의 흰자위에 해당한다.

윗입술이 위를 향하고 입술의 색이 붉고 윤택하여야 하며 두 귀는 눈썹 위로 올라간 형상이며 빛이 선명하여야 하고 귓불(수주)이 두둑해야 하고 눈끝이 평평하면 운세 대길하고 이와 반대면 운세 불길하다.

⑲ 41세의 운은 산근에 해당한다.

산근이 두둑하여야 하고 두 눈에 광채가 있고 지각이 모가 나고 둥글며 두둑하면 운세 길하고 이와 반대면 불길하다.

⑳ 42세·43세의 운 : 42세는 왼쪽 눈 위의 윗부분인 정사에 해당하고 43세는 오른쪽 광전에 해당한다.

이마의 색이 선명하고 두 눈에 광채가 있고 두 눈썹이 길며 인당의 색이 선명하면 운세 길하고 반대면 흉하다.

㉑ 44세·45세는 콧등인 연상과 수상에 해당한다.

두 눈이 광채가 있고 두 눈썹이 눈보다 길고 인당의 색이 선명하면 길하고 반대면 흉하다.

㉒ 46세·47세의 운세는 좌우관골에 해당한다.

두 눈이 광채가 있고 관골의 뼈가 두둑하고 세력이 좋으며 코끝 준두가 두둑하고 뒷머리가 두둑하면 길하고 반대면 운이 흉하다.

㉓ 48세의 운은 코끝 준두에 해당한다.

준두가 두둑하고 빛이 선명하며 두 눈에 광채가 있고 이가 가지런하고 색이 미백색으로 좋고 입이 틀어지지 않고 단정하면 운세 길하고 반대이면 흉하다.

㉔ 49세·50세의 운세는 콧망울인 난대와 정위에 해당한다.

콧망울의 살이 두둑하고 콧구멍이 알맞게 크고 빛이 선명하며 두 눈에 광채가 있고 두 귀가 빛이 선명하고 귓불(수주)이 두둑하며 입이 틀어지지 않고 단정하면 운세 길하고 반대면 흉하다.

㉕ 51세의 운은 코밑 인중에 해당한다.

인중의 색이 깨끗하고 코밑 홈인 인중에 가로지르는 주름이 없어야 하고 홈이 펜촉처럼 위는 좁고 중간은 넓어지며 끝은 좁아지고 선이 분명하며 귓불에 살이 두둑하고 입술의 색이 주홍색이며 입이 단정하고 이가 깨끗하며 가지런하면 운세대길하고 반대면 흉하다.

㉖ 52세·53세의 운은 인중의 옆 좌우에 해당한다.

두 눈의 검은자위와 흰자위가 분명해야 하고 눈썹은 길게 나 있어야 하고 인당(눈썹과 눈썹 사이)은 두둑하고 흉터와 주름이 없으면 운세 길하고 반대면 흉하다.

㉗ 54·55세의 운은 인중의 옆 식창·녹창에 해당한다.

식창과 녹창에 흉터나 주름이 없고 빛이 깨끗하며 귓불이 두둑하고 눈썹이 길고 눈썹의 털은 드문드문 나야 하고 법령의 색이 밝고 홍윤하면 모든 일이 길하고 반대면 흉하다.

㉘ 56세·57세의 운세는 좌우 법령에 해당한다.

법령에 사마귀나 흉터·주름이 없고 콧대가 곧고 두둑하며 입이 단정하고 윤택한 색이며 윗입술의 끝이 위로 향하며 눈썹이 길게 뻗어 있으며 이가 고르며 튀어나오지 않으면 만사 길하고 반대면 흉하다.

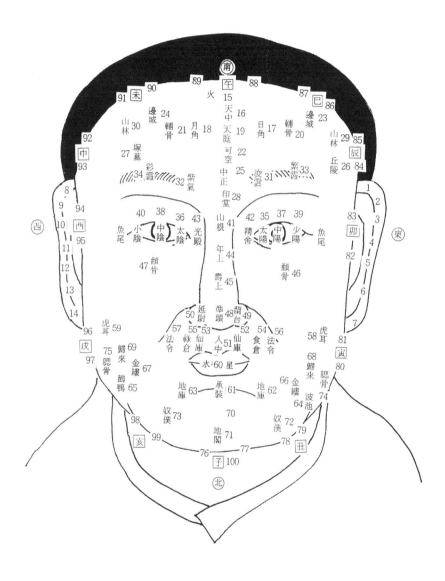

연령 찰색 순서도

3. 찰색(기색)

(1) 얼굴의 기색

기색의 기는 표피의 안쪽에 흐르는 색을 기라 하고 표피의 위쪽에 나타난다.

기는 오장육부의 사이사이에 흐르는 희·노·애·락·애·오·욕의 7정이라 한다.

색(육체)은 표피에 나타난다.

기색은 안면을 변화시킨다고 말한다. 즉 사람은 사건이나 감정에 따라 안면에 다르게 나타난다.

즐거움을 느끼면 얼굴은 밝고 담홍색을 띤다든지 반대로 슬픔을 느끼거나 곤란한 일에 당하면 청색을 띤다든지 어두운 얼굴이 그것이다.

즉 사람의 평상시의 얼굴을 알고 이의 변화를 읽어 판단하는 것이 긴요하다.

얼굴의 세 가지 기색을 들어 보자.

- 정신형은 색이 백색이고 지적 능력이 우월하고 사고력과 판단력이 있다.
- 지방형은 담홍색이고 적색에 가깝고 다혈질이고 권력이 강하다.
- 근골형은 적색이고 청색도 띤다. 이 타입은 의지가 강하고 포용력도 높다.

(2) 얼굴의 찰색

색은 인간의 몸을 형성하는 요소로 오장육부의 여정(餘精)으로서 피부 밖에 나타난 것을 이른다. 안에 있는 것은 기라 한다.

색은 빛이 맑고 윤택한 것을 진색(眞色)이라 하고 그렇지 못한 것을 허색(虛色)이라 하고 색을 잃으면 쇠망한다.

기와 색은 신체의 칠정(七情 : 희·노·애·락·애·오·욕)에 의해서 표현된다.

색과 오장육부의 관련을 보면,

간에서는 청색(靑色)이 나오고

콩팥(신장)에서는 흑색이 나오며

허파(폐)에서는 백색이 나오며

심장에서는 적색이 나오며

지라(비위)에서는 황색이 나온다.

기색은 사계절에 따라 년·월·일·시에 따라 변화한다.

(3) 색의 구분과 운세

① **청색**(靑色 : 푸른색) : 나무(木)에 속하며 간에 해당하고 육부의 쓸개(담)에 해당한다.

청색은 역학에서 동방(木)목에 속하며 봄(寅卯辰 : 1·2·3월)에 해당한다.

산근에 청색이 있으면 재물이 흩어지고 사업이 망한다.

연상에 있으면 병액이 따르고

수상에 있으면 질병이나 형제의 사망도 있다.

준두에 있으면 수액(물)이나 재앙이 있다.

코에 있으면 형액이 있다.

인중에 나타나면 직업을 잃는다.

입에 나타나면 혼외정사가 있다.

눈밑에 나타나면 자녀 근심이 있다.

어미(눈끝)에 나타나면 부하로 근심이 있다.

노복에 나타나면 교통사고가 있다.

여자의 눈밑이 푸르면 남편의 횡사가 있다.

② **적색**(赤色 : 붉은색) : 심장이 붉듯 심장에서 나오는 색이다. 홍색과 같

이 봄에 속하고 놀라거나 무섭거나 화낼 때 마음의 초조에서 나타나며 시간이 지나면 적흑색으로 변하며 흉조로 본다. 화가 가정에 미치고 손재수도 있다. 적색이 흑점을 띠면 아주 흉하며 반대로 선홍색을 띠면 길하다.

적색은 역학상 남방(巳午未 : 음력 4·5·6월)에 속하고 계절은 여름이다.

붉고 윤택하며 빛이 있어야 한다. 적색이 생기면 관재구설·시비·소송 등이 있다.

관골에 나타나면 소송 문제가 있다.

코에 나타나면 질병·형별의 화가 있다.

천중에 나타나면 칼이나 창의 화가 있다.

이마에 작게 나타나면 사망의 위험이 있다.

인당에 작게 나타나면 불(화재)의 위험이 있다.

산근에 작게 나타나면 길한 일이 있다.

명문에 작게 나타나면 질병이 위험 수위에 이른다.

연상에 작게 나타나면 본인 또는 부모에게 화가 있다.

연상·수상에 작게 나타나면 병이 발생한다.

코끝에 작게 나타나면 관재구설

입에 작게 나타나면 관재시비

관골에 작게 나타나면 이사

눈밑에 작게 나타나면 구설·소송·시비·처와 불화

눈끝에 작게 나타나면 질병이나 형액이 있다.

여자의 눈밑에 작게 나타나면 간통(혼외 정사)이 있다.

얼굴 전체에 적색이나 황색이 생기면 가문에 재산 손실 또는 관재가 있다.

③ **백색**(白色 : 흰색) : 금(金)에 속하고 폐에 해당하며 사망색이라고도 한다.

폐가 허한 즉 코가 막히고 가을에 속한다. (申酉戌 : 음력 7·8·9월)

처음은 길하나 뒤는 흉하다. 백색은 역학에서 금(金)에 해당하고 폐에 속한다.

백색은 따뜻하고 윤택해야 한다.

입술에 백색이 생기면 위에 병이 난다.

인당에 백색이 생기면 화가 발생한다.

산근에 백색이 생기면 화가 발생하고 형액이 따른다.

천중에 백색이 생기면 형액이 생긴다.

코끝에 백색이 생기면 재앙이 있다.

코에 백색이 생기면 소송이 있다.

인중에 백색이 생기면 독사(毒死)한다.

눈끝에 백색이 생기면 혼외정사가 있다.

눈밑에 백색이 생기면 화를 당한다.

④ **흑색**(黑色 : 검은색) : 흑색은 역학에서 북방. 겨울에 속하고 수(水((亥子 丑 : 음력 10·11·12월))에 해당하고 콩팥에 해당하며 재앙의 색이다.

콩팥이 허하면 이명(귀울림)이 있다. 흑색은 질병의 색이라고 한다.

인당에 흑색이 생기면 문서 분쟁이 있다.

산근에 흑색이 생기면 형제에게 불행이 있다.

관골에 흑색이 있으면 관재 구설 손재가 있다.

이마에 흑색이 있으면 정신병 또는 사망에 이른다.

입가에 흑색이 있으면 아사(굶어죽는다)한다. 사망한다.

눈끝에 흑색이 생기면 상처한다.

눈밑에 흑색이 생기면 자식이나 처에 불행(사망)이 있다.

코끝에 흑색이 생기면 흉한 일이 있다.

법령에 흑색이 생기면 사망한다.

입술 위에 흑색이 생기면 처자나 본인에게 화액이 따른다.

입가에 흑색이 생기면 질병이 따른다.

명문에 흑색이 생기면 사망한다.

⑤ **황색**(黃色 : 누런색) : 토(土)에 속하며 비위(지라)에 해당한다.

황색은 역학에서 중앙에 해당하고 흙에 해당한다. 누런빛이 윤택해야 한다. 비위가 약하면 입맛이 없고 황색이 나타나면 일이 잘되고 가문에 기쁨이 생긴다. 황색은 처음은 흉하나 뒤는 길하다.

이마의 황색은 기쁜 일이 있다.

재백궁에 황색이 나타나면 금전 손실이 있고

입에 황색이 나타나면 관재가 있고

관록궁에 황색이 생기면 명리를 얻는다.

산근에 황색이 생기면 기쁨이 있다.

인당에 황색이 생기면 재물을 얻고 출세한다.

코 위에 황색이 나타나면 승진한다.

코끝에 황색이 나타나면 재운이 있다.

관골에 황색이 나타나면 여행한다.

⑥ 홍색(紅色) : 불(火)에 속하고 마음(심장)의 싹이요

화를 끓이면 입술이 메마르고 붉고 윤기가 있고 광택이 있다.

역학에서는 행운과 기쁨이 있는 길조로 보고 재물을 얻는 색으로 본다.

인당에 홍색이 생기면 경사가 있다.

천창에 홍색이 생기면 횡재수가 있다.

코끝에 홍색이 생기면 귀인을 만나 경사가 있다.

산근에 홍색이 생기면 승진한다.

연상에 홍색이 생기면 처와 불화한다.

법령에 홍색이 생기면 좋은 부하를 얻는다.

입에 홍색이 생기면 가문에 경사가 있다.

관골에 홍색이 생기면 관직에 출세한다.

⑦ 자색(紫色) : 피부에 감추어진 듯한 것이 좋으며 밖으로 일부 드러나야 좋다. 자색은 홍색이 변하여 생긴다. 빛이 붉고 고와서 색이 선명해야 한다. 이 색은 길조이며 색 중의 최상의 색이다.

사독오악에 이 색이 발하면 영화와 복록이 있고 홍색에 비해 자색은 대귀(大貴)의 색이라 좀처럼 드물다. 피부에 좋은 것은 잘 익은 복숭아와 같은 색이다.

천중에 자색이 있으면 입신출세한다.

코끝에 자색이 있으면 횡재 또는 승진한다.

인당에 자색이 있으면 기쁨이 있다.

법령에 자색이 있으면 출세한다.

입술에 자색이 있으면 재물이 풍족하다.

눈밑에 자색이 있으면 귀한 자녀를 얻는다.

눈끝에 자색이 있으면 처에게 경사가 있다.

명문에 자색이 있으면 이름이 사해에 떨친다.

(4) 찰색 그림과 위치

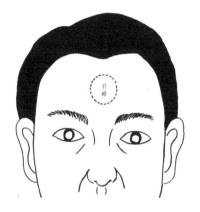

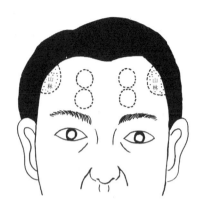

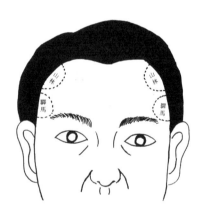

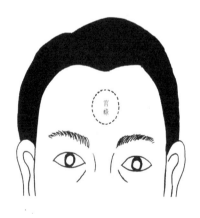

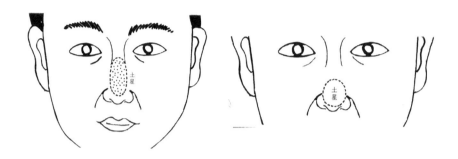

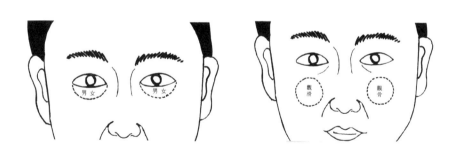

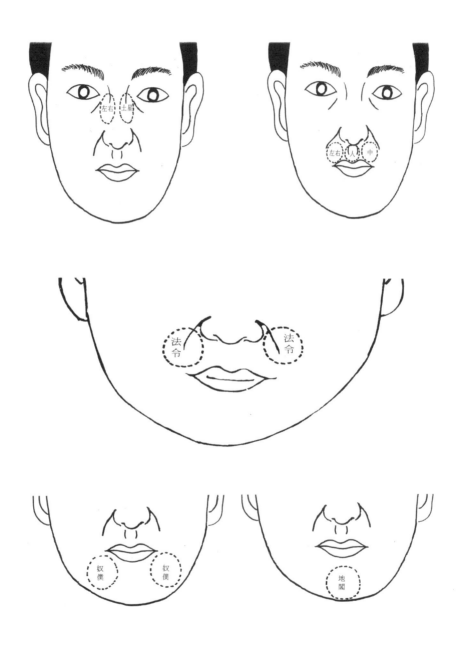

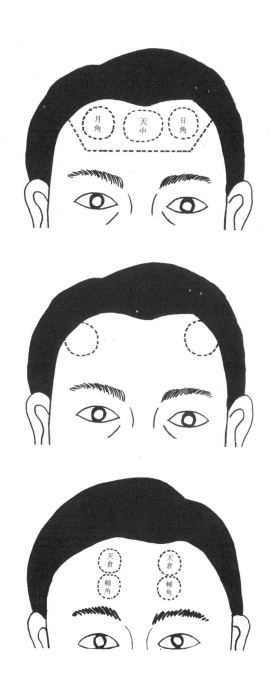

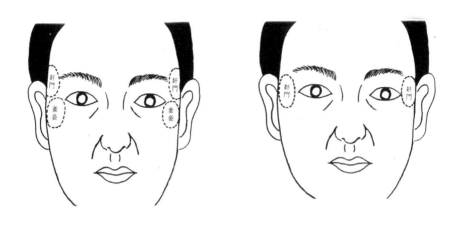

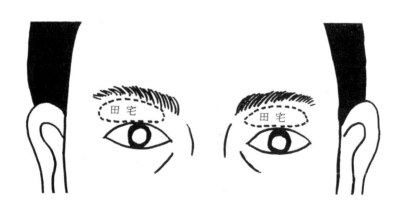

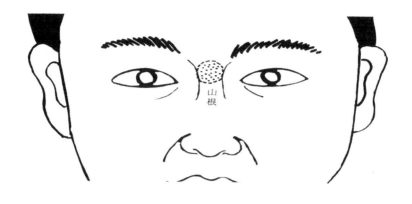

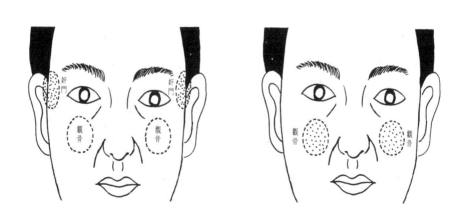

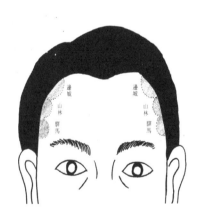

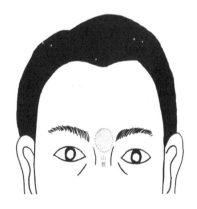

제3장
얼굴 생김새와
운세·성격

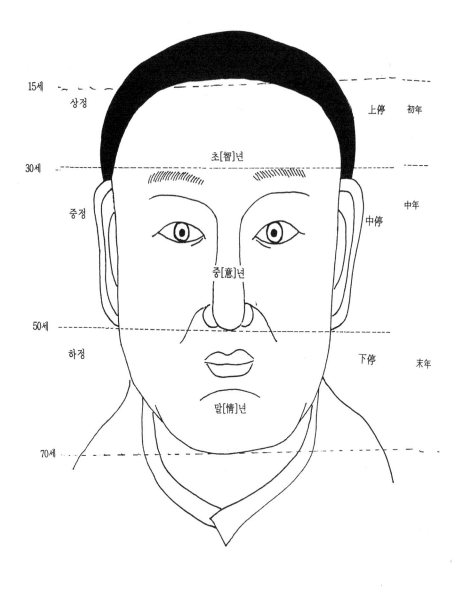

15세
상정   上停   初年

초[智]년

30세

중정   中停   中年

중[意]년

50세

하정   下停   末年

말[情]년

70세

얼굴의 삼정(상정·중정·하정)

1. 얼굴의 삼정(상정·중정·하정의 구분)

얼굴을 그림과 같이 상정·중정·하정으로 3등분하여 초년(지적 영역)·중년(감정적 영역)·말년(본능적 영역)으로 나눈다. 이 세 구분이 균형을 이루고 고르게 잘 발달되어야 운세가 좋고 반대는 운이 나쁘다.

(1) 상정(지(智) : 초년운(15세~30세) : 지적 영역) : 머리털이 있는 부분부터 눈썹까지의 윗부분

사고력·지적 능력·젊은 청춘 시절의 운세를 반영. 이 부분이 균형이 있고 아름다우면 유복한 가정 환경이다. 이 부분의 살결에 윤기가 있고 고우며 상처가 없고 색이 밝다면 초년(15세~30세)에 부모덕이 좋고 사랑도 받으며 행복한 운세라고 본다. 반대로 이곳이 한쪽으로 기울거나 이마가 좁으며 빛이 어둡거나 상처 또는 주름이 많다면 초년에 부모가 가난했거나 고독한 시절이 있었거나 건강도 좋지 못한 불행한 시절을 나타낸다.

(2) 중정(의(意) : 중년운 : 31세~50세 : 감정적 영역) : 눈썹 부분부터 코끝까지의 부분

감정의 영역 감각기관이 밀집되어 있다.

성격·심리 상태를 나타낸다.

얼굴의 중앙부분이다. 중년(30세~50세)의 운세를 나타낸다. 코는 재력, 광대뼈는 의지와 실행력·사회 적응력을 나타낸다. 눈·코·귀·광대뼈 등이 결점이 없다면 운세도 밝고 또한 눈에 힘이 있고 광채가 있고 코가 반듯하면 중년의 운세는 좋아 노력의 결과를 꽃 피우고 부와 명예·재산을 획득하나 반대로 코·귀·광대뼈 등이 결점이 있다면 운세가 나빠 건강은 물론 환경이 어렵다.

(3) 하정(정(情) : 말년운 : 51세~70세 : 본능적 영역) : 코끝에서부터 턱끝까지의 부분

정력·에너지·인내력·그 사람의 기질이 나타난다.

입·입술·인중·법령·턱 등 얼굴 아래 부분으로 51세~70세의 운세를 보여준다. 입과 턱은 애정과 주거 환경을 나타낸다. 주거 환경·자손·건강 등을 본다.

인중이 길고 반듯하고 입의 크기가 적당하고 입술도 두툼하여 턱이 잘 발달되어 있다면 나이 들어 말년에 안정된 주거 환경에서 살고 자손도 번창하며 건강도 좋고 행복한 노년을 보낸다.

반대로 입이나 인중이 짧거나 빈약하고 흠이 있다면 말년에 자손에게 배반당하며 불효의 고통이 있고 주거가 안정되지 않고 불행하고 쓸쓸한 노년이 있다. 많은 노력을 필요로 한다.

2. 얼굴의 기본형과 운세·성격

(1) 얼굴의 기본형 8종과 운세·성격

　얼굴은 백인 백색이며 사람마다 얼굴이 저마다 다르다. 쌍둥이는 별개로 치고, 각각의 얼굴에는 개성, 특징이 있어 얼굴형의 기본은 정신형(精神形), 지방형(脂肪形), 근골형(筋骨形)의 세 가지 타입으로 크게 나눌 수 있다. 그것 이외에는 이 세 가지 형이 일정의 비율로 혼재되어 있는 타입이라고 생각하면 된다. 그 각각의 얼굴 중에서 대표적인 8종류의 얼굴형을 소개하면 다음과 같다. 그리고 세 개의 기본형의 혼재율을 나타내고 그 특징적인 성격도 설명하겠다. 각각의 얼굴형을 참고하여 자신의 얼굴, 상대의 얼굴의 조합과 성격을 알아 즐겁게 게임을 한다는 감각으로 추리해 보면 어떨까.

① 삼각형 얼굴

　(지방형 60%, 근골형 40% : 현실적으로 의지가 약하다)
　삼각형 얼굴은 이마가 좁고 턱이 넓고 살집이 두둑한, 아래가 발달한 형이다. 귀는 두툼하고 단단하다. 귓불도 크고 두툼하다. 코는 둥글고 두껍고, 콧방울은 옆으로 크게 나와 있다.
　입은 크고 입술은 두껍다.
　삼각형 얼굴은 지방형과 근골형의 혼합형으로 본능이 강하고 감정적인 타입이면서 의지가 강해, 실행력이 있는 현실주의자이다.
　지방형의 비율이 높아 때때로 감정적으로 되기 쉬운 결점이 있지만 기본적으로는 성실하게 사람을 대한다. 또 사고가 유연하고 임기응변으로 행동을 하기 때문에 어떠한 직업에 종사한다 하더라도 성공한다.

의리와 인정이 매우 강하고 성실한 타입이므로 절대로 사람을 배신하지 않는다. 꾸준히 인간관계를 쌓아 가는 건실한 인품이다. 사교성도 좋고, 인정이 통하는 인간적인 면이 있어 지도력, 포용력도 있다. 고생을 한 경험이 있어 세상 물정을 훤히 아는 사람으로 밝고 원만한 인품의 소유자로 모두에게 사랑을 받는다.

어렸을 적부터 독립심이 강하고 부모에게 의지하지 않고 어려움을 겪으면서도 자력으로 운을 개척해 나가는 타입이므로 35세부터 말년까지 서서히 운이 트이고 돈이나 부동산 그리고 가정적인 면에서도 모두 행운이 있다.

- 실행력이 있는 현실주의자
- 성공 확률이 높다.
- 지도력·포용력이 있다.
- 재물복·가정도 행복
- 비즈니스맨, 이론보다 실천력이 강하다.
- 위장이 튼튼하다.
- 정·재계 진출
- 20세까지 고난·조상의 도움이 적다
- 20세 후, 재복·관복

② 둥근 얼굴

(지방형 100% : 사회적이고 원만한 성격)

둥근 얼굴은 전체에 살집이 매우 좋고, 포동포동한 타입이다. 이마 언저리도 둥글고 눈썹도 곡선이다. 눈이 동그랗고 크고 귀도 역시 살집이 두툼하고 귓불도 크고 살집이 있다. 코끝이 둥글고 두툼한 코로 콧방울은 옆으로 둥글게 부풀어 있다. 입은 크고 상하 입술도 두툼하다. 볼은 살집이 좋고 둥글고 개중에는 이중턱인 사람도 있다.

정이 많아서 정서적인 것이 지방형(脂肪形)의 특징이다. 살이 단단하면 성격이 좋고 체력도 있지만 살이 늘어진 얼굴이면 성격도 느긋해서 칠칠치 못한 사람이다.

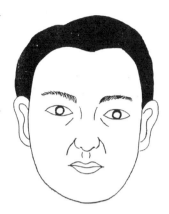

사교성이 좋고 상대방의 기분을 금방 눈치채 마음 씀씀이가 좋은 사람의 인상을 준다. 교제 범위가 넓고 모든 사람에게 사랑을 받는 스타일이다.

또 싹싹하고 낙천적인 성격이지만 기분 내키는 대로 하는 기분파라서 감정적이 되기 쉽고 그것이 금방 얼굴에 나타나서 결점이 되기도 한다. 게다가 소심하고 신중한 편이라서 인내심이 없고 우유부단한 면이 있다.

대인관계가 좋고 정이 깊은 면이 있기 때문에 상업이나 영업, 서비스업 등 사람을 접하는 직업이 좋다고 하겠다. 원만한 성격이긴 하지만 식욕, 성욕, 물욕(物慾)이 강해 본능적으로 세상을 즐기는 타입이다. 경제면에서는 현실적인 계산을 하는 편이라서 돈에 구애를 받는 일은 없겠으나 낭비벽이 있어 그다지 수중에 남는 돈은 없다. 가정적으로는 좋은 환경으로 왁자지껄 재미있고 즐겁게 지낼 수 있다.

얼굴이 둥글면서 마음 또한 둥글고 부드러우며 항상 명랑하다.

자기 대에서 큰 재산을 모을 가능성은 있지만 이러한 낙천적인 성격 때문에 일에 있어서는 재빠르게 대응을 하지 못해서 기회를 놓치는 일이 있다.

건강은 별 문제가 없지만 한번 병에 걸리면 큰병이 될 확률이 있으므로 늘 조심해야겠다.

- 사교적이어서 대인관계가 좋다.
- 직업운이 좋다.
- 낙천적이다.
- 재물복이 있다.
- 기민하지 못하다.

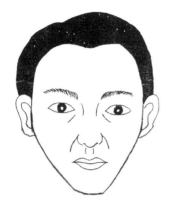

③ 역삼각형

(정신형 100%)

머리가 크고 이마는 종횡으로 넓고 턱이 좁은 역삼각형으로 지적인 느낌이 있는 것이 이 얼굴의 특징이다. 눈은 크고 가늘게 옆으로 찢어졌으며 귀는 삼각형으로 작고, 귓불이 그다지 없다. 코는 좁고 코끝은 날카로우며, 옆으로 그다지 넓지 않다. 입이 작고 얼굴 생김이 정돈된 미남·미녀형이다. 성실하고 냉정하며, 치밀하고 섬세한 성격이다. 문화적인 재능과 함께 섬세하고 상상력이 풍부한 타입. 머리가 좋고 약삭빠른 반면에 체력은 약하다. 사교성은 그다지 없고 이기적으로 의지하는 성향이 강하다. 지식만 풍부하고 실행력이 뒤따르지 않는 면이 있어서 젊어서 두각을 나타내고 지위나 재산복이 있으나 40세가 넘어서는 그 운도 멈춘다. 인간적으로 성장하고 지도력이나 포용력을 지닌다면 턱이 좁은 것이 없어져 풍요롭게 되고 중년 이후부터 만년에 걸쳐 운도 열리게 된다. 그러나 머리로만 사물을 생각하는 방식으로 살거나 인정으로 이해하지 못하게 되면 인간성은 박해져 50세가 지나서는 운은 하강선을 그리게 되어 쓸쓸한 만년이 된다.

- 운세 : 25세~55세까지 운세 좋고 55세 후는 청빈(가난)하다.
- 머리가 좋고 교활하다.
- 섬세하고 낭만적이다.
- 체력이 약하다.
- 끈기가 부족한 단점이 있다.
- 학문 분야에서 성공

④ 사각형 얼굴

(근골형 100% : 완고하고 집착력이 있다.)

뼈가 넓적한 사각형 얼굴이며 근육질로 단단하고 날쌔고 사나운 근골형. 이마는 넓고 사각형으로 눈은 약간 패인 듯하며 안광이 날카롭고 귀는 사각형이며 단단하고 두꺼운 사람이다. 귓불은 없는 사람도 있으며 있는 사람도 있다. 또 살집이 거의 없고 광대뼈가 나와 있으며 코는 두툼하고 살이 단단하며 콧방울은 옆으로 힘차게 부풀어져 있다. 입가는 단단한 사각형 입이고 턱도 하관이 벌어지고 단단한 모양이다.

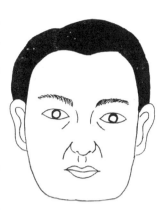

사교성이 별로 없어 인간으로서의 그릇은 그다지 크지는 못하다고 하겠다.

단순하고 사고력이 얕은 경향이 있어 당장의 일만 생각하고 판단을 하는 경우가 많다.

그러나 집착력, 의지력, 인내력이 뛰어나기 때문에 목표나 목적이 확실히 있으면 어떠한 어려움이 있어도 뛰어넘어 반드시 끝까지 해내는 근성을 갖고 있다. 불굴의 투지로 뜻을 펴고 있기 때문에 완고한 페이스로 통하는 타입이다.

기획력은 별로 없지만 냉정하고 계산력이 좋아 타산적이므로 직업으로서는 경비원, 소방관, 경찰관, 스포츠 선수 등이 좋다고 하겠다.

사고력이 합리적이기 때문에 정이 부족한 면이 있어 가족에게는 좀 피곤한 성격이지만 성실하고 변덕이 없는 한결 같은 사람이다. 단지 아무래도 이 타입은 완고한 데다가 인생이 파란만장한 사람이 많은 편이다.

신체가 건강하고 일을 열심히 하기 때문에 금전에 어느 정도 복이 있다고 하겠지만 재산을 후세에까지 남기는 일은 어렵겠다.

• 운세는 20세까지 고난이 있고 부모 유산이 적다.

• 50세 넘어 회사 중역 등 간부로 운세 호전

• 항상 앞에 서고 피곤함을 모르는 타입이다.

누구에게나 지는 것을 싫어하지만 현실적으로 계획을 세우는 일은 잘 해내지 못하는 편이다.

만일 여성이 이러한 타입이라면 결혼할 기회를 잡지 못하거나 결혼한다 하더라도 이혼할 가능성이 높다고 하겠다.

- 적극적이고 노력한다.
- 집착력이 강함
- 이혼 가능성도 있다.

⑤ 계란형 얼굴(밑이 뾰족하다)

(정신형 40% 근골형 60% : 두뇌 명석하고 노력가)

계란형의 얼굴은 비교적 이마가 좁고 눈썹은 가늘지만 눈은 크고 동그랗게 생겼다. 귀는 둥글고 얄팍하고 귓불은 자그마하다. 광대뼈가 앞으로 조금 나와 있고 살도 조금 붙어 있다. 콧날이 선 높은 코로 콧등이 조금 뾰족하고 콧방울은 그다지 옆으로 부풀어 있지 않다.

입은 크지도 작지도 않고 양끝이 단단하고 위 아랫입술의 두께가 같고 탄력 있는 살집이다. 턱은 둥글기는 하지만 얄상하게 빠졌다. 역삼각형도 같은 모양이고 미남 미녀의 얼굴에서 자주 볼 수 있다.

지적인 정신형(精神形)과 의지적인 근골형(筋骨形)의 혼합 형태로 이론성과 의지의 강인함을 갖고 있다.

두뇌가 명석하고 끈기가 있는 노력가이므로 어느 정도의 곤란함은 넘길 수 있는 근성을 갖고 있다. 그러나 정서적인 면이나 사회성, 융통성이 좀 부족해 사회적으로도 고립될 수 있는 상황이 될 경우가 있으므로 주의하는 편이 좋겠다.

기획이나 아이디어를 내는 일은 별로 적성에 맞지 않지만 인내력, 의지력, 실행력이 뛰어나기 때문에 결정된 매뉴얼대로 하는 일과 컴퓨터를 사용하는 일은 확실히 해내고 예술이나 문화보다는 기계나 과학 분야에 관심이 높다.

어렸을 적부터 12살까지는 정신적인 면으로 고생하는 일이 있겠으나 노력가로 일에 열심이고 돈을 버는 재력도 있으므로 30세 이후에는 돈에 곤란을 겪는 일은 없다 하겠다.

그러나 일 중심의 생활이 되어버려 가정을 돌보지 않기 때문에 가정적으로 문제가 발생, 불행하게 되기 쉬운 타입이다.

이러한 형(形)의 사람은 고립되고 쓸쓸한 말년을 보내지 않기 위해서도 가정을 소중히 해야 하는 점이 포인트다.

밑이 뾰족한 얼굴은 두뇌는 명석하지만 말이 앞서고 실행력이 부족하다.

위가 뾰족한 얼굴은 행동력도 있고 마음도 따뜻하며 온화하다.

깊이 있는 사고와 기획력이 부족해 다른 사람과 협력을 할 때는 충실하게 그 사명을 다하지만 독립적으로 활동을 할 경우에는 잘 해내지 못하는 경우가 있다. 또한 가정운이 따르지 않아 쓸쓸한 말년을 보내는 사람도 많지만 자기가 자신의 성격을 알고 수양을 하면 행복한 삶을 살 수 있다.

• 이상적이고 조용하다.
• 실행력 부족하다.
• 두뇌 명석·마음이 따뜻하다.
• 여성적이고 조용하다.
• 밑이 뾰족하면 행동력이 약하다.

⑥ 긴 얼굴

(근골형 60% 정신형 20% 지방형 20% : 따뜻함과 포용력을 지니고 있다.)

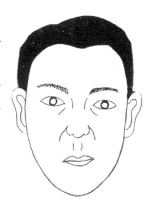

장방형의 얼굴은 형태가 길고 살집이 두둑하고 넓은 턱을 한 것이 특징이다. 이마는 길쭉하게 넓고 눈은 눈꼬리가 찢어져 있으며 안광이 예리하고 귀는 얼굴에 길게 붙어 있고 귓불은 두둑하게 살집이 있으며 쌀알을 한두 톨 올려놓을 수 있을 정도로 단단하고 크다.

코는 아주 크며 균형 좋게 정리가 되어 있는 얼굴형이라서 자연스레 사람들에게 편안한 느낌을 준다. 정치가, 경영자 등 사회의 여러 분야에서 활동을 하고 있는 사람들의 얼굴형이다.

근골형의 강한 의지력과 실행력과 정신형의 정신력과 총명한 지적 능력

그리고 지방형의 인간적인 따뜻함과 포용력이 어우러진 이상적인 성격의 소유자이다. 적극적인 행동력이 좋게 작용하여 저절로 사람들 위에 서서 지도력을 발휘하는 타입이다.

직감적으로 사물을 판단하여 처리하는 경향이 있다. 마이너스적인 면으로는 제멋대로인 성격 때문에 인간관계에 있어서는 고독한 편이지만 머리도 좋고 활동적인 자력으로 사회생활을 터득해서 살아가는 타입이다.

종교심이 강해 감사할 줄 아는 사람이기 때문에 가정적인 사람이 많은 것이 특징이다.

금전적, 가정적으로도 중년부터 말년까지 크게 성공을 하는 대기만성형이다.

오감이 예민하고 그래서 오는 불쾌감이 바로 표정에 나타나기 때문에 신경질적이고 버릇이 없는 제멋대로인 사람으로 오해를 살 소지가 있다.

건강한 체질이 아니므로 본인이 자신의 몸을 잘 살피고 늘 먹는 것에 주의를 하며 섭생에 힘을 써야 한다.

긴 얼굴의 사람은 미적 감각과 창조력을 살릴 수 있는 직업에 종사하는 편이 좋다.

- 감수성 예민
- 신경질적
- 예술성이 있다.
- 인간관계가 넓다.
- 허영심이 있으며 정치가형
- 유혹이 많다.

⑦ 큰 얼굴

(지방형 60% 정신형 40% : 적극적이며 실행형)

큰 얼굴은 사각형 얼굴의 골격이 실팍하고 다부지다. 턱은 단단하게 넓고 살집이 좋은 게 특징이다. 얼굴은 넓적하고 눈썹은 숱이 많고 진하며 남자다운 얼굴이다. 눈은 크고 화기(和氣)가 돌고 귀는 살집이 두둑하고 귓불이 두껍다. 코는 크고 콧등은 둥글고 콧방울은 옆으로 나와 있다. 입은 크고 위풍당당한 분위기를 풍긴다.

큰 얼굴은 지방형과 정신형의 혼합으로 지방형의 인정미와 정신형의 지적인 성격을 동시에 갖고 있다.

적극적인 성격이기는 하지만 냉정하고 현실적인 면도 갖고 있다. 싹싹하고 사교적이며 정신적으로도 성실한 사람이기 때문에 여유를 갖고 상대방에게 편안함을 느끼게 하는 깊이도 있다. 치밀한 두뇌를 갖고 있어 처리 능력도 뛰어나다. 완고해서 조금은 성급한 면도 있지만 일에는 정열적이다.

인정미도 있고 실행력도 있고 지도력, 포용력도 자연스레 몸에 밴 타입이기 때문에 어떠한 직업에 종사를 해도 성공할 상이다. 특히 상업이나 경영자 관리직에 적합하다. 금전적으로도 크게 성공할 운으로 많은 재산을 남기지만 일에 일관하고 있어 특정한 취미가 없고 가정적으로도 소홀히 하는 무미건조한 생활이 될 가능성이 있다.

예로부터 '재상의 상' 이라고 불릴 정도로 머리가 총명하고 실행력이 풍부하며 포용력이 있는 사람이다. 맡은 일에 있어서는 보통사람의 몇 배는 해내는 실행력이 있지만, 유혹이 많고 사고와 장애를 만나기가 쉬운 타입이므로 항상 주의를 해야 하겠다.

- 허영심이 있다.
- 사교적·포용력이 있다.
- 직감 발달·정치 감각이 있다.
- 이론과 말이 앞서고 행동이 따르지 못한다.

⑧ 가는 얼굴

(정신형 50% 근골형 50% : 통찰력과 직감력이 있다)

가는 얼굴은 옆으로 좁으며 길게 가는 형이다. 이마는 옆 부분보다 세로로 길고 눈썹은 가늘고 옅으며 일반적으로 이런 얼굴을 말상이라고 한다.

가늘고 긴 얼굴은 정신형의 지성과 근골형의 강한 의지력, 실행력으로

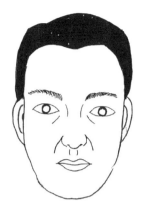

착실하고 꾸준하게 인생을 보내는 타입이다.

평탄하고 변화가 없는 공무원이나 큰 조직의 관리직이 적합하다.

예의 바르고 품격이 있어 의리와 정이 두텁다. 예리한 통찰력과 판단력을 가지고 있고 동시에 어렸을 때부터 10세까지 부모나 조부모에게 귀여움을 받으며 자라지만 15세 정도부터는 자력으로 운을 개척해 계획적으로 인생을 설계해 가는 타입이다. 또 얼굴이 긴 사람은 장수를 한다.

말을 하는 투가 웅변을 하는 것 같으며 상식적이고 온후하며 독실하다.

시야가 넓고 판단력이 정확하다.

자신이 구상한 설계대로 착실하게 일을 실현시켜가는 사람으로 총명하며 민첩한 활동가에게서 많이 볼 수 있다.

사람들의 마음을 잘 읽어서 마음을 끄는 말솜씨와 위엄을 갖고 있으므로 어떠한 일이 주어진다고 해도 자신의 속도에 맞춰 해나가면 반드시 좋은 일이 있을 것이다.

- 민첩한 활동가
- 시야가 넓고 판단이 정확하다.
- 말솜씨와 위엄도 있다.
- 상식적
- 도전정신이 왕성함

(2) 얼굴의 생김새와 운세 · 성격

① 얼굴의 크기 : 전체운 : 얼굴의 크기로 본다.

얼굴의 대소는 신장과 신체의 크기에 비교하여 크고 작음을 판단한다.

어깨넓이에 비해 얼굴이 극단적으로 크게 보이는 사람은 큰 얼굴, 거꾸로 어깨넓이에 비해 작아 보이는 사람은 작은 얼굴이다.

▸**얼굴이 큰 사람은 자기주장이 강하다.**

얼굴이 큰 사람은 밖으로 에너지를 방출하기 때문에 사람을 구분하여 지도적 입장에 서고자 한다.

자기주장이 강하여 자기의 의지를 타인에게 강요하거나 필요 없는 때에 주제넘게 나서거나 한다.

'난체한다' 라고 일컬어지는 타입이다.

▸**얼굴이 작은 사람은 자기충실이 강하다.**

얼굴이 작은 사람은 안으로 에너지를 모아 자기의 재능과 힘에 충실을 기한다.

소극적으로 의뢰심이 강하고 치밀함과 기능을 연마하는 경향이 있다.

② 얼굴의 폭 : 얼굴 넓이로 본다.

▸**얼굴이 넓은 사람은 적극성이 있다.**

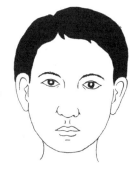

얼굴이 넓은 사람은 적극적이고 대범한 사람이다. 골격이 크고 체력이 좋아서 일을 잘하고 행동력이 좋다. 이론보다도 현실적인 지혜로 승부를 내는 타입이다.

인간관계 넓다. 직감력. 허영

▸**얼굴이 좁은 사람은 용의주도하다.**

좁은 얼굴을 한 사람은 용의주도하며 신경이 예민하다. 골격이 가늘어서 체력은 보통인 편이지만 이론적인 성격이므로 행동보다도 곰곰이 생각해서 실천하는 타입이다.

지적인 사람이므로 남을 배려하는 마음이 있고 다른 사람 입장에서 생각을 하지만 자존심이 강해

모험을 하지 않고 건실하게 세상을 살아간다. 내향적. 신중

③ 얼굴 전체의 상

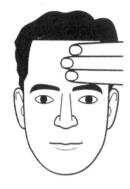

▶뇌, 지력, 관록, 정서, 욕망, 취미 등도 알 수 있다.

손가락 세 개가 들어가는 넓이의 표준의 이마로 그 이상 이마가 넓으면 인간으로서의 그릇과 도량이 있다고 볼 수 있다. 이마가 말끔하고 넓으며 윤기가 흐르면 좋은 가정과 양친에게서 태어나 좋은 환경에서 성장 가능하다. 이마가 좁고 상처나 얼룩이 있는 사람은 부모와의 연이 약하며 윗사람의 돌봄이 없다고 본다.

중정은 인문(사람운)이라 하며 의지력을 나타낸다.

자기의 힘과 사회에 나와서 어느 정도 활약할 수 있을까, 그리고 30세부터 50세까지의 운을 본다.

그밖에 체력, 기력, 실행력, 적극성, 생활력, 금전, 인기, 애정도 본다.

중정은 눈썹, 눈, 볼, 귀의 각 부분을 포함해서 본다.

전체운 : 눈과 눈의 표준 간격은 사이에 또 하나의 눈이 들어가는 넓이로 코와 귀가 같은 길이면 좋다고 할 수 있다. 중정이 빈약한 사람은 생각이 우선이고 실행력이 결여되어 현실대응능력이 없어 사회적, 금전적으로 운이 없다.

하정은 지운(땅의 운)이라 하며 정을 나타낸다. 생명력의 강도, 애정의 깊이와 50세 이후의 운을 본다.

또 자신의 자손, 부하, 토지, 주거, 가정운을 본다.

하정이 발달한 사람은 부하, 토지, 주거운이 있고 수명도 길고, 또 노후는 자식, 손자에 둘러싸여 흡족한 여생을 보낸다. 하정이 빈약한 사람은 부하, 토지, 주거, 가정운이 없고 잘 놀라며 정도 결핍되어 있어 인간관계의 운도 없어 만년은 고독한 생활이 된다.

▸얼굴의 밸런스를 본다.

얼굴의 크기와 각 부분(눈, 코, 입, 귀 등)의 밸런스를 보는 것이 중요하다. 얼굴이 가지런한 사람은 성격의 밸런스도 좋다고 본다.

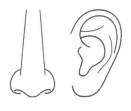

코와 귀의 길이가 같다.

결국 눈꼬리가 째진 듯한 눈으로 콧날이 서고 입이 단정하며 얼굴의 밸런스가 좋은 사람은 의지가 강하고 총명하며 상식이 풍부하다.

얼굴은 가지런하나 눈, 코, 입 등의 부분이 큰 사람은 아무래도 자기주장이 강해지고 표면에 성격이 드러남과 관계없이 제멋대로이다. 성격이 넉살이 좋기 때문에 작은 일에 전전긍긍하는 일은 없다.

눈에 띄게 큰 부분이 있는 경우는 그 밸런스가 좋지 않은 부분이 그 사람의 특징적인 성격을 나타낸다는 생각은 무리가 아니다.

눈만이 유난히 큰 사람은 감수성이 강하고 감정적인 성격이다.

코만 유난히 큰 사람은 지존심이 강하고 자기주장이 강하다.

▸밝은 얼굴 어두운 얼굴을 본다.

어두운 울상의 얼굴, 신경질적인 얼굴, 무서운 얼굴의 사람은 남보다 더 한층 노력하고 고생하는 것에 보답받지 못하는 사람이 많다. 이런 타입은 고독하고 표면에 나타나지 않는 곳에서 진력하는 경향이 있다. 또 그런 얼굴의 인상은 같이 이야기하고 있으면 피곤해져서 사람들이 피하고 다가오지 않아 인간관계도 적어지고 장사도 잘 되지 않는다.

사람이 멀어져 고독하게 되기 때문에 더욱더 운이 나빠져 생활과 인생이 힘겨워진다.

밝은 얼굴

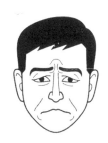

어두운 얼굴

▶각 부분을 보는 순서

그 사람의 삶의 방식을 볼 때는 우선 눈에 생기가 있는가를 본다.

코가 낮고 옆으로 콧방울이 퍼져 있는 사람은 금전욕이 강하고 자존심보다 물질욕이 강하다.

입이 유난히 큰 사람은 생활력이 넘치고 튼튼하다.

귀가 옆으로 넓은 사람은 신경질적이고 세로로 유난히 긴 사람은 신장이 건강하고 체력도 뛰어나 장수한다.

제4장
얼굴 각 부분과
운세·성격

Ⅰ. 눈의 관상

인간의 얼굴은 한번 보면 좌우대칭으로 보이지만 자세히 보면 눈의 크기와 형태가 불균형인 경우가 많다.

'몸이 천 냥이면 눈은 800냥' 이라는 말이 있다.

또한 '눈은 마음의 창' 이란 말도 있다.

이렇게 인간의 신체 중 가장 중요한 눈은 인간을 소우주로 볼 때 우주의 해와 달에 비유된다.

좌측 눈은 태양에 비유되고 우측 눈은 달에 비유한다.

또한 양쪽 눈은 부모의 상징이기도 하다. 눈은 흰자위와 검은자위로 나뉘어져 있는 듯하나 실은 검은색, 푸른색, 흰색으로 되어 있다. 관상학에서 검은 부분을 동(瞳), 흰 부분을 백(帕), 푸른 부분을 청(睛)이라 한다.

좀더 눈을 자세히 세분하면 다음과 같이 안두, 용궁, 황사, 하파, 적근, 안미, 상파, 차전, 안해, 흑청, 백청으로 나누어 볼 수 있다.

눈은 맑고 밝아야 복과 수를 누리고 반대로 어둡고 흐릿하면 삶에 장애가 많고 수명도 짧다.

또한 눈의 흰자위가 많거나 눈동자가 작고 누렇거나 붉은색 줄이 있거나 눈동자가 바깥쪽을 향하거나 눈동자에 흰 점이 있거나 붉은 핏발이 서면 운세가 기울어 재산은 흩어지고 부부 이별, 패가한다.

(1) 눈을 보면 그 사람을 알 수 있다.

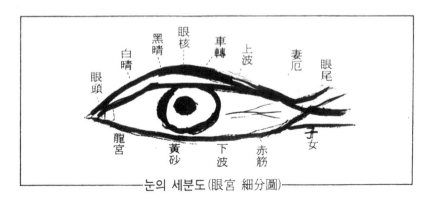

눈의 세분도(眼宮 細分圖)

관상학에서 눈(目)은 '싹'에, 코(鼻)는 '꽃'에, 귀(耳)는 '열매', 입(口)은 '수확물', 치아(齒)는 '잎'이라고 말을 한다. 눈이 맑으면 사회에서 싹을 틔우고 치아가 건강하면 잎사귀를 풍성하게 건사하고 코가 잘생기면 꽃을 피우고 귀가 크고 시원스레 생기면 열매를 많이 맺고 입이 크고 야무지게 생겼으면 인생의 수확물이 많아진다고 한다.

이 정도로 눈을 정확히 표현한 문장은 없을 것이다. 160센티 정도의 신체가 가지고 있는 혼(魂)도 약 30센티밖에 되지 않는 얼굴에 나타나 있고, 그 얼굴에 나타나 있는 '혼' 그 전체의 인간성이 약 3센티미터의 눈에 함축되어 있다는 것을 뜻하고 있다는 것이다.

또 관상학에서는 지구상의 만물을 비추고 있는 태양과 달을 양쪽 눈에 견주어 왼쪽의 눈은 태양(父)을 오른쪽의 눈은 달(母)을 나타내고 있다.

이는 지구와 함께 없어서는 안 될 존재인 태양과 달을 눈에 비유한 것으로 인간에게도 다섯 개 궁(宮) 중에서 가장 중요한 존재임을 알려준다.

눈과 관련된 속담에는 "눈은 마음의 거울(사람의 마음은 그 눈초리에 나타난다.)", "눈은 입처럼 사물을 말한다.(눈초리는 입으로 말하는 것처럼 자신의 생각을 말한다.)" 등이 있으며 눈을 보면 자비로운 상냥한 사람인지 마음이 얼음장처럼 차가운 사람인지 또 근본이 악한 사람인지를 자연스레 알 수가 있다. 그것은 희로애락의 순간이 눈에 나타나고 심정의 동요나 사람 됨됨이를 알 수 있는 실마리가 될 수 있기 때문이다.

좋은 눈이라 함은 시원스럽고 굴곡이 뚜렷하고 온화한 빛을 내뿜고 윤기가 나며 투명하게 맑은 눈을 말한다. 그리고 양눈이 수평한 위치에 있고, 안구(眼球)는 너무 나오지도 움푹 꺼지지도 않고, 검은자와 흰자 구별이 확실하게 되어 있어야 한다.

또 검은 눈동자가 삼백안(三白眼), 사백안(四白眼)처럼 흰 눈동자가 보이지 않게 상하 눈꺼풀에 꽉 찬 것이 좋다.

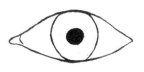

특히 눈동자가 크고 윤기가 나며 검은 눈동자가 칠흑처럼 검게 보이는 사람은 두뇌 판단력이 좋은 사람으로 알려져 있다.

두뇌가 명석한 눈

관상학의 12궁(宮)에서는 눈썹과 눈의 사이를 전택궁(田宅宮)이라고 한다. 이 부분이 넓고 살집이 있는 사람은 마음이 넓고 덕이 있고 부모로부터 토지나 가옥을 상속받는 등 운을 타고났다. 눈과 눈썹의 넓이 기준은 한 손가락이 들어갈 정도가 적당하며, 두 손가락이 들어갈 정도의 넓이는 성격적으로 야무지지 못하다고 본다.

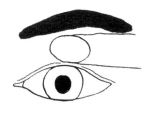

거꾸로 손가락 하나도 들어가지 못할 정도의 넓이는 성격이 급해 금방 싸움을 하며 상속받을 재산도 없고 상속을 받는다 하더라도 금방 탕진을 한다고 보겠다.

(2) 큰눈과 작은눈

▸큰눈은 감수성이 풍부하다.

큰눈은 감수성이 풍부해서 낙천적이고 마음의 여유가 있다. 또 적극적인 성격으로 대범한 행동을 하기도 하고 시야가 넓어 이상주의자이

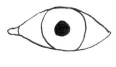

큰눈

다. 또 정열적으로 밝은 성격이지만 분위기에 약하고 말수가 많다고 하겠다. 그러나 솔직하기 때문에 사람들이 좋아한다.

(3) 좁고 작은 눈은 신중하고 냉정하다.

작은눈

좁고 작은 눈을 가진 사람은 관찰력이 뛰어나지만 감수성이 부족하여 마이페이스로 생활을 하는 현실주의자다. 시야가 좁고 인내력이 있어 하나를 파고드는 타입으로 꼼꼼한 성격이지만 의지가 약해 의심이 많고 다소 음울한 성격이다.

(4) 눈꼬리가 찢어진 눈과 왕방울눈

눈꼬리가 찢어진 눈

① 눈꼬리가 찢어진 눈

눈꼬리가 찢어진 눈은 사고가 깊은데다 느긋해서 창조력, 통찰력, 포용력, 결단력, 통솔력, 인내력 등이 뛰어나다. 눈꼬리가 길게 찢어지면 찢어질수록 이 경향이 강하다. 불상이나 관음상의 눈도 신기하게도 이런 눈을 하고 있는데 그것은 자비(다른 사람을 생각하는 마음 씀씀이)를 나타내 덕을 갖추고 있다고 본다.

② 왕방울눈은 직감력이 뛰어나다.

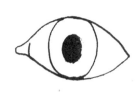

왕방울눈

왕방울눈인 사람은 감수성이 뛰어나 직감으로 결론을 내는 경향이 있다. 늘 당장의 일만 생각해 사물을 판단하는 근시안적인 현실가도 있다.

또 단순하고 조잡한 성격에 충동적으로 행동을 하는 타입으로 본질적이고 제멋대로인 사람이 많다

(5) 나온 눈과 들어간 눈

① 나온 눈은 다정하거나 반대로 쿨(cool)한 사람이다.

눈망울이 나온 사람은 두 종류 타입이 있다. 위쪽 눈꺼풀이 살집이 있고 두텁게 부은 듯한 사람은 너글너글하고 자신감에 차 있어 다정다감한 성격이다. 체력도 좋아 생활력이 있다.

한편, 위쪽 눈꺼풀에 살집이 없는 사람은 감수성이 있고 감이 좋다. 쿨하고 합리적인 성격이지만 소심해서 신경질적이고 소극적인 면도 갖고 있다.

나온 눈

② 움푹 패인 눈은 성격이 음울하고 집착하는 경향이 강하다.

눈이 움푹 패인 사람은 늘 냉정하고 예리한 관찰력을 가지고 있어 욕망과 집착이 강한 음울한 성격이다. 사교성도 부족하고 급해 빈정거리는 면도 갖고 있으나, 재능이 있고 합리적이고 인내심이 강해 도량 넓게 누구나 받아들이는 기량이 있다.

들어간 눈

(6) 눈꼬리가 위로 올라간 눈 아래로 처진 눈

① 위로 올라간 눈은 지는 것을 싫어한다.

위로 올라간 눈은 여우눈처럼 눈꼬리가 치켜올라간 눈이다. 프라이드가 강해, 지는 것을 싫어한다. 강한 성격이기 때문에 결코 사람에게 머리를 숙이는 일이 없는 타입이다. 손윗사람에게

위로 올라간 눈

도 서슴없이 옳고 그름을 확실하게 말해 적을 만들기도 한다. 그러나 용기와 결단력이 있어 의지도 강하다.

냉정한 판단력과 합리성을 지닌 소유자로 독점력이 강하고 이기적인 면이 있지만 진취적인 성품으로 미적 센스도 뛰어나다.

② 처진 눈은 온후하고 사람이 좋다.

처진 눈

처진 눈은 눈꼬리가 밑으로 처진 것을 말한다. 성격은 온후하고 사람 됨됨이가 좋고 사람들에게도 인기가 좋다. 약간 소극적인 성격인 사람이 많아 적극성이 결여되어 있지만 협동심이 있고 재치가 있어 사교성이 좋다.

(7) 삼백안(三白眼)과 사백안(四白眼)

① 삼백안(三白眼)은 굳게 믿는 경향이 있어 집념이 강하다.

상삼백안

삼백안(三白眼)은 위와 아래로 삼백안인 두 종류가 있다.

검은자위가 아래로 붙어 있어 좌우와 위의 흰자위가 커 보이는 눈을 상삼백안(上三白眼)이라고 한다. 이상이 높아 사물이나 돈에 집착이 강해 협동심이 결여되어 있고, 이기적이고 냉정한 성격이기도 하다. 강한 집착력이 화를 불러일으키고 사람에게 미움을 받는 고독한 사람이 되기 쉽다.

하삼백안

하삼백안(下三白眼)은 검은자위가 위로 붙어 있어 좌우와 아래의 흰자위가 커 보이는 눈이다. 다른 사람을 배려하는 마음이 부족해 아무렇지 않게 사람을 배신하고 피해를 끼치는 행동을 해서 미움을 받기 쉬운 타입이다.

매사 자기가 생각한 바를 굳게 믿는 경향이 있어 늘 자신이 옳다고 믿고 있다. 꼬인 성격인 사람이 많다.

이러한 눈을 갖고 있는 여성에게 묘한 색기(色氣)가 느껴지는 것은 새디

스틱(sadistic)한 기질이 엿보이기 때문이다.

② 사백안(四白眼)은 냉혹하며 날카롭다.

사백안은 검은자위 아래위로 여백이 있어 하
얗게 보이는 눈을 말한다. 머리가 빼어나게 좋
지만 냉혹하고 날카로워서 목적을 위해서라면
수단과 방법을 가리지·않고, 사람을 쉽게 배반하는 사람이 많다.

사백안

(8) 언밸런스한 눈, 사시(斜視), 모들뜨기

① 언밸런스한 눈을 가진 사람은 평벽한 성격

좌우 눈의 크기나 모양이 극단적으로 다른
언밸런스한 눈을 가진 사람은 성격도 삐뚤
다. 좋고 싫은 감정의 기복이 심해서 마음이
불안정하고 변덕스럽고 이기적인 면이 많다.

언밸런스한 눈

② 사시(斜視)는 성미가 괄괄하고 개성이 강하다.

사시인 사람은 성미가 괄괄하고 개성이 강
해서 극단적인 사고를 갖고 있고 비상식적인
행동을 하는 경우가 많다. 의구심이 많고 비밀이나 계략을 잘 꾸미고 이기
적인 성격이다.

사시의 눈

③ 모들뜨기는 집중력이 있다.

눈이 한쪽으로 몰려 있는 사람은 한 가지
일에 몰두하는 집중력을 갖고 있고 정열적으
로 행동력이 있다. 또 사람의 마음을 빠르게

쏠린 눈(모들뜨기)

간파하기도 하나 질투심이 강하다.

(9) 눈동자의 크기와 색깔

눈동자가 크다

눈동자가 큰 사람은 마음이나 감정이 풍부하고 밝고 개방적이며 적극적인 성격이다. 반대로 눈동자가 작은 사람은 신중하고 조심성이 많고 음울하며 소극적이지만 의지가 강해 이기적인 성격이다.

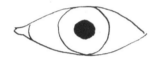

눈동자가 작다

① 검은 눈동자는 진지함이 있다.

검은 눈동자가 큰 사람은 사고가 깊고 순수해서 정이 두텁다. 성격도 원만해서 상식적이고 뒤끝이 없다.

검은 눈동자가 작은 사람은 사람을 압도하는 박력이 있어 성미가 괄괄하고 이기적이고 집념이 강한 성격이다.

② 갈색 눈동자는 장난기가 있다.

갈색 눈동자를 지닌 사람은 장난기가 있고 밝고 쾌활하고 유머가 넘쳐흐르는 발랄한 사람이다. 그러나 조급한 성격이라서 경박한 행동을 하는 경우도 있다. 비위를 잘 맞추며 화끈한 성격을 갖고 있다. 색채 감각은 검은 눈동자의 사람보다 뛰어나다.

(10) 눈동자의 위치와 의지의 강도

① 눈동자가 한가운데 있다.

똑바로 보고 있을 때 눈동자가 눈 한가운데(수평안(水平眼)) 있는 것이 표준적인 위치이다.

이 이상적인 눈을 한 사람은 중용을 통한 상식이 풍부하고 원만한 성격으로 사회 활동도 순조롭게 큰 화 없이 지낼 상이다.

② 눈동자가 위쪽 눈꺼풀에 가려져 있다.

눈동자가 위 눈꺼풀에 가려져 있는 사람은 긍정적인 사람으로 향상심(向上心)이 강하고 의지도 강하다. 지는 것을 싫어하고 야심도 갖고 있어 적극적인 인생을 사는 사람이다.

위 눈꺼풀에 가려져 있다

③ 눈동자가 아래 눈꺼풀에 가려져 있다.

아래 눈꺼풀에 가려져 있다

눈동자가 아래 눈꺼풀에 가려져 있는 사람은 온화하고 감정을 겉으로 표현하지 않는 상냥한 사람으로 적극적인 성격이다. 겸허하지만 의지가 약하기 때문에 다른 사람에게 농락당하기 쉬운 타입이다.

표준적인 눈

(11) 윤곽으로 간파한다.

눈 윤곽의 미묘한 차이가 성격을 나타낸다. 위쪽 눈꺼풀 윤곽의 선을 삼등분해서 설명하므로 그 보는 방법을 잘 기억해 두기 바란다.

① 눈 앞부분 근처 윤곽이 곡선

눈 윤곽의 A부분이 급커브 곡선인 사람은 개방적으로 시원스럽고 밝은

A-1이 곡선

성격이며 사람 됨됨이도 좋아서 겉과 속이 다르지 않은 순수한 사람이다.

② 눈 앞부분 근처 윤곽이 직선

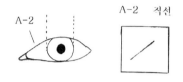

A부분이 직선인 사람은 성격이 냉철하고 계산적이며 타산적이다. 직감적으로 본질을 꿰뚫어 보는 책략을 부리는 타입이다.

③ 눈 중앙부분 윤곽이 곡선

눈 윤곽에서 B부분이 둥글게 위로 올라가 눈이 크고 맑은 눈이다. 이 부분이 둥글게 곡선으로 되어 있으면 시원스럽고 밝고 순정적이고, 사람 됨됨이가 좋고 순수한 성격이다. 표현력이 풍부해서 미적 감각이 뛰어나고 예술적인 재능도 발휘한다.

④ 눈의 윤곽 중앙 부분이 직선

눈의 윤곽에서 B부분이 수평으로 직선에 가까우면 가까울수록 합리적, 타산적, 현실적인 성격이므로 금전 감각이 뛰어나며 냉정하게 살아갈 타입이다. 이러한 성격이기 때문에 쉽게 정들 수 있는 타입은 아니다.

⑤ 눈꼬리 윤곽 부분이 곡선

눈의 윤곽에서 C부분이 둥글게 되어 있는 사람은 제멋대로이며 개성이 강해 생명력이 넘쳐흐르고 적극적으로 인생을 즐길 줄 아는 사람이다.

⑥ 눈꼬리 윤곽 근처 부분이 직선

C부분이 완만하게 직선에 가까운 사
람은 스태미나가 없고 소극적으로 되는
대로 인생을 맡기는 삶을 살아 간다.

(12) 눈빛이 예리한 사람 둔한 사람

① 안광이 예리하면 두뇌 회전이 빠르다.

안광이 예리한 사람은 감각이 예민하고 두뇌 회전이 빨라 행동이 민첩하
고 신경이 델리킷하다.

사람의 감정의 움직임은 현재의 상황에 대응하는 것이다.

지능의 움직임이 우수하면 지식이 풍부하고 의지도 확고하다. 결점이 있
어도 감정적이지 않고 격한 면도 적다.

다만 안광의 빛이 예리한 사람은 자신의 이해 득실에 흥미를 갖는다. 타
인에 대한 고려는 적게 한다. 다른 사람의 의견을 별로 청하지 않는다.

실제, 기개가 강한 반면 독선적 성격으로 강렬한 개성의 소유자이다.

② 안광(눈빛)이 둔한 사람은 마이페이스이다.

눈빛이 둔하면 오관의 활동이 둔하다. 두뇌의 활동이나 행동도 더디고
감각도 둔하며 주위 사람의 영향을 받는 편이고 마이페이스로 낙천적 성격
이다.

(13) 눈과 눈썹의 간격

① 눈썹과 눈의 사이가 넓으면 인기가 있다.

눈썹과 눈의 사이(전택궁)가 넓은 사람은 윗사람과
친구 등 주변의 사람들의 힘에 따라 인생을 개척할 수

있다. 성격은 느긋하고 교제 범위가 넓고 화제가 풍부한 인기인이다.

전택궁이 넓고 풍만한 여성은 색기가 있어서 옥가마를 탄다 하여 부잣집으로 출가한다고 한다.

② 눈썹과 눈의 사이가 좁으면 성질이 급하다.

눈썹과 눈의 사이가 좁은 사람은 자신의 힘으로 꾸준히 노력하여 독립독보인생을 개척하는 사람이다.

성격은 성실하며 신경이 예민하고 꼼꼼하다. 성격이 급해 쉽게 싸우기도 하고 부모의 유산을 물려받아도 그 성격으로 도박 등으로 재산을 잃는 사람도 있다.

(14) 눈 사이가 넓은 사람, 좁은 사람

눈과 눈 사이를 십이궁 또는 질액궁이라 하고 여기는 코가 붙어 있는 곳이라 산근이라고도 한다. 손가락 두 개가 들어가면 표준 넓이이다. 산근이 높고 풍요로우면 재운도 좋고 행복하며 윤기가 있으면 장수한다.

산근이 움푹 패어 있거나 힘줄이나 흉터가 있으면 위장에 지병이 있고 윤기가 없으면 걱정이 많다.

① 눈과 눈 사이가 넓은 사람은 낙천적

눈과 눈의 사이가 넓은 사람은 밝고 느긋한 성격으로 낙천적이다. 화려하고 신념과 지속력이 결여되어 있지만 사람과 잘 협조하는 좋은 면이 있다. 사물을 받아들이는 방식은 대충대충이지만 전체적인 입장에서 큰일을 처리한다.

너무 넓은 사람은 느긋하고 야무지지 못하다.

② 눈과 눈 사이가 좁은 사람은 신경질적

눈과 눈의 사이가 좁은 사람은 신경질적이긴 하지만 직감적으로 선견성이 있고 유행이나 시대 감각을 읽는 것에 뛰어나다. 기회를 봐서 민첩하게 상황 판단이 빠르고 행동력이 있다. 또 말을 잘해 처세에도 능숙한 합리주의자이다. 쓸데없는 걱정이 많은 것이 흠이다.

(15) 외꺼풀, 쌍꺼풀

① 외꺼풀은 소극적인 성격

외꺼풀의 사람은 관찰력, 집중력이 있고 냉정하고 이론적이다. 소극적 성격으로 말수가 적고 신중, 소심하고 사려 깊다. 고집도 있고 의지도 강하고 지속력이 있지만 질투심이 강하다.

② 쌍꺼풀은 적극적 성격

쌍꺼풀의 사람은 행동이 기민하고 적극성이 있다. 직감적인 감각이 풍부하고 열정적인 성격으로 밝고 순응성, 협조성도 두루 갖추고 있다. 또 색채나 미각의 감각이 뛰어나서 멋쟁이이고 사교성이 있다.

(16) 눈 밑의 살이 통통한 사람, 꺼진 사람

눈 밑의 뼈가 없는 곳에서 주머니같이 된 부분을 누당이라 부르고 십이궁에서는 남녀궁이라 한다. 이 부분은 남녀의 성교와 그 결과인 자식운과 정력의 강약을 알 수 있다.

눈 밑의 살이 통통하게 부푼 사람은 정력이 강하다. 누당이 주머니처럼 통통하고 탄력이 있으며 살집이 좋은 사람은 체력이 있고 호르몬도 왕성하고 성기능이 발달해 있다.

(17) 눈 밑 꺼풀에 살이 있는 사람, 없는 사람

눈 밑 꺼풀의 살이 3*mm*부터 3.5*mm* 폭의 살이 볼록하게 있는 부분을 와잠(호르몬 탱크)이라 부른다. 이 부분은 호르몬의 분비, 성기의 발육과 섹스의 강약을 본다.

① 눈 아래 두꺼운 살이 있으면 성적 매력이 있다.

눈 아래 눈꺼풀에 두꺼운 살이 볼록하게 나와 있는 사람은 정력이 강하고 섹시함은 물론 이성으로부터 꼬심을 받는 인기가 있다.

이 부분이 특히 볼록이 나와 있는 사람은 섹스를 좋아하고 이성 관계가 난잡한 사람도 있다.

단, 웃으면 눈 밑의 꺼풀 살이 3*mm*정도의 폭으로 볼록 나와 있는 사람도 성 호르몬의 분비가 좋아 어느 정도의 정력이 있다.

② 눈 아래 눈꺼풀이 살에 없으면 정력이 약하다.

눈 아래 눈꺼풀에 살이 없는 사람은 정력이 강하지 않다. 이 부분이 볼록하지 않고 팽팽해 피부의 색이 깨끗하면 성기가 좋다. 성호르몬 분비가 좋고 성기능이 발달해 있다. 성생활이 충실하고 건강하며 자식복이 있다.

(18) 눈꼬리 부분에 살집이 풍부한 사람, 살이 없는 사람

눈꼬리 부분은 어미 또는 간문이라 한다.

십이궁에서는 눈꼬리부터 귀에 이르는 손가락 2개 정도의 부분을 처첩궁이라 하며 이 부분은 배우자나 정부와의 관계를 판단한다.

① 눈꼬리 부분의 살집이 풍부한 사람은 좋은 배우
　 자운이 있다.

눈꼬리 부분이 혈색이 좋고 풍부한 사람은 좋은 배우
자를 만나 애정 충만한 행복한 결혼생활을 지속한다.
그러나 간문의 살집이 너무 많은 사람은 성적 욕망과
애정이 너무 강해 이성에게 상처를 입히거나 결혼해도
배우자의 정력을 뽑아낸다.

② 눈꼬리 부분에 살집이 없는 사람은 배우자의 연이 약하다.

눈꼬리 부분이 꺼져 있거나 거무스름하다. 또는 점이나 멍, 핏줄이 있는
사람은 배우자와의 연이 약하거나 병이 들었거나 무언가 근심을 가지고 있
다. 그러나 이 부분은 중년 이후와 갱년기가 되면 약간의 검버섯이 생기기
쉽기 때문에 그다지 걱정하지 않아도 좋겠다.

(19) 눈끝의 잔주름

① 눈의 푸른색과 핏줄

눈의 흰자위에 푸른색을 띠면 신경질이 많다. 또한 흰자위에 핏줄이 서
있으면 혈압에 이상이 있거나 수면부족인 경우다.
이런 병적인 경우가 아니면 큰 다툼이 있을 전조이다.

② 눈이 작다.

- 대기만성형(늦게 된다)
- 의지 강하고 굳세다.
- 꼼꼼하고 건실하다.
- 좋은 연분 만나고 인내심이 있다.

③ 눈끝이 둥글다.

- 매사에 꼼꼼하다.
- 정이 많다.
- 성실 담백하여 인기 있다.
- 가정운이 좋다.

④ 눈끝이 뾰족하다.

- 목적을 위해서는 수단을 가리지 않는다.
- 교활한 지혜를 사용한다.
- 차갑고 날카로운 직감력이 있다.
- 이해 때문에 친구도 저버린다.

⑤ 눈끝이 끊어진 자국이 있다.

- 정에 약하고 눈물에 약하다.
- 파란 많은 인생이다.
- 가정운이 나쁘다.

⑥ 눈이 작다.

- 성격이 예민하여 남을 경계한다.
- 심술궂다.
- 지략이 뛰어나다.

⑦ 눈꺼풀이 하나다.

- 침착하고 냉정하다.
- 의지가 강하나 말수는 적다.

⑧ 눈과 눈 사이가 넓다.

• 온화하며 착실하다.
• 약간 멍한 성격이나 시야가 넓다.

⑨ 눈이 가늘다.

• 사려 깊다.
• 남을 의심하고 신경질적이다.
• 친구가 적으나 오래 사귄다.

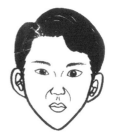

⑩ 오른쪽 눈보다 왼쪽 눈이 크다.

• 우월감이 있다.
• 모든 일에 남을 이기려 한다.

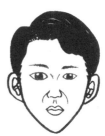

⑪ 왼쪽 눈보다 오른쪽 눈이 크다.

• 사교성이 있다.
• 남에게 호감을 준다.

⑫ 튀어나온 눈

• 치밀하고 관찰력이 빠르다.
• 기억력이 떨어지나 쾌활한 성격

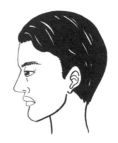

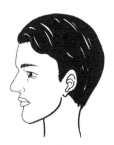

⑬ 들어간 눈

- 빈정대는 사람
- 음흉스럽다.
- 현실주의자
- 경계심이 강하다.

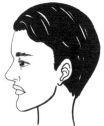

⑭ 눈꺼풀 위가 부풀어 있다.

- 성격이 광폭하다.
- 능청스럽다.

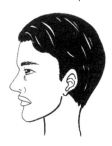

⑮ 눈꺼풀 밑이 부풀어 있다.

- 말솜씨가 있다.
- 건강상 문제도 있다.

⑯ 이야기할 때 눈을 감는다.

- 말에 허언이 많다.
- 호색한이 많다.

⑰ 말할 때 눈을 움직인다.

- 허영심이 강하다.
- 성격이 소심하다.

⑱ 말할 때 눈이 밑을 향한다.

- 온후한 성격이나 조심성이 있다.
- 속셈이 따로 있어 안심 못한다.

⑲ 눈에 윤기가 있어 촉촉하다.

- 협조적이고 도량이 넓다.
- 여자는 색을 밝힌다.

⑳ 말할 때 눈이 위를 본다.

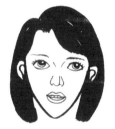

- 방어적이고 교활한 성격
- 뜻이 커 남의 의견을 경외한다.

㉑ 눈초리 끝이 위로 향해 있다.

- 명랑하여 인기 있다.
- 정력이고 사교적이다.
- 낭비벽이 있다.

㉒ 눈꺼풀이 처져 있다.

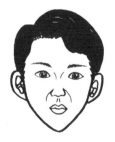

- 신경질적, 성격이 예민하다.
- 정력이 약해 이성에게 인기가 없다.
- 남을 헐뜯는다.
- 타산적이다.

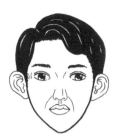

㉓ 눈초리(눈끝)의 내천(川)자

- 매사에 열의 있는 성품, 적극적이다.
- 색을 밝혀 돈, 정력, 낭비한다.
- 상업이재에 재주 있으나 자기본위이다.
- 여색으로 말년에 곤궁하다.

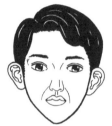

㉔ 눈초리에 위로 향한 선이 있다.

- 매사에 명쾌하며 활력이 넘치고 윗사람의 신망이 있다.
- 여성은 사교성이 있으나 낭비형이다.

㉕ 처진 눈초리

- 눈끝 눈꺼풀이 아래로 처져 있는 사람은 정력이 약하여 이성에게 인기가 없다.
- 성격이 예민하고 남편복이 약하다.

㉖ 눈초리에 살이 포동포동하다.

- 눈초리에 살이 포동포동하면 결혼운이 좋다.
- 성생활이 좋아 인기가 있다.
- 이성복도 있다.

㉗ 눈이 깊이 파인 사람

- 의지와 감정표현을 억제한다.
- 소심하고 꼼꼼하다.
- 건실하여 생활에 필요한 돈은 있다.
- 신중하게 노력하는 형
- 도박에 약하다.

㉘ 눈과 눈 사이가 좁다.

• 노력형, 자상하다.
• 재치있고 선견지명이 있다.
• 남에게 호감을 준다.
• 끈기가 약하다.
• 음울한 성격

㉙ 젖어 있는 눈

• 자신감이 있고 자기현시욕이 있다.
• 여성에게 특히 많다.
• 이성의 난, 즉 색난(色難)의 상
• 협조심이 있다.

㉚ 위로 올라간 눈

• 이기적이며 시기심이 강하다.
• 진취적이고 자부심이 강하다.
• 행동력이 있으나 비협조적이다.
• 여성은 제멋대로이다.
  (남편은 아랑곳 없다.)

㉛ 눈이 처져 있다.

• 용의주도하고 성실하다.
• 여성은 정이 있고 사교적이며 남성은 쉽게
  유혹에 넘어간다.
• 잔재주로 일을 그르친다.

㉜ 눈이 둥글다.

• 감수성이 강하고 자기도취형
• 조숙형, 자기과신, 외곬수
• 금전적으로 요조심

㉝ 눈이 가늘다.

- 냉정한 사고력과 순수성이 있다.
- 여성은 자기중심적인 자아가 강하다.
- 사교성이 부족하다.

㉞ 눈동자가 푸르스름한 눈

- 자기본위로 협조심이 부족하여 친구가 적다.
- 신경질이 있다.
- 가정운이 약하다.

㉟ 회색 또는 갈색의 눈(눈동자가 갈색이거나 쥐색인 경우)

- 건강 특히 내장에 문제가 있다.
- 가정에 고민이 있다.
- 대인관계 나쁘다.
- 자존심이 남다르다.

㊱ 눈이 크고 날카롭다.

- 감수성, 예술성이 있다.
- 예민하고 재치 있어 빈틈이 없다.
- 기백이 있어 신념이 강하다.
- 적과 친구가 많다.

㊲ 눈이 크고 부드럽다.

- 감수성, 예술감각이 있다.
- 관찰력이 뛰어나고 사교성이 뛰어나다.
- 생활력이 있고 다정다감하다.

㊳ 곧게 뻗은 눈초리

- 끊어진 표시가 없이 눈초리가 뻗어 있다.
- 체력이 약하나 감정이 앞선다.
- 난폭하고 감정이 흔들려서 운을 나쁘게 한다.
- 생각이 깊지 못하다.

㊴ 흩어진 눈초리

- 우유부단하고 협조심이 약하다.
- 고독하고 부부연이 박하다.

㊵ 눈끝(어미)의 주름

- 이곳이 이성과의 관계를 보는 곳이다.
- 호색가
- 주름이 많을수록 색을 탐한다.

㊶ 눈밑의 주름

- 이곳은 자녀 및 성적인 면을 본다.
- 호색가
- 성의 난폭자
- 자녀의 근심

㊷ 눈꼬리의 눈꺼풀이 밑으로 처져 있는 눈

- 아름다운 여성에게 많다.
- 명랑하고 분명한 성격이다.
- 분별력이 뛰어나고 체념도 빠르다.

㊽ 기술자 눈

- 눈꼬리의 밑 부분이 위로 향한 눈
- 선악 구분이 분명하고 애교없이 딱딱하다.
- 심성은 깨끗하다.
- 기술자에게 많은 상이다.

㊹ 눈썹의 시작점에 털이 일어난 모양

- 여성의 경우 생리 때 이런 현상이 일어난다.
- 생리적·심리적으로 민감한 상이다.

㊺ 세모꼴 모양의 눈

- 눈꺼풀이 직선이다.
- 그림과 같이 눈이 세모꼴인 눈
- 눈꺼풀이 직선으로 뻗고 아래 눈꺼풀의 가운데가 뾰족한 타입
- 역삼각형 모양이다.
- 말이 많고 성실성이 없고 인정이 없다.
- 여성은 히스테리가 심하다.
- 부부·자식복이 없다.

㊻ 게눈 모양의 눈

- 작은 눈이 게눈처럼 검은자위가 가득차고 누런빛이 있다.
- 고집이 있고 약간 아둔하다.
- 의식 걱정은 적으나 말년에 고독하다.

㊼ 고양이형 눈

- 눈동자가 동그스름하고 눈동자를 고양이처럼   자주 굴린다.

• 눈의 광채가 있다.
• 영특하며 재능이 있어 자기일은 충실히 시행한다.
• 부귀가 있다.

㊽ 가재눈

• 가재처럼 눈이 툭 튀어나오고 눈동자는 동그랗고 눈이 솟으면 단명한데 눈빛에 광채가 있으면 무방하다.

㊾ 자고새형 눈

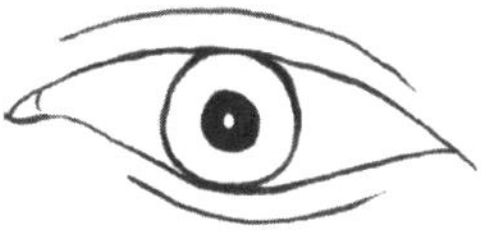

• 눈이 자그마하고 눈 주위가 붉고 눈동자가 누렇다.
• 매사 경박하고 항상 바쁘며 식복이 있다.

㊿ 뱀눈

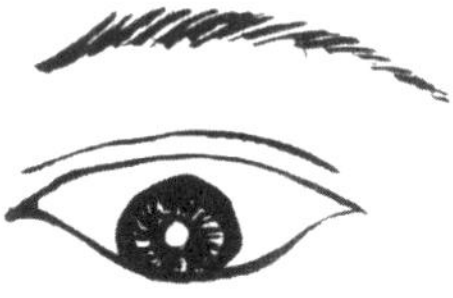

• 도둑고양이 눈으로 범죄형
• 성격이 음험하고 도벽이 있다.
• 못된 일을 서슴없이 하는 형

(51) 쌍꺼풀

• 사랑스럽고 애교가 있다.
• 유쾌한 성격으로 분위기에 쉽게 좌우되며 체념이 빠르고 사랑의 트러블이 있다.

2. 눈썹의 관상

눈썹(眉)은 파충류 파(巴) +눈 목(目) : 눈 위에 뱀처럼 생긴 것이 눈썹이란
뜻이다.

눈썹은 눈을 보호하며 얼굴 전체의 윤곽을 뚜렷하게 해주며 즉 눈을 우
산과 같이 받쳐 보호하는 역할을 한다. 눈썹으로 인물의 지혜롭고 어리석
음을 구분할 수 있다. 또한 눈썹으로 형제·자손의 운세와 친척에 관한 일
을 판단할 수 있다. 그리고 문장력이나 예술적 재능을 알 수 있다. 눈썹의
표준 길이는 눈의 폭보다 약간 긴 것이 길상이며 또한 눈썹이 아름답게 정
리되어 있고 부드럽고 생기가 좋아야 길상이다.

눈썹의 형태에 따라 각각 다른 의미를 나타낸다.

(1) 눈썹으로 미의식과 성품을 알 수 있다.

눈썹을 사용한 표현을 살펴보면 〈眉唾物〉(審議가 정해져 있지 않은 상태),
〈눈썹이 떨린다〉(걱정거리가 있다.) 아첨하다[媚] 등 마음을 표현하는 것이
많다. 인간은 마음이 어수선하면 신기하게도 눈썹도 같이 헝클어지고 마음
이 안정되어 있으면 눈썹도 가지런하고 부드럽게 정돈이 되어 있다.

관상학에서는 눈썹의 형태, 농염(濃淡), 색, 유연한 정도로 그 사람의 품
성, 성격, 지력(특히 계산 능력, 문장력, 표현력), 미적 감각, 인간관계(부모,
형제, 친구), 심장의 강도, 수명을 본다.

12궁에서 눈썹은 형제궁(兄弟宮)이라고도 하며 형제와의 인연이 있는지
없는지를 본다.

다른 말로 문장궁(文章宮)이라고도 하는데 이는 글을 쓰는 능력이나 예술적 재능이 눈썹에 나타나 있기 때문이다.

눈썹의 표준적인 길이는 눈의 폭보다 조금 긴 듯한 길이다. 이상적인 눈썹의 조건은 눈썹 뼈가 높고 눈썹의 모양이 아름답게 정리되어 있고, 부드럽고 검은 생기 좋은 눈썹이다.

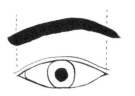

눈썹의 표준 길이

좀더 자세히 설명하면 눈썹의 굵기는 눈썹 머리부분이 두껍고 꼬리 부분으로 가면서 점점 가늘게 변하는 눈썹의 형태를 말한다. 적당한 길이로 되어 있고, 눈썹의 형태가 예쁘며 색이 좋고 가지런히 털이 나 있으면 형제간의 사이가 좋고 협동심이 있다. 눈썹이 눈보다 많이 길거나 눈썹털이 적고 짧으면 형제간의 사이가 나쁘다. 눈썹이 너무 진하고 너무 옅지도 않고 눈썹 머리부터 꼬리까지 가지런히 나 있는 것이 좋고 또 눈썹에 상처나 죽은 점이 없고 좌우 눈썹의 높이가 수평으로 되어 있고 머리 부분과 꼬리 부분의 높이가 변하지 않으면 더할 나위 없이 좋다.

이 같은 눈썹을 가진 사람은 순수한 성격으로 정이 많고 미적 감각, 지력이 뛰어나고 품성이 좋으며 총명하다. 또 눈썹 꼬리 부분에 긴 털이 나 있으면 장수한다.

머리를 사용하면 사용할수록 눈썹은 아름다운 색채를 띠고 가늘고 부드러운 형태로 정돈되어 간다. 한편 눈썹이 억세고 진한 사람일수록 지력을 사용하는 것보다 신체를 사용하는 스포츠나 직업을 선택하는 쪽이 자신의 능력을 살리는 일이 된다고 보겠다.

눈썹털이 헝클어져 있거나 거꾸로 털이 나 있는 사람은 완고하고 조잡한 성격으로 분별력이 없는 때도 있다. 다른 사람의 말을 듣지 않는 경향이 있고 이해를 하려고 하지 않기 때문에 인간관계가 서투르다.

또 눈썹이 도중에 끊어져 있는 듯한 사람은 도덕 관념이 결여되어 있어 독선적인 성격을 갖고 있다.

(2) 눈썹 부분이 나타내는 의미

눈썹을 머리 부분부터 꼬리까지 네 등분을 해서 각각의 부분이 나타내는 의미를 설명해 보자.

① 눈썹 A

눈썹 A부분에 밀집해서 털이 많은 사람은 외견만 보고도 그 중요함을 직감적으로 파악하는 능력을 갖고 있다.

② 눈썹 B

눈썹 가운데에서 머리에 가까운 B부분에 털이 짙은 사람은 미적(美的) 감각이 뛰어나며 특히 색이나 형태에 대한 감수성이 예리해서 예술적 재능이 있다.

③ 눈썹 C

눈썹 가운데에서 꼬리에 가까운 C부분에 털이 많고 짙은 사람은 도덕이나 규율 등 사회적 규칙을 중요하게 여기는 경향이 강하다고 하겠다.

④ 눈썹 D

눈썹 꼬리부분인 D에 털이 많고 짙은 사람은 합리적인 타입으로 숫자나 계산 능력이 강해 경제 관념 등 금전 감각이 뛰어나다.

(3) 눈썹 각 부분의 이름

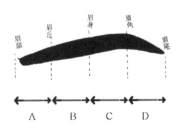

① 미두(眉頭) : 눈썹의 가장 앞부분으로 인당의 바로 옆으로 눈썹의 머리를 지칭한다. 초년기의 운세와 관찰 능력을 나타낸다.

② 미구(眉丘) : 눈썹의 뼈와 살집을 이른다. 의지와 감성을 나타낸다.

③ 미신(眉身) : 눈썹의 가운데 부분을 이른다. 중년기의 운세와 색채 능력을 나타낸다.

④ 미각(眉角) : 눈썹의 모(角)가 난 곳을 이른다.

⑤ 미미(眉尾) : 눈썹의 맨 끝 부분이다. 만년의 운세와 실무 능력을 나타낸다.

(4) 눈썹이 짙은 사람, 엷은 사람

① 눈썹이 짙은 사람은 욕망이 강해 집착력이 있다.

눈썹이 짙은 사람은 사물에 대해 적극적이고 감정을 드러내지 않는 이성과 강한 의지를 갖고 있다. 본능적인 욕망이 보통사람보다 배는 강해서 일이나 애정 등 모든 일에 강한 집착을 보인다. 눈썹이 너무 길고 두껍고 짙은 사람은 뜻이 높고 기량이 넓은 사람이지만 너무나 신중한 나머지 인생을 즐길 수 있는 여유가 없다. 완고하고 독선적이라서 인간관계에도 트러블이 끊이지 않겠다.

② 눈썹이 엷은 사람은 요령이 좋고 감정적

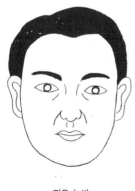

짙은 눈썹

엷은 눈썹

눈썹이 옅은 사람은 부모나 형제와의 인연이 없고 주위에 애정과도 별로 인연이 없다. 인간관계가 좁고 친구도 적다고 하겠다. 이기적인 성격으로 상대의 빈틈을 보고 대처하는 요령이 좋은 사람이다. 또 지도력도 별로 없고 일처리를 감정적으로 하기 쉬우며 심장이 약하고 생명력도 약하다. 대부분 눈썹이 거의 없는 사람은 책략가로 고독한 성격의 소유자이다. 눈썹이 옅은 여성은 적극적으로 일을 하고 사회에서도 활약을 하는 타입이다.

(5) 눈썹이 긴 사람, 짧은 사람

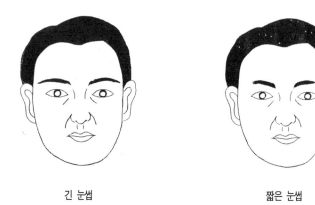

긴 눈썹   짧은 눈썹

① 눈썹이 긴 사람은 느긋하고 마음이 풍요로워

눈썹이 긴 사람은 느긋하고 태평스러운 성격이다. 도량이 넓고 타인의 말을 잘 들어주고 협동심, 사회성이 있다.

마음이 풍요롭고 따뜻하며 세세한 곳까지 배려하는 점이 깊은 사람이기 때문에 부모와 형제간의 인연도 좋고 친구들 사이에서도 인기가 있어 정신적, 경제적으로도 모든 사람에게 도움을 받는다. 심장이 강하여 생명력도 길다.

② 눈썹이 짧은 사람은 급하고 성격이 삐뚤다.

눈썹이 짧은 사람은 기질이 급해 성격이나 재능이 한곳으로 편중되어 있는 사람이 많다. 지구력, 인내력이 부족하고 정이 별로 없어 이기적인 성격이다. 금전적이나 물질적인 면에도 집착이 강해서 부모, 형제, 친구들의 협력을 얻지 못하는 고독한 사람이다. 특히 눈썹이 짙고 짧은 사람은 성격의 변화가 급격하고 눈썹이 엷고 짧은 사람은 부모와 헤어져서 살게 되든지 기댈 만한 처지가 되지 못한다.

(6) 눈썹이 굵은 사람, 가는 사람

① 눈썹이 굵은 사람

눈썹이 굵은 사람은 남성적인 성격으로 결단력과 실행력이 뛰어나 적극적이다. 그러나 행동이 먼저 앞서 사고력이 부족한 면도 있다. 부모나 형제의 도움은 받으나 강인한 성격으로 타인에게 폐를 끼치는 타입이다.

② 눈썹이 가는 사람은 여성적인 성격

눈썹이 가는 사람은 여성적인 성격으로 만사에 소극적으로 조심성이 많고 우유부단한 면이 있다. 보수적으로 인간관계가 좁고 부모, 형제의 도움도 받지 못한다.

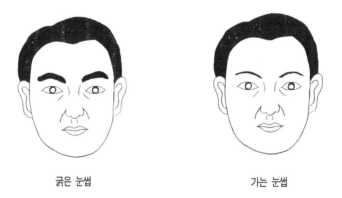

굵은 눈썹　　　　　　　　　가는 눈썹

(7) 곡선인 눈썹, 직선인 눈썹

① 눈썹이 곡선인 사람은 유연한 사고를 갖고 있다.

눈썹이 커브형으로 나 있는 사람은 유연한 사고를 갖고 있어 사물을 다면적(多面的)으로 보는 능력이 있다. 지식이 풍부하고 지혜로워 총명한 사람이 많고 성품이 원만한 여성적인 성격이다.

② 눈썹이 직선인 사람은 자아가 강한 완고한 성격

눈썹이 직선인 사람은 직선적인 성격으로 단순하고 융통성이 결여되어 있다. 완고하고 자아가 강해 마이 페이스인 타입이다. 남성적인 뒤끝없는 명쾌한 결단력을 가진 장점도 있으나 다른 사람이 금방 알 수 있는 성격을 가졌다.

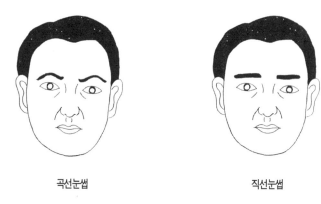

곡선눈썹   직선눈썹

(8) 눈썹꼬리가 올라가 있는 사람, 처져 있는 사람

① 눈썹꼬리가 올라가 있는 사람은 성격의 기복이 심하다.

눈썹꼬리가 올라가 있는 사람은 적극적인 성격으로 성격의 기복이 크고 지기를 싫어하는 사람이다. 합리적인 행동과 사고력을 기반으로 하고 있어 결단력이 있고 숫자에는 굉장히 강한 경제통(經濟通)이다. 눈썹꼬리가 극단적으로 올라간 사람은 의지가 강해 실천력이 있다.

② 눈썹꼬리가 처진 사람은 사람됨이 좋다.

눈썹꼬리가 처진 사람은 소극적인 성격이지만 사람됨이 좋고 다른 사람과 다투는 것을 싫어하는 평화주의자이다. 또 다른 사람을 잘 보살펴줘서 사람들에게 인기가 있다.

눈썹꼬리가 올라가 있는 사람　　　　　눈썹꼬리가 내려가 있는 사람

(9) 눈썹 머리와 꼬리로 보기

① 눈썹 머리가 깨끗한 사람은 형제가 힘이 된다.

눈썹 머리가 깨끗하게 정리되어 있는 사람은 용기, 협동심, 인내력을 갖춘 사람이기 때문에 어려움에 처해 있을 때는 부모, 형제, 친구들이 옆에서 거들어 준다. 눈썹 머리가 흩어져 있는 사람은 고민을 끌어안고 있는 정신적으로 불안정한 사람이다. 눈썹 머리털이 말려 있는 사람은 다른 사람과 말싸움을 하는 성격이다.

(10) 눈썹 형태의 14가지 종류

① 일자(一字)눈썹은 진지한 성격이다.

일자 눈썹은 남자 눈썹이라고도 하며 눈썹이 한일자(一)를 붓으로 써 놓은 듯이 짙고 가지런하고 부드럽고 긴 눈썹을 말한다. 남자 같은 성격으로 진지하고 용기가 있어 의지가 강하며 결단력과 실천력이 있다. 단 이 기적으로 배려하는 마음이나 정서가 부족하여 타인의 기분을 헤아리고 이해하는 면이 없다. 여성이 이러한

일자눈썹

눈썹을 하고 있다면 따지기를 좋아하고 합리적인 성격으로 두뇌 회전이 빠르

다고 하겠다. 몸놀림도 좋지만 공격적인 성격으로 가려는 의지가 강해 여자다운 맛이 부족하다. 또 감정에 너무 여유가 없어 인생을 즐길 줄을 모른다.

유엽미

② 버드나뭇잎 형태(유엽미 : 柳葉眉)의 눈썹은 이지적으로 미적 감각이 있다.

유엽미 눈썹은 버드나뭇잎 눈썹이라고도 하며 버드나뭇잎의 형태와 닮은 형태로 가늘게 커브를 그리고 있는 눈썹 모양으로 여성에게 많이 볼 수 있다. 이 눈썹을 가진 여성은 이지적으로 글재주가 있다. 사람 좋게 보이는 면이 오히려 남에게 속기 쉬운 인상이라고 하겠다. 남성이 이러한 눈썹을 갖고 있으면 여자와 같이 상냥하고 신뢰감은 있으나 인내심은 그다지 없다. 생활력도 강하지 못하나 문장력, 표현력이 뛰어나고 미적 감각이 좋다. 여성은 가정에서도 남편보다 강하게 의견을 내세우며 사는 타입이다.

초승달눈썹

③ 초승달눈썹은 맑고 순수한 마음을 갖고 있다.

초승달눈썹은 문자 그대로 초승달 모양을 한 눈썹이다. 눈썹 머리와 꼬리가 곡선으로 그려져 있고 털이 가지런히 나 있는 아름답고 여성적인 긴 눈썹이다. 이 눈썹을 한 사람은 맑고 순수한 마음으로 상냥하고 또 감수성이 예민하여 정이 많고 순응적으로 사람 됨됨이가 좋다. 사교성도 있고 사람을 즐겁게 해주는 데도 능숙하다. 소극적이라서 실천력이 조금 모자란 듯하지만 남자나 친구들의 협력으로 순조롭게 헤쳐 나가는 운을 타고난 사람이라고 하겠다. 이 눈썹에 윤이 나는 사람은 직감력이 좋고 지적 능력이 뛰어나며 문학, 미술, 음악 등 여러 방면에 재능을 발휘해 명예나 지위도 얻을 수 있다. 초승달보다 가는 눈썹을 실(絲)눈썹이라고 하는데 이 눈썹을 가진 사람은 의지가 약하지만 성욕만큼은 강해 성적인 유혹에 약한 약간은 줏대가 없는 성격이다.

④ 팔자(八字)눈썹은 밝고 분위기 메이커이다.

팔자(八字)눈썹은 좌우 눈썹이 여덟 팔자 모양으로 눈썹 꼬리가 두껍게 밑으로 처져 있는 눈썹이다. 눈썹 머리보다 눈썹 꼬리 부분의 털이 짙은 것이 특징이다. 이 눈썹을 가진 사람은 도량이 넓고 인품이 좋으며 밝고 명랑한 성격이지만 사고력이 부족한 면이 있다. 분위기 메이커로 요령이 좋고 처세가 능숙하며 돈 씀씀이가 좋다. 그러나 굴곡이 많은 인생이므로 신중히 그리고 순리대로 살아가는 것이 중요하다고 하겠다. 이 눈썹을 가진 여성은 신체가 약한 사람이 많기 때문에 인생을 즐기며 살기는 쉽지 않다.

팔자눈썹

⑤ 산 모양의 눈썹은 수완이 좋다.

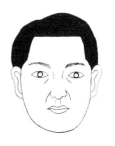

이 눈썹은 직업을 나타내는데 눈썹 모양이 꺾어져 있는 형태인 눈썹을 말한다. 이 눈썹은 예술적인 재주가 있는 남자에게 많이 볼 수 있는데 성격은 정열적으로 자존심이 강하고 대범하게 실천하는 실천력이 있다. 일하는 데 정열을 쏟는 타입이다. 스태미너가 넘쳐흐르고 열의 있게 일에 임하므로 금전적으로도 어려움이 없으나 다른 사람의 의견에 귀를 기울이지 않는 점이 있다. 여성에는 사회에서 활약하는 커리어 우먼이 많고 터프하며 기가 센 편이라고 하겠다. 또 머리 회전력도 빠르고 행동력도 있어 체력도 강하다.

⑥ 삼각형 눈썹은 타산적으로 스태미나가 있다.

삼각형 눈썹은 중앙을 기점으로 삼각형으로 되어 있어 남성적인 눈썹으로 이 눈썹을 가진 사람은 의지와 자존심이 강해 타산적이지만 독립심이 있고 행동력, 인내력, 결단력이 있는 성격이다.

삼각형눈썹

칼날형 눈썹

⑦ 칼날 모양의 눈썹(劍眉)은 이기적으로 강인한 성격

칼날 모양의 눈썹은 눈썹뼈가 높고 털이 뻣뻣하고 진해 칼날의 모양을 하고 있는 직선적인 눈썹이다. 이 눈썹의 소유자는 신념은 있지만 협조성이 부족한 이기적인 성격이다. 용기, 결단력, 의지력, 실천력이 강해 노동력을 필요로 하는 일도 끝까지 해 내는 타입이지만 강인한 성격이 반감을 사서 인간관계에 손해를 보기도 한다. 이 눈썹을 가진 여성은 적지만, 여성이라면 급하고 감정적이 되기 쉬운 결점을 갖고 있다.

청수한 눈썹

⑧ 맑고 뛰어난 눈썹은 깨끗한 마음을 가진 수재(秀才)

일자 눈썹과 같은 모양을 하고 있지만 피부가 보일 정도로 엷은 눈썹이다. 이 눈썹을 가진 사람은 머리가 너무 좋고 맑은 성격의 소유자이다. 집안도 좋고 가정교육도 잘 받은 수재(秀才)타입에 많은 눈썹으로 도량이 넓지 못해 실천력은 떨어지지만 청렴결백한 사람이기 때문에 사람들에게 사랑을 받는다.

⑨ 나한(羅漢)눈썹은 두뇌가 명석하다.

나한 눈썹은 일반적으로 짙고 굵은 눈썹으로 털이 짙으며 송충이처럼 눈썹 머리부터 꼬리 부분까지 굵기가 같은 눈썹이다. 이 눈썹을 가진 사람은 두뇌가 명석하고 성격이 온화하다. 설득력을 갖고 있기 때문에 직업으로는 승려가 적합하다. 미술, 예술, 문학 등에 재능이 있어 사회적으로 성공한 사람도 많겠다. 명예, 지위에는 흥미가 있으나 금전적으로는 집착이 없어 평생 결혼도 하지 않고 고독한 인생을 지내는 사람도 있다.

⑩ 지장(地藏)눈썹은 인덕이 있다.

늘 웃는 듯한 느낌을 주는 눈썹은 초승달 눈썹보다 중앙부분이 두텁고 눈의 폭과 같은 길이로 색이 흐리고 부드러워서 상냥하게 보이는 눈썹이다. 이러한 눈썹을 가진 사람은 소극적이지만 심성이 곱고 남을 배려하는 마음씨가 있어 인덕이 있기 때문에 사람에게 인기가 있다. 그러나 이러한 눈썹을 가진 사람은 그다지 많지 않다.

⑪ 흐트러진 눈썹은 조잡한 성격

가지런하지 않고 여기저기 불규칙하게 나 있는 눈썹을 말한다. 이러한 눈썹을 가진 사람은 성격이 조잡하고 돌발적인 면이 있고 지능도 별로 높지 않은 듯하다. 경제적으로도 별로 여유가 없고 생활이 안정적이지 못한 사람이 많다.

⑫ 거꾸로 난 눈썹(逆眉)은 흉악성이 있다.

거꾸로 난 눈썹은 보통 눈썹이 난 방향과 달리 털이 눈썹 꼬리부터 눈썹 머리 부분에 나 있는 형태를 말한다. 이 눈썹을 가진 사람은 자기주장이 강해 완고하고 참을성이 없다. 흉악성이 있는 사람이 많고 상식이나 도덕을 무시한 행동을 가진 경향이 강하기 때문에 정신적인 수양이 없으면 평생을 불운하게 살기도 한다. 이 눈썹은 삼백안(三白眼), 사백안(四白眼)에 많은 눈썹이기도 하다.

⑬ 중간 중간 끊어진 눈썹은 형제간의 인연이 없다.

이 눈썹은 중간 중간 끊어져 있는 점이 특징이다. 이 눈썹은 형제궁(兄弟宮)을 나타내고 있기 때문에 이 눈썹을 가진 사람은 형제간의 인연이 없고 부모와도 떨어져

살거나 한분이 일찍 돌아가시거나 하는 사람이 많다. 박정(薄情)한 성격으로 금전적으로도 연(緣)이 없다.

(11) 눈썹 꼬리의 부분은 금전운을 본다.

눈썹의 윗부분을 12궁(宮)에서는 복덕궁(福德宮), 다른 말로는 하늘의 창고(天倉)라고 하는데 하늘의 재물을 쌓아 두는 창고를 의미한다. 재운, 인덕을 나타내며 현재의 금전운을 알 수가 있다. 이 부분에 살집이 두둑하게 있는 사람은 재운이 있지만 거꾸로 푹 들어가 있고 살집이 없거나 상처, 주름, 점이 있는 사람은 돈을 모으지 못하는 사람이라고 하겠다.

(12) 미간은 일생의 운기가 보인다.

미간은 12궁에서는 명궁, 다른 이름으로 인당이라 한다. '관상학에서는 일신의 운기는 명궁에 모인다' 라고 하며 미간을 보면 하루하루의 운기를 알 수 있기에 우선 이 부분을 가장 처음에 본다. 그리고 미간을 분석해 보아 이곳이 깨끗하고 흠이 없으면 경제적으로도 생에 곤란은 없이 유복하고 행복한 생활을 보내는 운이 강한 사람이다. 그러나 명궁이 꺼져 있거나 낮거나 얼룩이나 상처가 있는 사람은 노력해도 바로 직전에 희망과 목적의 달성을 이루지 못한다.

(13) 미간이 넓은 사람, 좁은 사람.

① 미간이 넓은 사람

미간이 넓은 사람은 시야가 넓고 인간으로서의 그릇도 크고 도량도 있

다. 낙천가로 작은 일에 신경쓰지 않으며 대범하고 느긋한 성격이다. 사교성이 좋고 일생을 즐기는 타입이다. 윗 사람의 도움도 크고 젊을 때 운이 트인다. 여성으로 미간이 넓은 사람은 인품이 좋으며 원만한 성격이지만 결단력이 없는 면이 있다. 너무 미간이 넓은 사람은 너무 느긋해서 무사태평하며 모든 일에 있어서 무책임하게 끝나는 것처럼 얼굴에서도 무엇보다도 중요한 부분이다. 그 사람 일생의 운기와 기력, 활력, 말을 바꾸면 정신력, 건강, 생활력, 금전운을 알 수 있는 명궁의 운기가 좋고 살집이 좋으며 포동포동하게 부풀어 오르고 손가락 두 개가 들어갈 넓이(표준의 폭)가 있는 사람은 희망과 목적을 달성할 수 있다. 인품이 좋고 성격도 원만하고 지도력도 있다. 윗사람의 도움도 이끌어낸다. 그러나 정조관념도 희박하고 금전면에서도 돈이 모이지 않아 야무지지 못한 성격이다. 그런 경향은 미간이 넓으면 넓을수록 강해진다.

② 미간이 좁은 사람은 신경질적

미간이 좁은 사람은 시야가 좁고 인간으로서의 그릇도 작고 도량도 없다. 성격도 신경질적이며 작은 일에 구애받으며 성격이 급하다. 그러나 머리 회전이 빠르고 시대의 흐름을 읽는 선견성이 있고 처세에 대한 지혜는 뛰어나다. 어떤 일이든 조금씩 불평불만이 있고 쓸데없는 걱정을 하며 자기에게는 관대하지만 타인에게는 엄해서 인간관계에서는 손해를 보며 사람들이 멀어진다. 미간이 좁은 사람은 소심하고 의심이 많은 성격으로 질투심이 강하다.

(14) 미간의 무늬 여섯 종류

① 현침문은 의지가 강하다.

미간의 중앙에 있는 하나의 깊은 힘줄은 현침문이라

한다. 이 무늬를 가진 사람은 의지는 몹시 강하고 근성도 있지만 자기 주장이 강해 타인과의 협조성이 부족하다. 불평불만이 강하고 그로 인해 인생에 파란이 있다.

② 상해문은 성격이 급하다.

미간의 눈썹 머리를 기점으로 위를 향하는 하나의 힘줄을 상해문이라 한다. 이 무늬의 사람은 급한 성격이 곧 행동으로 나타나기 때문에 문제가 끊이지 않으며 타인에게 상해를 가하거나 상해를 당하는 경향이 있다.

③ 질투문은 의심이 강하다.

미간에 있는 八자의 힘줄은 八자문이라고도 한다. 이 무늬의 사람은 감정적이 되기 쉽고 의심이 많은 성격으로 질투심이 강하다. 마음에 근심이나 안 좋은 일이 있으면 새겨지는 힘줄로써 항상 이 주름이 있는 사람은 항상 걱정거리가 있다.

④ 川자문은 고독하다.

미간에 川자 같은 3개의 근육은 川자라고 한다. 이 무늬의 사람은 신경질적으로 항상 앞일을 생각해 쓸데없는 걱정이 많다. 혼자 있는 것을 좋아하는 성격이다.

⑤ 빈궁문은 생활이 어렵다.

미간에 양쪽의 눈썹 머리부터 초승달처럼 새겨지는 근육을 빈궁문이라 한다. 이 무늬의 사람은 불평불만이 많고 자기반성이 없고 향상심이 없어 질투심이 강하다. 정신적, 경제적 운도 없이 가난하다.

⑥ 극한적인 무늬는 특수 기능을 가지고 있다.

미간에 격자로 교차하는 무늬를 극한적인 무늬라고 한다. 이 무늬의 사람은 전문적인 일이나 기술에 우수한 재능을 발휘하지만 흔하지는 않다.

⑦ ^형 눈썹

• 생활력이 강한 노력형
• 결단력과 행동력이 있다.
• 여성은 자존심이 강하고 남에게 지기 싫어한다.
• 재운이 좋다.
• 근검절약형이다.

⑧ 갈라진 눈썹

• 쾌락적인 생활에 탐익하고 이성에게 인기 있다.

⑨ 활 형태의 눈썹

• 상냥하여 사람과 친화력이 있다.
• 소극적이고 우유부단하다.
• 남성은 여성다운 점이 있다.
• 조상의 음덕으로 발전한다.

⑩ 위로 솟은 눈썹

• 프라이드가 강하며 지기 싫어한다.
• 성공 의지와 끈기가 있다.
• 남과 비타협적이다.
• 특기를 살리면 성공한다.

⑪ 불가 나한상의 눈썹

- 용맹성이 있으나 저돌적이다.
- 총명하나 부부 연이 박하다.
- 의지력을 기르면 성공한다.

⑫ 묘한 눈썹

- 성공 실패가 반복된다.
- 추진력이 있으나 시기 질투심이 강하다.
- 분수를 지켜야 한다.

⑬ 눈썹이 엷고 부드럽다

- 자립심과 용기가 부족하다.
- 부모, 형제, 자매, 자녀와의 연이 약하다.
- 남성은 우유부단하여 고독한 상이나 여성은 상냥
  하고 내성적이다.

⑭ 눈썹이 산만하여 흩어져 있다

- 계획성이 없이 도전적이다.
- 격정적이고 교활하다.
- 운이 뒤틀리는 예가 많다.

⑮ 눈썹이 바늘처럼 곤두서 있다

- 자기 콤플렉스가 있다.
- 자아가 강하나 성급한 성격이다.
- 대인관계가 약하여 충돌이 잦고 흉포한 점도 있다.

⑯ 눈썹이 한데 모여 있다.

• 신경질적이고 잔일에 걱정이 많고 도량이 좁다.
• 운이 늦게 되는 상이다.
• 중병을 앓을 수 있다.

⑰ 시작이 두터운 눈썹

• 오래 깊이 생각한다.
• 생각이 현실과 맞지 않으나 윗사람의 신임을 얻어
  발전한다.
• 낭비벽이 있다.
• 혼외정사를 즐긴다.

⑱ 가늘고 긴 눈썹

• 성질이 신경질적이고 날카롭다.
• 가족연이 좋다.
• 남에게 정을 베푼다.

⑲ 길이가 짧은 눈썹

• 성격이 감정적, 격정적이다.
• 대인관계가 부드럽지 못하여 고독하다.
• 가족인연이 박하다.

⑳ 짙고 두터운 눈썹

• 자아가 강하여 본인 혼자 독단적이다.
• 성공 운명이 있다.
• 남녀 공히 남성답다.
• 제멋대로를 버려야 크게 성공한다.

㉑ 눈썹이 중간중간에 끊어져 있다.

- 남을 못 믿는다.
- 부모 형제의 연이 약해 고독하다.
- 일이 좌절된다.

㉒ 눈썹이 초승달형이다.

- 총명하고 순정파다.
- 형제 우애 있고 효심 크다.
- 쾌활하고 애교 있다.

㉓ 눈썹이 일자형이다.

- 의지력 있고 확신에 차 있다.
- 장사를 잘 한다.
- 자기 중심적이다.

㉔ 일자형 눈썹이 굵다.

- 의지가 강하다.
- 호방한 성격이다.
- 델리킷한 성품이다.

㉕ 일자형 눈썹이 가늘다

- 자존심이 강하다.
- 인내력이 적다.
- 성격이 음험하다.

㉖ 팔자형이다

- 남의 일에 적극적이다.
- 통이 크고 동정심이 있다.
- 헤픈 성격. 고단하다.

(15) 눈썹의 상

지성, 형제, 친척, 인기의 척도, 현명함과 어리석음

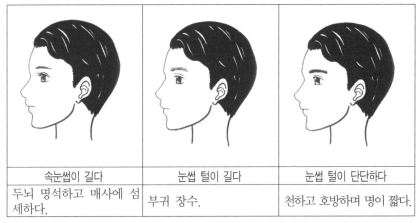

속눈썹이 길다	눈썹 털이 길다	눈썹 털이 단단하다
두뇌 명석하고 매사에 섬세하다.	부귀 장수.	천하고 호방하며 명이 짧다.

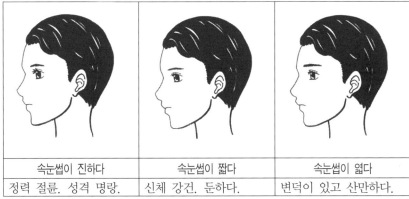

속눈썹이 진하다	속눈썹이 짧다	속눈썹이 엷다
정력 절륜. 성격 명랑.	신체 강건. 둔하다.	변덕이 있고 산만하다.

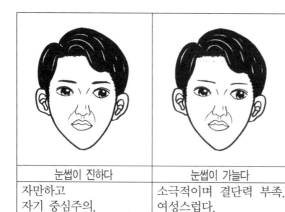

눈썹이 진하다	눈썹이 가늘다	눈썹이 엷다
자만하고 자기 중심주의.	소극적이며 결단력 부족. 여성스럽다.	조용하다. 체력 강건. 진취력 부족.
눈썹이 굵다	눈썹 끝이 위로 향하다	눈썹 끝이 밑을 향함
적극적, 남성적, 부모덕이 있다. 남의 도움이 크다.	투쟁적, 자존심 강하다. 독단적.	호감형, 호인형 말년은 복 이 있다.

① 크고 짧은 눈썹(대단촉미)

대단촉미

눈썹 모양이 크고 짧으며 빽빽하다. 수려하며 맑고 깨끗하다. 눈썹의 시작점의 털이 서 있다. 보물창고가 가득하고 부모, 부부, 형제가 화목하고 복되다.

② 청수미

청수미

눈썹이 깨끗하고 맑고 가지런하고 단정한 모양이다. 눈썹이 길어 눈을 덮고 수려하다. 총명하고 일찍 벼슬길에 올라 가족애가 깊다.

③ 간단미

끊어지고 사이가 뜬 눈썹(간단미)

눈썹이 얽힌 무늬 혹은 끊겨진 눈썹

형제간 연이 박하고 실패와 성공이 반복되어 가난한 상. 부모연도 없다. 고독한 상.

간단미

④ 비눈썹

작은 비 모양처럼 생긴 눈썹

짙으나 털이 크고 거칠지 않고 눈꼬리가 위쪽으로 향하고 윤택하다. 길상이나 형제간은 떨어져 살고 골육상쟁이 있다.

소추미

⑤ 뾰족한 칼눈썹

눈썹의 끝이 뾰족한 칼 모양이다. 성질이 흉포하고 눈썹이 거칠어 마음이 사특하고 음험하여 거짓이 많다. 간교하며 독하여 횡액을 당할 상.

첨도미

⑥ 여덟 팔자 눈썹

눈썹 두 개를 합쳐 보면 여덟 팔(八)자 모양이다. 눈썹 시작점이 성기고 가닥가닥 흩어지고 눈썹 꼬리가 간문(눈끝)을 덮어 누르는 모양으로 간문은 이성인데 결혼연이 약하다. 자식이 드물다

팔자미

⑦ 나한눈썹

불교에서 말하는 나한의 모양 눈썹으로 두 눈썹의 시작점이 서로 맞닿는 상이다. 결혼이 늦고 자식운도 늦다. 첩을 둘 수 있고 말년에 고독하다.

나한미

⑧ 교가미(엉킨 눈썹)

교가미

눈썹 생김새가 털이 엉켜진 모양을 이른다. 흉한 상이다. 중년에 감옥살이와 파산의 아픔이 있다. 부모형제와 연이 약하다.

⑨ 귀신눈썹

귀미

눈썹이 가지런하지 못하고 거칠고 눈을 덮을 듯한 모양. 도둑놈의 상이다. 마음이 악하고 만사가 여의치 못하고 도벽이 있다.

⑩ 성긴 눈썹(소산미)

소산미

눈썹이 듬성듬성하고 이리저리 갈라져서 가지런하지 못한 모양. 재산의 패가 많고 마음이 산란하여 이랬다 저랬다 하며 복이 적다.

⑪ 소털눈썹

황박미

소털처럼 누렇고 길이가 짧고 성기고 흩어진 모양. 눈이 눈썹보다 길면 재물이 흩어지고 객사할 위험이 있고 부모형제 연이 박하다.

⑫ 용눈썹

용미

상상의 동물 용을 닮은 눈썹. 눈썹이 활시위처럼 수려하고 빽빽하지 않다. 대부대귀의 상이다. 장수하며 부모형제 복이 있고 가문이 빛난다.

⑬ 버들잎눈썹

유엽미

버들잎처럼 하늘거리는 듯한 모양의 눈썹. 부모형제 간의 정은 약하나 입신출세는 한다. 눈썹이 탁하며 신의 있고 우직하다.

⑭ 칼모양 눈썹

눈썹의 모양이 칼(검)모양. 가지런하고 날카롭고 눈썹이 수려하며 수풀처럼 수북하여 지혜가 있고 위엄이 높으며 왕을 보필하는 큰 인물이 되며 장수하고 가족의 복도 크다.

검미

⑮ 사자눈썹

사자의 눈썹을 닮은 상이다. 털이 거칠고 눈에 높이 붙어 있다. 부귀의 상이나 화기(和氣)는 없다. 대기만성 늦게 크게 된다. 부귀영화를 누린다.

사자미

⑯ 일자눈썹

한일(一)자 모양의 눈썹으로 시작과 끝이 수평으로 반듯하다. 털이 깨끗하고 시작과 끝이 하나같이 반듯하여 부귀의 상. 장수도 있으며 일찍이 관직에 올라 부귀영화를 누린다.

일자미

⑰ 누에 모양의 눈썹

누에가 누워 있는 모양. 수려하며 마음의 기교가 있어 시기를 잘 포착한다. 수완이 있어 관직에 올라 출세하고 천하에 이름을 떨치고 부귀를 누린다.

와잠미

⑱ 초승달눈썹

눈썹 모양이 마치 초승달처럼 생긴 것이다. 수려한 눈썹. 맑고 깨끗하며 끝은 밑을 향한다. 가정이 화목하고 고위관직에 이른다.

신월미

⑲ 호랑이 눈썹

호랑이 눈썹을 닮은 상. 거친 듯 위엄이 있고 인물의 뜻이 크고 관대하여

호미

크게 성공한다. 부귀의 상으로 장수하며 가정이 화목하다.

⑳ 전청후소미

전청후소미

눈썹의 시작점은 청수하나 끝으로 가면서 흩어진 모양. 눈썹이 수려하여 성공하며 부귀를 누린다. 중말년에 대귀할 상.

㉑ 경청미

경청미

눈썹이 활처럼 둥글게 굽어 청수하나 끝 꼬리가 성기다. 일찍 관직에 나아가 왕을 보필하고 부귀할 상. 윗사람 아랫사람의 신망과 믿음이 두텁다.

㉒ 짧으나 청수한 눈썹

단촉수미

눈썹 모양이 짧으나 수려한 모양. 부귀장수의 상. 청명하여 일찍 고위관직에 등용되고 황궁에 출입한다.

㉓ 소라의 나선모양의 눈썹

선라미

소라처럼 생긴 문신 모양. 드문 눈썹으로 무권으로 이름을 떨친다. 영웅호걸의 상으로 크게 출세한다.

3. 코의 관상

코는 얼굴의 중앙에 위치하며 얼굴의 기둥이라 할 수 있다.

상법에 재백궁이라 하여 재물운과 인격을 보는 것이다.

코는 폐와 통한다. 코의 세부 구분은 그림과 같은데 산근은 두텁고 높고 단정해야 좋다. 재물을 저장. 콧방울은 풍만하여야 재물을 잘 간직할 수 있다. 코는 구부러지거나 낮으면 좋지 않다. 코끝이 뾰족하거나 굽으면 간사하고 산근이 낮으면 조상의 재산을 탕진하며 콧구멍이 훤히 드러나보이면 노년에 고독하다. 콧등이 바르지 못하면 단명하고 산근이 오목하여 들어가면 빈약하고 특히 40대 초반에 재물을 탕진하고 준두 관골 이마 턱이 풍만하고 두툼하면 초년고생이 있더라도 중년이 되면 풍족한 생활을 한다. 코가 대롱 같으면 고위관직에 오르고 장수한다. 코가 짧고 작고 뾰족하면 되는 일이 없다. 코의 끝이 황홍색이면 재물과 승진이 있고 검은색이면 재산을 탕진 또는 사망한다.

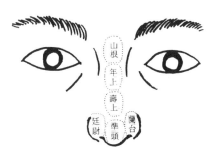

코의 세부 명칭

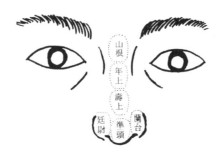

① 산근 : 코의 윗부분 눈과 눈 사이의 오목한 부분이다.

② 연상 : 산근의 아래 콧등을 이른다.

③ 수상 : 콧등을 이른다.

④ 준두 : 코의 끝 부분

⑤ 난대 : 왼쪽 콧구멍의 뚜껑을 말한다.

⑥ 정위 : 오른쪽 콧구멍의 뚜껑을 말한다.

(1) 코로 보는 자아와 체력 금전운

코는 오감의 하나로서 취각을 감리한다. 태고에는 취각의 중요한 감각기관이었다. 이성의 발정기를 알고 맹견의 냄새를 맡아 분류해서 몸의 위험을 예지한다. 코는 신체의 기관을 말하면 호흡기의 입구로서 코의 구멍이 크면 클수록 폐활량이 큰 사람으로 코가 굵으면 등뼈의 골격도 소화기도 튼튼한 사람이다.

또 코는 남성기를 나타내고 콧방울은 고환에 해당한다. 가로로 붙어 있으면 체력이 있고 정자를 많이 만든다. 콧방울은 여성의 경우 유방의 크고 작음을 나타내고 콧방울이 양쪽에 둥글게 붙어 있으면 여성 호르몬의 분비가 많고 풍만한 유방과 생식 능력이 우수하고 생명력이 강하다. 관상학은 비두는 자기를 나타내고 콧방울은 별명 금갑이라 칭한다. 돈복을 말하고 금고를 의미한다. 콧방울이 둥글게 붙어 있으면 섹스도 양호하고 타인의 협력을 얻는다. 코끝 금고에 돈이 들어오듯 금전적으로 풍부하다. 코의 머리는 공격성 투쟁심을 나타내고 콧방울은 주의력이 깊은 방위력을 나타낸다. 콧머리와 콧방울이 밸런스를 유지하면 공격적이다. 방어의 밸런스를 유지하는 것을 의미하며 인생의 큰 실패를 방지하는 효과가 있다.

① **산근**(비근) : 질병이나 액운을 보며 재난이 닥치면 이곳이 어두워진다.
② **수상** : 콧등으로 콧대를 말하며 이곳이 넓으면 정신력이 강하고 공격적이다. 콧등이 높으면 지도자적 보스 기질이 있고 공격적이며 콧등의 폭이 넓으면 경계심이 강하고 파괴적인 면과 비밀주의자이다.
③ **준두**(비두, 콧잔등) : 재물을 본다. 재운이 있으면 색이 밝거나 핑크색이고 나쁠 때는 검고 혼탁하다.
④ **난대, 정위**(콧방울) : 콧방울이 넓게 퍼지면 축재심이 강하다. 이곳은 금고라고 하며 재물의 보유 정도를 본다.

(2) 코가 긴 사람, 짧은 사람

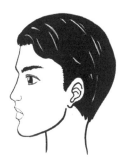 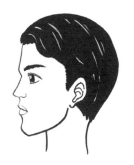

코는 얼굴을 3등분했을 때 귀 밑까지 긴 경우 큰코이며 귀 밑에까지 가지 못하면 작은 코다.

코가 크면 장점이 많고 진실한 성격이다. 일의 요점을 파악하고 사려 깊고 책임감이 강하다. 그러나 완고한 점이 있어서 유연성, 융통성이 적다.

코가 작으면 명랑하고 개방적이다. 자존심이 없고 의타심이 강한 성격이다. 경솔하고 사려 깊지 못하고 불성실한 점도 있다. 끈기가 적고 애교가 있어 서비스업에 좋다.

① 코가 긴 사람, 짧은 사람

코의 표준의 길이는 얼굴의 3등분한 길이 혹은 귀의 길이이다. 긴 코와 짧은 코는 이 기준으로 본다.

② 코가 긴 사람은 성실하다.

코의 길이가 긴 사람은 성실한 성격이다. 한 가지 일에 전념하여 천천히 사물을 처리하되 사려가 깊고 책임감이 강하다. 그러나 고지식하고 유연성, 융통성이 결여되는 면이 있다.

③ 코가 짧은 사람은 성격이 밝고 개방적이다.

프라이드가 결여되어 의뢰심이 강한 성격이다. 경솔하고 사고가 없으며 불성실한 면이 있으며 성질이 급하다. 애교가 있어서 서비스업종에는 맞는다.

(3) 코가 높은 사람 낮은 사람

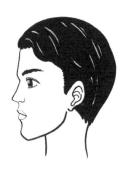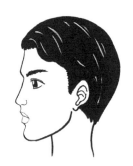

① 코가 높으면 프라이드가 강하다.

코가 높은 사람은 냉정하여 개성이 강해 프라이드가 강한 자신가이다. 항상 적극적으로 사물을 받아들이고 향상심이 크다. 돈보다는 지위나 명예에 집착하는 경향이 강하고 이상주의자이다.

② 코가 낮으면 주체성이 부족하다.

코가 낮은 사람은 인생에 대해 소극적이며 프라이드도 없으며 주체성이 부족해 남에게서 영향을 받기 쉬운 성격이다. 겉치레나 허세를 하지 않는 현실가이므로 부족한 면이 있다.

(4) 코의 폭이 넓은 사람, 좁은 사람

① 코의 폭이 넓으면 체력적으로 타고났다.

코의 폭이 넓은 사람은 골격도 두껍고 체력적으로 타고났다고 말한다. 적극적인 성격에 의지가 강하고 인내력, 도량도 있어 원만하고 온순하며 남을 배려하는 성격이다. 또 물욕, 금전욕, 식욕, 성욕이 강해 본능적인 사람으로 건강, 재력의 복을 타고났다.

② 코의 폭이 좁으면 섬세하다.

코의 폭이 좁은 사람은 골격도 작다. 조금 제멋대로이며 소극적인 성격이다. 섬세함을 가진 신경질적이므로 쓸데없는 걱정이 많다. 도량은 얼마 없으나 착하고 성실하며 지적으로 항상 이성적이다. 지위나 명예에 매달리는 경향이 있지만, 돈에는 집착하지 않고, 또 돈하고도 연이 없다. 호흡기와 소화기가 약간 약하고, 스태미나가 부족하다.

(5) 콧등이 둥글고 살집이 두꺼운 사람 뾰족하고 살집이 엷은 사람

① 콧등이 둥글고 살집이 좋으면 재운을 타고났다.

콧등이 크고 살집이 넘치고 살의 광택이 좋은 사람은 명예심이 강하고 정도 많아 남을 헤아리는 마음이 크다. 원만 온순한 성격에 인간관계도 잘 해내며, 사람들이 잘 따른다. 또 체력, 기력, 실행력이 있으므로 재운의 복이 있다.

② 콧등이 뾰족하고 살집이 없는 사람은 섬세하다.

지구력이 약하다. 그러나 성실하고 프라이드가 강하고 미적 감각이 우수하며 재주가 있다. 명예에 집착하나 신경질적이고 스태미나가 부족하여 쉬 피로를 느끼고 대인관계는 나쁘고 금전운이 박약하다.

(6) 코의 형태

① 용비

상상의 동물 용의 코를 닮은 코, 콧대가 반듯하고 산근이 곧게 뻗어 귀하게 될 상. 콧등이 기울거나 굽지 않아야 출세한다.

② 호비

호랑이코를 닮은 형. 코의 모양이 풍성하고 콧구멍이 앞에서 보이지 않고 양쪽 콧방울이 없는 것처럼 보이는 상. 부귀할 상. 대장부의 상이다.

③ 산비

코의 시작인 산근부터 연상 수상까지 평평하고 콧방울과 코 끝이 발달한 상. 정이 많고 중년 이후 발전한다.

④ 성냥비

코의 콧방울이 작고 가지런하며 둥근 모양이다. 평생 재물이 풍성하고 문학에 재질이 있다.

⑤ 호양비

양의 코와 닮은 형. 코가 큼직하고 풍만하며 콧방울도 풍만하다. 코의 중간에 뼈가 우뚝 솟지 않으면 부귀할 상.

⑥ 사자비

사자의 코와 닮은 상. 코의 끝부분과 양쪽 콧방울이 풍만하다. 부귀할 상이나 재물이 들어왔다 나갔다 한다.

⑦ 현담비

쓸개의 모양과 같은 상. 콧방울이 작고 산근이 가지런하고 뚜렷하다. 중년 이후 부귀할 상.

⑧ 복서비

콧대가 곧고 산근, 인당, 천정까지 가지런하게 곧으면 출세한다는 상.

⑨ 후비

원숭이의 코를 닮아 가난한 상.
코 양쪽 콧방울이 뚜렷하고 코끝이 풍만하고 콧구멍이 얇으면 부귀도 있으나 성적 스캔들이 있을 수 있다.

⑩ 응취비

콧등이 드러나보이는 매부리코를 닮은 상. 코끝이 뾰족하여 콧방울이 짧다. 간악한 상이다.

⑪ 구비

개코다. 코의 시작점부터 코끝까지 뼈가 솟아 있다. 콧구멍이 훤히 보이는 들창코이다. 훔치길 즐기고 가난한 상.

⑫ 즉어비

붕어의 코를 닮은 상. 코의 시작점부터 **뼈**가 솟고 산근이 작고 코끝이 늘어져 있다. 빈천하고 가족간의 인연이 약하다.

⑬ 우비

소의 코를 닮은 상. 코가 풍성하고 콧방울도 분명하다. 부귀하고 가문이 번창한다.

⑭ 절통비

대롱과 닮은 상

마치 긴 대롱을 쪼개 놓은 모양. 콧대가 곧고 반듯하여 콧방울이 풍만하여 큰 부귀의 상.

⑮ 편요비

코의 시작점인 산근, 연상, 수상까지 오목(凹)하며 가늘고 콧방울이 찌그러지거나 비틀어진 상. 빈천·단명할 상.

⑯ 고봉비

콧구멍이 보이고 코에 살이 적고 빈약하여 코가 뾰족하게 솟아나온 상. 고독하고 재물이 흩어지며 가문에 환란이 닥치고 단명한다.

⑰ 삼만삼각비

코가 굽고 세 번 휘어진 상. 고독하고 부부운이 약하며 자녀운도 약하다.

⑱ 검봉비

콧등이 칼등과 같이 생긴 상. 콧구멍이 보이고 코에 살집이 없는 상. 흉악한 상.

부모형제와 연이 약하고 고독하고 고생이 따르는 상.

⑲ 장비

노루코를 닮은 상. 재물을 탐하여 의리가 없는 상이다. 코가 뾰족하며 콧구멍이 잘 보이고 콧방울에 주름이 있어 평생 고생이 끊이지 않는 상.

⑳ 성비

이리를 닮은 상. 콧대가 높고 산근 부위에 양쪽 눈썹이 서로 닿은 듯한 상이다.

귀하고 영리하며 장부다운 기질이 있다.

(6) 콧방울이 펼쳐져 있는 사람, 그렇지 않은 사람

① 콧방울이 펼쳐져 있으면 인간관계가 좋다.

콧방울이 펼쳐져 있는 사람은 콧방울이 둥글고 살이 잘 붙어 있다. 다른 사람과 친하게 지내는 것을 좋아해 세상 인심과도 통하고 인간관계를 잘 꾸려나간다. 실무 능력에 뛰어나고 실리적인 생활 방식을 가지고 있다. 야성적으로 정력이 넘치고 체력이 있기 때문에 일을 잘하고 남에게 도움을 받아서 돈복도 있다.

② 콧방울이 펼쳐져 있지 않은 사람은 지구력이 없다.

콧방울이 펼쳐져 있지 않은 사람은 콧방울에 그다지 살이 없다. 지적이고 감성이 풍부하며 섬세하다. 그러나 프라이드가 강해서 주위에 신경쓰는 타입이다. 생식기, 호흡기가 약하고 지구력이 결여되, 업무상에도 끝까지 가지 못하고 좌절하며 남의 도움도 그다지 얻지 못하고 자신이 노력해야 하기 때문에 금전복도 없는 면이 있다. 지적인 업무를 맡는 것이 운이 트이는 방법이다.

(7) 콧구멍이 위를 향하고 있는 사람, 아래를 향하고 있는 사람

 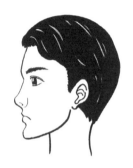

① 콧구멍이 위를 향하고 있는 사람은 자기중심적이다.

코는 자기 자신을 나타내고 있기 때문에 이 콧구멍이 위를 향하고 있는 사람은 타인에 대해서 개방적으로 밝고 사교적이기도 하고, 인품이 좋은 성격이지만 자기중심적인 면이 있다.

사람에게 한턱을 내는 벽이 있으므로 낭비하고 돈이 남아나질 않는다. 코가 위를 향한 것에 따라서 이 경향이 강하게 나타난다.

 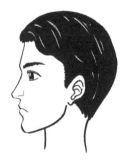

② 콧머리가 날카로와 살이 얇게 붙으면 지구력이 없다.

콧머리가 날카로와 살이 얇게 붙은 사람은 성실하지만 성미가 급하고 프라이드가 강하다. 지성적으로 미적 감각에 뛰어나고, 재주가 있지만 지위나 명예에 집착하는 성격이다. 신경질적이며 지구력이 없고, 정력 부족으로 쉽게 피로해지는 성격이고, 인간관계도 원만치 않고 금전에도 그다지 복이 없다.

③ 콧구멍이 아래를 향해 있는 사람은 비밀벽이 있다.

콧구멍이 아래를 향하고 있는 사람은 언제나 냉정하지만 어둡고 폐쇄적인 성격을 가지고 있다. 진중하고 마음 깊고, 비밀벽을 가져, 자기 마음을 읽히는 걸 매우 싫어하여 인간관계도 그다지 많지 않다. 금전적으로 인색하고, 쓸데없는 돈은 절대로 쓰지 않는 타입이다. 이런 경향은 코가 아래를 향할수록 강해진다.

(8) 콧구멍이 큰 사람, 작은사람

① 콧구멍이 큰 사람은 폐활량이 크다.

콧구멍이 큰 사람은 성격도 밝고 개방적으로, 마음이 넉넉하지만, 사물을 대하는 방식은 대충대충이다. 금전면에 대해서는 교제 범위가 넓기 때문에 지출도 많지만 들어오는 것도 많다. 콧구멍이 크다고 하는 것은 폐활량이 크고 스태미나가 있다고 하는 것을 뜻한다.

② 콧구멍이 작은 사람은 저축한다.

콧구멍이 작은 사람은 그릇이 작고 마음이 깊은 사람이다. 돈의 들어오고 나가는 것이 작고, 잘 저축하는 타입이다. 극단적으로 콧구멍이 작은 사람은

궁색하고 인색한 면이 있고 교활한 면이 있다.

(9) 코의 모양 팔종

① 로마코는 개성이 강하고 지고는 못 산다.

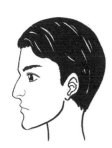

로마코는 '단코', '제왕코' 라고도 말하고, 콧날의 중정(中停)보다 위가 단처럼 높아진 코로서 로마사람에게 많고, 공격적인 성격으로 개성이 강하여 지고는 못 산다. 독립심이 강하여 용기와 강직한 의지를 가져, 실행력도 뛰어나다. 운은 강하지만 인생에 파란 많게 전직을 반복한다. 여성으로 이 코를 가진 사람은 가정과 일을 병립시킨다.

② 그리스코

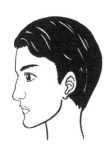

그리스코는 '군자코', '예술코' 라고도 함. 콧날이 반듯이 서 있는 그리스인에게 많은 코이다. 이 코의 사람은 타고난 환경에서 자란 사람이 많고, 고상하며 프라이드가 세며 우아하다. 지성이나 교양이 자연히 몸에 배어 있는 것에 더하여 향상심이 크고, 인격 형성에 노력하는 타입으로 미적 감각이 뛰어난 두뇌명석한 사람이다.

③ 사안코는 의리, 인정이 있다.

사안코는 콧대가 로마코보다 조금 밑의 부분이 높아져 있는 코이다. 감수성이 강하고, 사려가 깊은 성격에 치밀한 방어 본능이 굉장히 강한 타입이다. 사람을 돌보는 것을 좋아하며, 쓸데없는 참견을 하는 면이 있다. 의리, 인정이 강하고(두껍고) 감정가이다. 금전적으론 타고난 복이 없다.

④ 유대코는 돈벌이에 강하다.

유대코는 '낚시코', '봉지코', '독수리코'라고도 말한다. 유대인이나 부자에게 많은 장코(긴코)이다. 콧등이 늘어져 있다. 시대의 흐름을 빨리 꿰뚫어 보는 직감력을 가진 세정에 통달해 있는 장사나 돈벌이에 뛰어나다. 금전욕이 배로 강하므로 재산을 남기는 사람이 많은 것 같다. 냉혹하며 타산적인 성격을 가지고 이기적이지만, 인내심이 강하고 정조 관념이 강함이 특징이다.

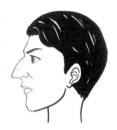

⑤ 천담코는 대담한 성격이다.

천담코는 콧등이 높고 콧마루가 두껍고 콧방울이 옆으로 퍼진 남성적이며 훌륭한 코이다. 이 코의 사람은 성격도 남성적이며 배짱이 있고 머리는 비상하게 좋고, 명쾌한 사고방식으로 대담한 행동을 한다. 완고하지만, 재주가 좋고 지속력, 체력을 타고났다.

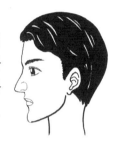

⑥ 경단코는 생활의 지혜가 있다.

경단코는 코끝이 경단의 형태를 한 동그란 코이다. 식욕, 성욕, 물욕이 강한 본능적인 사람으로 생활방식이나 인간관계가 좋다. 실리적인 성격이므로 금전에도 운이 있어 재산을 남긴다. 현실주의자이며 지적, 문화적인 것엔 별로 흥미를 나타내지 않는다.

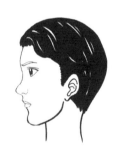

⑦ 사자코는 물질운이 강함

사자코는 코의 밑동부분부터 비량(鼻梁)에 걸쳐 닛게 코끝이 위를 향해 있다. 작은코는 살집이 좋고 책상다리를 하고 앉은 것처럼 옆으로 둥글게 붙어 있다. 이 코를 가진 사람은 맑고 야성적으로 터프하다. 그러나 성질이 급하여 이기적인 성격으로 남을 배려하

는 마음이 결여되어 비상식적인 면이 있다. 또 물질욕이 강하여 열심히 일하여 돈을 벌지만 낭비벽이 있고 저축에는 인연이 없는 타입이다.

⑧ 어린이코는 경박한 사람이다.

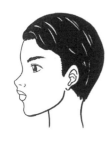

어린이코는 '애기코' 라고도 하며 어른이 되어도 코가 작고 낮은 채로 있다. 이 코는 문자 그대로 어린아이 같은 성격으로 주체성이 없고 의지도 확실하지 않다. 타인에게 휘둘리어 부추김에 넘어가기 쉽다. 정신적, 육체적으로 어른이 되지 못한 상태라고 말할 수 있다. 성격은 맑고 좋으나 경박하여 프라이드를 갖고 있지 않다.

⑨ 콧방울이 둥글고 살이 두터운 사람, 뾰족하고 살이 엷은 사람.

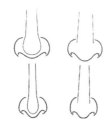

콧방울이 둥글고 살이 두터운 사람은 재운이 좋다. 또한 염복도 좋고 명예욕이 강하고 정감이 풍성하다. 원만하고 온후한 성격으로 인간관계가 매우 뛰어나고 사람의 호감을 얻는다. 체력, 기력, 실행력이 있어 재운이 좋다.

⑩ 들창코

콧구멍이 훤히 보인다. 세심한 성격으로 단순하고 연구심이 있고 부지런하다. 여자는 정조관념이 박약하다.

⑪ 납작코

코의 시작과 콧대 사이는 코끝에 비하여 높이가 낮다. 이 현상은 생각이 단순하고 독립, 자존심이 약하고 계획성이 낮다. 경제적인 여유가 없고 남의 밑에서 일하는 상이다.

⑫ 작은코

실천력이 약하고 담대하지 못하다. 호흡기 질병에
유의.

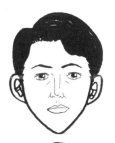

⑬ 큰코

활동적이고 정력적이며 이기주의자로 지도자형.

⑭ 세로가 긴 코

생각이 깊다. 인정 많고 신념도 있다.

⑮ 짧은코

저급한 사고를 갖는다. 경솔하며 자존심이 약하고
게으르다.

⑯ 콧방울이 작다.

복이 약하다. 정력도 떨어지고 자녀복도 적다.

⑰ 낮은코

매사에 등한시하는 경향이 있다. 낙관적인 점도 있다. 지적인 면보다 본능적인 면에 흥미가 있다. 현실적인 사람이다.

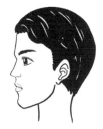

⑱ 높은코

자존심이 강하고 오만한 점도 있다. 자신감이 넘치고 미적 심미감이 뛰어나다.

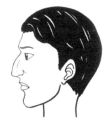

⑲ 사색코

세밀하고 방어적이다. 의리도 있으나 재물운이 약하며 부모, 가정운도 약하다.

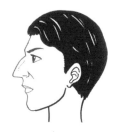

⑳ 유대인코

재산 축척이 있다. 구두쇠이며 간사하다.

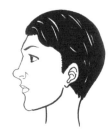

㉑ 삐뚤어진 코

무엇을 감추는 경향이 있다. 사업에 실패하고 가정이 불행하다.

㉒ 코끝이 위로 향한 코

개방적이며 비밀을 간직하지 못한다.

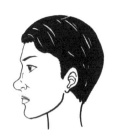

㉓ 코끝이 밑을 향한 코

속내를 남에게 나타내지 않는다.

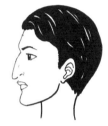

㉔ 코밑(인중)이 길다.

이성의 유혹이 있고 끈기 있다. 생명력이 강하다.

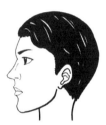

㉕ 코밑(인중)이 짧다.

단명할 상.

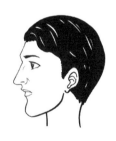

㉖ 비두(콧머리)의 주름

재물이 있으나 말년에는 외롭다.

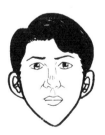

㉗ 콧방울이 넓다.

정력이 넘친다. 멋이 있고 저축심이 강하여 잘산다.

㉘ 옆으로 퍼진 코

정력적이다. 물질욕에 강한 면이 있다.

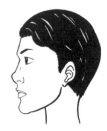

㉙ 사자코

자긍심이 강하다. 총명하고 일에 열성적이며 발전이 있다.

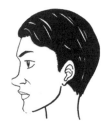

㉚ 개코

생각이 단순하다. 자제력이 약하고 계획성 독립심이 약하다. 남의 밑에서 일하고 평생 고생이 많다.

4. 입의 관상

사람의 인체는 소우주라 하여 천체에 비유되고 이 중 입은 천체의 바다에 비유되며 인체의 구멍에 속한다. 음식과 말을 출납하는 출납관이라고도 부른다. 바다는 강물을 흡수하고 만물 즉 음식을 섭취하는 기관이며 마음속의 뜻을 말로서 그 문을 통하여 밖으로 나타내는 부위이다. 그리하여 그 입은 생김새에 따라 언어의 표현이 선과 악을 표출하고 품행의 방정함과 후덕함을 나타내는 복록도 표상하고 있다. 원래 입구(口)자는 네모지지만 한자에서는 ○가 없어 네모로 표현한다. 방과 들판, 마당 등을 글자가 나타낸다.

- 입은 혀와 함께 음식의 맛을 깨닫는 기관으로 그의 튼튼함은 건강과 직결된다.
- 입과 입술이 단정하고 이를 잘 감추며 적당히 모나고 두텁고 넓으며 윤택하고 붉은 입을 길상이라고 한다.
- 반대로 입이 크나 입술이 붉지 않고, 색이 검거나 뾰족하여 이를 감추지 못하거나 입의 끝이 아래로 처지면 흉상이라 한다.
- 입이 넉사(四)자 같으면 창고에 재물이 풍성하고 입술이 붉으면 학문이 깊고 문장이 탁월하다.
- 식사 시 쩝쩝 소리를 내거나 개처럼 먹거나 새처럼 모이를 쪼듯이 먹는다면 빈천한 상이다.
- 입 끝이 아래로 처지면 불만이 많고, 입 옆의 세로 주름이 입 안으로 들어가면 굶어 죽을(아사) 상이다.
- 입에 검은 사마귀는 식복이 있고, 입이 주먹이 들어갈 정도면 무인, 장군의 상이다.

(1)입으로 애정과 생명력을 본다.

입은 오관의 하나로 혀가 있어 미각을 알 수 있다. 입은 언어를 밖으로 내는 커뮤니케이션의 도구라는 것과 함께 생명을 유지하는 소화기의 시작이 입이다. 입은 그 크기 또는 탄력으로 건강, 행동력, 생명력을 입의 음식 섭취로 의지의 강약을 입술의 얇고 두꺼운 것으로 애정의 심도를 본다. 입의 대소와 양눈의 동공의 안쪽 선 밑에 내려온 폭으로 보아 표준보다 크고 작음을 판단한다. 윗입술의 형상이 가지런하고 색도 담홍색이면 아름답고 입의 윤곽이 이상적으로 보기 좋으며 의지가 강하고 정조 관념도 있다.

① 큰 입과 작은 입의 사람

▸ 입이 크면 본능과 욕망이 강하다.

입이 크면 꿈과 희망, 뜻이 크다. 본능과 욕망이 강하다. 성격은 명랑하고 개방적이며 사교성이 있다. 마음이 넓고 도량도 있어 활동력이 넘치고 있다. 더구나 지도력, 통솔력, 결단력, 행동력을 갖추고 있고 생활력도 있으므로 금전적인 복은 많다.

윗입술(이타애)

아랫입술(자기애)

▸ 작은 입의 사람은 솔직하고 성실하다.

작은 입의 사람은 소심하고 꿈도 희망도 작다. 두뇌는 치밀하고 지적 욕구는 강하지만 신경질적이며 조심스럽고 넘어야 할 고생이 많은 소극적인 성격으로 실행력이 약하나 솔직하고 예의 바르고 꼼꼼하고 성실하다.

(2) 입 모양 십일종

① 앙월형(仰月型)의 입은 일과 돈복이 있다.

앙월형(仰月型)은 삼일월(三一月)의 입이라고도 하며, 입술의 각이 올라가 있는 입의 사람은, 밝고 애정이 풍부하다. 유머를 이해하고, 즐겁고 온후·원만한 성격이다. 성장도 좋고 두뇌가 명석하며 강직한 의지를 지녀, 행동력도 있기 때문에 일과 돈에도 복이 있는 행복한 사람이다.

② 복월형(伏月型)의 입은 성실하고 완고함.

복월형(伏月型)은 '산 모양의 입(∧)'이라고 하며, 입술의 각이 아래를 향하고 있는 입을 가지고 있는 사람은 성실한 성격으로 과묵하다. 또 외고집으로 불평불만이 많고 본질적으로는 동정심이 있지만 남에게 이해받지 못하는 것이 많다.

③ 일자형 입은 의지가 강한 노력가

일문자형(一文子型)은 '한일자형'이라고도 하고, 윗입술과 아랫입술을 다문 선이 일직선으로 일자형의 입이다. 이 입을 가진 사람은 신념이 강하고 성실한 노력가이다. 신체도 튼튼하고 건강하다.

④ 사자형(四字型)의 입은 의리, 인정이 깊고 장수형

사자형(四字型)은 입이 四자로 보이는 장방형으로, 윗입술 아랫입술 모두 두꺼운 입이다. 이 입의 사람은 개성이 강하고 정직하다. 의리, 인정에 두텁고 온후, 원만한 성격이기도 하며. 머리가 좋고 글 재주도 뛰어나 장수하며 돈 복도 있다.

⑤ 길게 찢어진 입은 밝고 성실하다.

길게 찢어진 입은 옆으로 긴 입을 말한다. 이런 입을 가진 사람은 밝고 사교성을 가진 성실한 사람됨으로 의리, 인정이 강하고 원만한 성격이다.

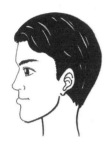

⑥ 아랫입술이 윗입술보다 나온 입은 이론을 내세우는 이기적인 성격

받침입은 아랫입술이 윗입술보다 튀어나와 있는 입. 이런 입을 가진 사람은 자기의 생각을 합리화하려 하고 시기 또는 의심이 강하다. 인내력은 있으나 제멋대로이며 이기적인 성격이므로 윗사람의 돌봄이나 격려가 적어 직업도 전전하기 쉽다.

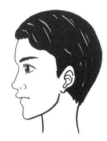

⑦ 덮은 입은 정의감이 강하고 개성적

덮은 입은 윗입술이 아랫입술에 겹쳐진 것 같은 입이다. 이런 입을 가진 사람은 이론적인 것을 좋아해 정의감이 넘치는 개성이 강한 사람이다.

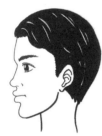

⑧ 삐쭉 입은 조잡하며 직선적

삐죽 튀어나온 입은 불을 끄는 듯한 형태의 입으로 이런 입의 사람은 '나'라는 존재가 강해 완고하며 또 조잡하며 직선적형으로 인간관계상의 트러블이 많고 더구나 틈만 있으면 무엇인가를 말하지 않으면 만족하지 않는 사람도 있다.

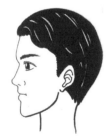

⑨ 들어간 입은 소극적이고 주체성이 부족하다.

움푹 들어가 있는 입의 사람은 말이 없고 소극적인 성격이다. 내향적이며 조용하지만, 의지가 약하고 주체성이 부족하므로 남에게 휘둘린다.

⑩ 말린 입은 자아 도취가 강하고 고독

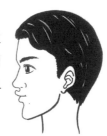

말린 입은 윗입술이 뒤집어 까져 있는 입으로, 이런 입의 사람은 자아 도취가 강하고 감상적으로 되기 쉽고, 자기하고 관계 있는 사람을 편드는 경향이 강해 고독하다. 타인의 말을 금방 믿어 속기 쉬운 사람이다.

⑪ 토끼 이빨의 사람은 호기심과 성적 관심이 강하다.

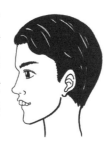

튀어나온 이빨에 탄탄한 입을 가진 사람은 호기심과 성적 관심이 강하고 야성적이다. 자기주장이 강하고 행동력이 있고 생활력이 왕성한 사람이다. 튀어나온 이빨에 입의 팽팽함이 없는 사람은 칠칠치 못한 성격에 끈기가 없을 뿐만 아니라 조잡하고 강인한 면이 있다.

(3) 입술의 모양

① 넉 사자 모양의 입

입의 모양이 한자의 넉 사자(四) 모양과 같이 입이 반듯한 상이다. 입의 모서리가 모가 나고 입술이 두꺼우며 입술이 붉고 그 끝은 위를 향한 모양이다. 이런 사람은 총명하고 학문에 조예 있고 관직에 등용되어 고위 공직에 이른다.

② 돼지형 입

입의 모양이 윗입술은 길쭉하고 넓으며 아랫입술은 뾰족하고 엷으며 주름지고 빛이 밝지 않고 희읍스름하여 돼지주둥이를 닮은 형이다. 마음이 간특하고 자신의 이익만 꾀해서 험담을 즐긴다. 운세가 험하며 비명횡사할 수도 있다.

③ 주름진 입

입술의 아래 위가 쭈글쭈글한 모양으로 마치 우는 것 같은 느낌을 준다. 혐오감을 주는 못생긴 형이다. 평생 고난의 연속이나 명은 짧지 않다. 부모 자식의 연도 박하다.

④ 호랑이형 입

입이 호랑이 입처럼 크고 넓고 입을 다물었을 때 야무지고 입이 주먹이 하나 들어갈 정도로 크다. 부귀형으로 위엄이 있고 자긍심이 강하며 고위관직에 오르고 부귀를 누린다. 행복한 생을 누리지만 부인의 건강에 조심해야 한다.

⑤ 방정한 모양의 입

입의 모양이 모가 나나 바른 방정한 모양으로 웃을 때도 이의 모양이 잘 보이지 않으며 입술의 색이 홍윤하고 이는 흰빛이 백옥을 닮아 하늘의 복록을 누리는 상. 자손이 번창한다.

⑥ 불을 부는 모양 입

입이 불을 부는 것같이 보여 동그렇게 벌어져 있다. 입술도 불을 부는 듯 앞으로 내민 듯 보이는 흉상이다. 자신의 이익만 추구하며 명이 짧고 고독하다.

⑦ 앵도형 입

입이 마치 앵도처럼 작게 보이고 입술이 붉고 두툼하다. 익은 앵도처럼 어여쁜 상이다. 이는 빽빽하고 가지런하며 빛이 희고 정이 많은 상이어서 많은 사람의 사랑을 받는 상이다. 성품이 밝고 총명하며 하늘의 도움이 있어 높은 벼슬에 올라 부귀를 누리고 부모형제 자식도 복록을 누린다.

⑧ 원숭이형 입

원숭이 형 입은 입술이 위 아래로 길고 두툼하다. 다문 입술이 대쪽같이 선이 곧바르고 틈새도 없다. 인색한 상이며 의식이 족하고 장수의 상이다.

⑨ 활 모양 입

입의 모양이 활처럼 끝이 위를 향하고 입술은 붉고 두텁다. 활 모양 입은 고위관직, 국가의 중대사를 맡는다. 입신 양명하여 국가에 큰 공을 세우고 부귀 공명을 누리고 가문을 빛낸다.

⑩ 초승달형 입

입이 초승달이 옆으로 누운 모양이고 입술의 끝이 위로 향한 듯하고 이빨이 희고 입술이 붉으면 총명하여 국가의 동량이 되고 고위 관직에 올라 가정이 행복하고 자손 창성한다.

⑪ 용의 형상 입

입술이 위 아래 모두 풍후하고 입술이 붉고 홍윤하며 가지런하다. 피부의 색도 깨끗하고 밝아 기품 있는 모습이다. 머리가 좋아 고위직에 올라 위엄 있는 나라의 인물이 된다.

⑫ 소 모양 입

입술의 모양이 소의 입처럼 크고 아래위 입술이 두툼하고 입술이 붉고

다부진 모양이다. 이런 상은 마음이 너그럽고 재주 있으며 사람의 호감을 얻는다. 풍성한 마음처럼 삶의 평화와 복이 충만하다.

⑬ 입의 각이 위쪽으로 올라가 있다.

웃는 것 같은 입 모양.

⑭ 입의 각이 아래쪽으로 처져 있다.

금전운이 좋지 않음.

⑮ 복선구(배가 엎어진 상)

윗입술이 아랫입술을 누르는 것 같은 입 모양. 향락을 즐기고 게으르다. 놀고 즐기는 상으로 배가 엎어진 상이다. 일의 성취가 어렵고 선빈 후부의 상이다. 수양을 쌓으면 의식이 족할 수 있다.

여성은 초경이 빠르다. 게으르고 향락을 즐긴다. 놀고 먹고 싶어하는 상.

⑯ 돼지형상의 입

이 상은 입술이 깊고 넓은 한편 아랫입술은 자그마하다.

• 남을 헐뜯고 모략을 즐긴다.

• 나이가 들면 술도 즐긴다.

⑰ 한일자로 다문 입

입을 다물었을 때 입술이 한일자($-$)를 이루는 상이다.

• 의지가 견고하며 공평무사하다.

• 온정적 성품으로 아랫사람을 잘 돌본다.

• 인생 후반에 복을 받는다.

⑱ **뾰족한 입**

온순한 듯 보이나 거칠고 성질이 충동적이다. 야심이 강하고 환상이 심한 한탕주의. 헛된 망상을 하는 예가 많다.

5. 입술의 관상

입술은 입을 싸고 있는 성곽에 비유되고 혀와 이빨이 있게 하는 곳이다. 즉 입술이 임금(君 : 임금군)이라면 이빨은 신하(臣 : 신하신)에 비유되고 울타리가 된다.

(1) 윗입술이 두꺼운 사람 얇은 사람

① 윗입술이 두꺼운 사람은 헌신적

윗입술이 두꺼운 사람은 적극적인 성격으로 앞지르는 경향이 크지만, 정이 깊고 타인에게 진력하는 헌신적인 면을 가지고 있다.

윗입술이 두꺼울수록 그 경향이 강해진다. 식욕, 성욕 등의 본능이 강하고, 뛰어난 미각을 가지고 있으며 요리인이나 특히 감정을 넣어서 노래하는 연기가수(트로트)에게 윗입술이 두꺼운 사람이 많은 것이다.

특히, 윗입술이 두껍게 부어오른 듯한 느낌의 사람은 성적 관심이 크다.

② 윗입술이 얇은 사람은 이성적이다.

윗입술이 얇은 사람은 지적이지만, 정이 담백하고 이성에 대한 배려가 부족하다.

③ 애정이 풍부하고 동정심이 있는 사람

윗입술에 살이 있는 사람은 애정이 풍부하고, 모든 사람에 대해 자상하고 동정심이 있다.

④ 상식이 풍부한 사람

윗입술의 좌우가 직선으로 되어 있는 사람은 순수하게 애정표현을 잘하는 좋은 사람으로, 절도 있고 상식이 있는 사람이다.

⑤ 합리적인 사람

윗입술의 한가운데가 아래를 향하고 있는 사람은 합리적인 사고방식을 가지고 있다. 집중력, 기억력이 뛰어나 머리가 샤프하고 의지도 강한 타입이다.

⑥ 결벽증의 사람

아랫입술의 한가운데가 위로 올라간 사람은 델리킷한 성격으로 결벽증을 가지고 있다. 성실하고 냉정한 사람이다.

(2) 아랫입술이 두터운 사람, 얇은 사람

① 아랫입술이 두터운 사람은 자기중심적이다.

아랫입술이 두터운 사람은 개성이 강하고, 자기중심적인 성격이다. 아랫입술이 두꺼우면 두꺼울수록 그런 경향이 강하고, 언제나 자신이 사람들에게 사랑받지 않고서는 못견디는 면이 있다.

②아랫입술이 얇은 사람은 주체성이 결여되어 있다.

아랫입술이 얇은 사람은 주체성이 없고 개성이 결여되어 있다. 아랫입술이 얇으면 얇을수록 그런 경향이 강하다. 식욕이나 성욕이 약하고, 정력이나 생활력도 없는 사람이 많다.

(3) 입술에 세로 잔주름이 많은 사람, 적은 사람

①입술에 잔주름이 많은 사람은 사교성이 있다.

입술에 있는 잔주름은 입술문이라고 하며, 곧게 뻗은 선이 중요하다. 잔주름이 많은 사람은 밝고 개방적인 성격으로, 사교성이 있고 지인, 우인이 이성적으로 좋아한다. 또 협조심이 풍부하여 고생을 고생이라고 그다지 느끼지 않는 타입이다. 사람을 환대하고 같이 먹거나 마시거나 하며 많은 사람과 인생을 즐기는 것을 좋아하는 사람일수록 많은 환대문(歡待紋 : 잔주름)이 나타난다.

②입술에 세로 잔주름이 적은 사람은 타산적이다.

세로 잔주름이 적은 사람은 계산셈이 강하여 타산적 성격이다. 생각이 많고 이기적이며 타인에 대하여 배려하는 것이 적다. 동시에 음식과 돈에 집착한다. 자연히 인간관계는 감소하고 고독한 타입이다.

(4)입술의 모양에 따른 성격과 운세

①덮개입

• 윗입술이 튀어나오면
- 정의감이 있고 다투기를 좋아한다.
- 자기주장이 강해 투쟁적이다.

② 받는 입

- 아랫입술이 튀어나온 입
- 다툼에 자주 끼어든다.
- 다퉈 이기기를 좋아한다.

③ 뾰족한 입

- 충동적이다.
- 거친 성격, 자기중심
- 한탕주의

④ 가로왈 자(曰)형의 입술

이런 형의 사람은 기골이 대장부 상이고 신념이 굳고 위기를 극복하는 상이다.

⑤ 두터운 입술

입술이 두터우면 정력이 강하고 성격이 건실하다.

⑥ 얇은 입술

정이 적고 범죄형일 수 있다.

⑦ 윗입술

정신의 발육 상태. 튀어나오면 말썽부린다.

⑧ 아랫입술

동물적 본능. 나오면 우둔하다.

⑨ 초승달형의 입

성격이 온화하고 감정이 여려 무드에 약하여 무드에 잘 취하는 열정적인 상이다.

6. 혀의 관상

(1) 혀(舌)

혀는 입구(口)자 위에 千(일천 천)으로 구성되어 있
다. 입에서 나오는 천 가지 만 가지 말이 혀로 이루
어진다는 뜻이다. "말 한마디로 천 냥 빚을 갚는다."
는 말이 있듯이 말, 즉 혀의 사용은 실로 중차대하다
고 할 수 있다.

혀는 말을 하고, 음식을 먹고, 맛을 보는 중요한
기관이다. 혀가 길고 단정해야 똑똑히 음성을 표현할
수 있다. 혀끝이 평평하면 막히는 일이 많고 혀가 크고 얇으면 거짓말을 잘
하고 사람이 가볍다. 혀끝이 뾰족하고 작으면 욕심이 많다. 혀가 커서 코에
닿으면 변호사로 만인의 대변자가 된다. 혀의 색은 담홍색이면 관직이 높
고 희거나 검은빛이면 하천하고 가난하다.

혀의 사마귀는 말이 많고 거짓말을 잘한다. 혀끝이 둘로 갈라지면 마음
이 독하여 남을 해친다.

7. 이빨의 관상

(1) 이빨은 건강을 상징한다.

① 옛부터 이빨은 오복 중 하나라 하여 귀하고 중하게 여겨 왔다. 365일 하루도 쉬지 않고 음식을 씹어 영양을 섭취하여 인체의 오장과 육부를 보양하여 우리의 건강을 유지토록 해주는 이는 건강의 척도이며 젊음의 바로미터이다.

② 신체가 강건하고 기골이 왕성하면 이가 견고하고 기가 약해지면 이가 빠진다.

③ 이는 길고 크고 고르고 빽빽하여 빛이 희고 고와야 건강 장수하며 갯수가 적고 사이가 벌어진 즉 천하고 질병이 따른다.

④ 이의 관리는 환경 오염이 심한 현실에서 타고난 것보다 이의 관리가 더 소중하다. 심한 흡연이나 과음은 이를 해치고 음식물에 섞인 오염물질은 이의 건강을 해쳐 몸의 건강 악화로 이어진다.

⑤ 이가 뾰족하고 얇고 드문드문 나 있거나 짧고 가지런하지 못하거나 굽어 있으면 단명한다.

⑥ 이가 밖으로 튀어나오면 비밀을 지키지 못하고, 뻐드렁니는 부부가 화목치 못하고, 이가 어긋어긋 겹치면 교활하고 이 사이가 벌어지면 가난하며, 말할 때 이가 보이지 않으면 귀상이다.

⑦ 노년에 빠진 이가 다시 나면 본인은 장수하나 자식에게 이롭지 못하다.

⑧ 이가 긴 사람은 의식에 걱정이 없다. 노력하는 만큼 성공한다.

⑨ 윗니가 안으로 굽은 사람은 복수심을 오래 간직하는 사람.

⑩ 앞니에 뾰족한 이가 있으면 불효하고 가정의 결혼생활에 풍파가 있다.

(2) 이빨로 젊음을 본다.

① 이빨이 큰 사람은 타고난 체력을 가지고 있다.

이빨이 큰 사람은 직감력이 예리하고 이성적이지만 정서가 부족하다. 성실한 인품이지만 넉살 좋고 배짱이 센 면도 있으며, 사고나 행동이 대담하다. 일에 열심이고 체력이 타고났기 때문에 자연히 경제적으로도 풍부하게 된다.

② 이빨이 작은 사람은 신경이 세심하다.

이빨이 작은 사람은 사고, 행동이 논리적이다. 꼼꼼하고 성실한 성격에 인내력도 있다. 정서가 풍부하고 자상한 마음 씀씀이를 가지고 있으므로 누구에게나 사랑을 받는 타입. 체력적으로는 별로 튼튼하지 못하다. 이빨이 너무 작은 사람은 감수성이 예민해 극히 신경질적인 면이 있고 작은일에 집착하기 때문에 남으로부터 미움을 산다. 또, 체력이 약하고 인내력도 없다.

③ 이빨의 노화

이빨이 나쁘면 먼저 눈이 점점 어두워지고 다음에 이빨이 빠지고 나빠져 최후에는 성욕이 떨어지고 음경이 서지 않게 되어 노화해 가는 패턴이다.

현재 80살에 자기의 이빨을 20개 남기자고 하는 8020운동이 펼쳐지고 있다. 세상은 태어나면서 이빨의 질이 튼튼하고 충치가 적은 사람도 있지만 자기의 이빨로 식사를 하는 것은 음식물을 맛있게 느끼고 즐거운 것이다. 나이를 먹어도 자기의 이빨로 먹을 수 있는 사람은 음식을 잘 씹어 넘기므로 내장이 강하고 성욕도 떨어지지 않고 건강한 사람이 많다.

이빨이 나쁜 사람은 성욕도 빨리 떨어져 활력이 별로 없다. 또 어쩔 수 없이 이빨을 뺀다거나 한 다음부터 급격히 체력이 떨어진다고 한다. 이빨은 되도록이면 빼지 않는 것이 좋은 것 같다. 특히 가운데의 위의 문치(앞니) 2개가 깔끔히 나 있는 사람은 지력이 뛰어나고 품성이나 교육이 좋고 건강한 체질의 사람이다. 남성은 옛날부터 '눈, 이빨, 음경'의 순으로 약해진다고 한다.

(3) 치열이 좋은 사람, 나쁜 사람

① 치열이 좋은 사람(꼼꼼함)

치열이 가지런한 사람은 성실하며 꼼꼼한 면이 있고 원만한 인품이다. 상식이 풍부하고 책임감이 강하며 사회에서도 평판이 좋은 사람이다.

② 치열이 나쁜 사람은 감정이 고르지 못하다.

난항치라고 불리는 치열이 불규칙한 이빨이다. 이런 이빨의 사람은 이기적이고 감정의 변덕스러움이 있고 칠칠치 못한 성격이다. 곧 성미가 급하고 자기의 생각에 매달리는 경향이 크고 도덕관이 없고 밸런스 감각이 떨어지는 면이 있다.

③ 극치(드문 이)는 금방 싫증내는 성격

극치의 사람은 부산하고 금방 싫증내는 성격으로 하나의 일을 최후까지 해내는 것이 안되고 일에서도 고르지 못한 길을 걸으므로 경제적으로도 별로 타고난 복이 없다. 또 입이 가볍고 부모와의 연이 별로 없다. 그러나 신체는 건강하다.

④ 토끼이빨은 성적 관심이 강함.

튀어나온 이빨의 사람은 호색한이며 옛날부터 욕실을 엿보는 무리를 토끼이빨의 거북이라고 불리었다. 외국에서도 튀
어나온 이빨의 사람은 그러한 행위를 한다고 한
다. 호기심이 강하고 성적인 흥미가 굉장히 왕
성하지만 금방 싫증내는 편이다. 적극적·개방적
인 성격에 쾌활한 장점도 있지만, 말이 많고 허풍쟁이의 경향이 있다.

⑤ 팔중치(덧니)는 질투심이 강함.

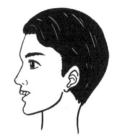

팔중치의 사람은 개성이 확실하고, 제멋대로이며
질투심이 강한 성격이다. 자기의 생각대로 상대방이
움직여 주지 않으면 만족할 수 없는 면을 갖고 있다.

⑥ 윗이빨 앞니가 두 개 겹쳐 있는 상.

집념이 강하다. 뜻을 세우면 초지일관 일을 마무리
짓는다.

집념이 강하다.

⑦ 윗니가 거의 같은 모양으로 작게 나 있는 상.

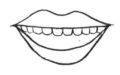

수전노이거나 매우 이기적인 사람이다. 재산은 모
으는 편이다.

이기적이다.

⑧ 윗 앞니가 세 개 있는 상.

이런 상은 도벽도 있고 공짜를 좋아한다.

공짜를 좋아한다.

⑨ 윗 앞니 사이에 송곳니가 있다.

앞니가 세 개다 이런 상은 감성적이다.

감성적이다.

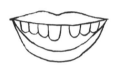

끈기가 적다.

⑩ 앞니 윗 이빨 중 가운데 이빨의 사이가 크게 벌어져 있는 상.

이 상은 매사에 끈기가 적고 형제의 도움도 없다. 나쁜 운세이다.

교통사고에 조심해야 한다.

⑪ 윗이빨의 가운데가 여덟 팔 자 모양으로 벌어져 사이가 떨어져 있다.

이 상은 운이 나빠 처복, 자녀복도 적다. 또한 교통사고를 당할 상이라고 본다. 비명횡사의 상이다.

부모와 일찍 떨어져 산다.

⑫ 윗이빨 앞니의 한쪽 부분이 떨어져 없어졌다.

이런 상은 부모와의 연이 박하여 떨어져 사는 상이다.

형제 사이가 원만치 못하다.

⑬ 윗이빨 앞니가 송곳처럼 뾰족하다.

성격이 거칠고 난폭하다. 배신자의 상이며 부모형제와도 사이가 나쁘다.

허풍이 세다.

⑭ 윗이빨 앞니 두 개가 옆으로 휘어져 있는 상이다.

기질이 허풍이 세다. 신용도 떨어진다.

고집이 세다.

⑮ 앞니 사이에 작은 이가 끼어 있다.

고집이 센 상이다. 사람과도 사이가 좋지 않고 무슨 일에도 자기 고집만 내세운다.

⑯ 뻐드렁니

그림은 뻐드렁니를 옆에서 본 것이다. 이가 입술 바깥쪽을 향해 나와 있는 뻐드렁니 모습이다. 이런 사람은 아무렇게나 말하고 격식을 차리지 못한다. 생각한 대로 표출하는 상이다.

⑰ 옥니

뻐드렁니와는 반대로 이가 입 안쪽으로 향해 들어간 모양이다. 이런 옥니는 음성적인 성격을 가진 사람이 많다. 나서기를 좋아하는 성격이 아니지만 뒤에서 하는 모사는 잘하는 책사의 기질이 많다.

8. 귀(耳)의 관상

(1) 귀로 체력과 수명을 본다.

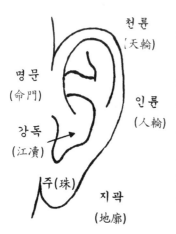

천륜
(天輪)

명문
(命門)

인륜
(人輪)

강독
(江瀆)

주(珠)

지곽
(地廓)

귀의 크기 또는 모양에 따라 여러 가지로 나뉜다.

귀는 오감의 하나인 청각기관으로 두뇌의 활동을 돕는 곳으로 361개의 경혈이 집중되어 있다. 이 경혈은 뇌와 가슴의 심장과 관통되어 있다. 심장을 지휘 감독하고 신장과도 상호 보완 작용을 한다. 신장(기력이 왕성)이 건강하면 귀가 맑아 소리가 잘 들리고 신장이 허약하면 잘 들리지 않는다.

귀는 크기에 관계없이 두텁고 단단하고 길어서 머리 위로 올라간 모양이면 총명하고 장수한다. 귓바퀴와 선이 선명하면 재주가 있고, 귀의 윗끝에 살이 붙어 입을 향하면 재복이 크다. 귀가 크고 단단하면 지혜와 덕이 풍부하고 적극적인 성품이며 반대로 귀가 작고 약한 모양이면 도량이 작고 신장의 활동도 약하다. 귀가 뾰족하고 사납고 살집이 얇고 빛이 검고 살결이 메마르고 귓바퀴가 뒤로 뒤집어지거나 젖혀진 것은 빈곤하고 단명할 상이다. 빛이 얼굴보다 희면 사회에 이름을 떨치고 귀가 두툼하고 커서 어깨에 닿을 듯하면 아주 귀상이다. 귓밥이 크면 안정된 생활을 하고 수주(귓밥)가 없으면 안정감이 부족하고 매사에 성급하여 살빛이 검고 꺼칠하며 윤기가 없으면 되는 일이 없고 단명한다. 특히 수주가 두툼하게 늘어지면 국가의 공신이 된다. 귓구멍이 널찍하면 장수하고 옥같이 희면 총명하다.

귀를 삼등분하면 위 상부를 지혜, 가운데 중부를 의지, 아래 하부를 정, 즉 인정의 척도로 본다. 상부는 또 명예, 중부는 권력, 하부는 금전운을 본다.

- 이문(耳門)은 귓구멍 바로 앞부분을 이른다.
- 이륜(耳輪)은 귓바퀴를 이른다.
- 곽반(郭反)은 귀선(이륜)이 외부(밖으로)로 튀어 나온 것을 이른다.
- 수주(垂珠)는 귀의 밑부분, 즉 귓밥을 이른다.

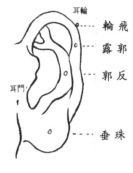

귀의 세부 명칭

(2) 귀는 청각을 관장하며 신체의 콩팥(신장)에 속한다.

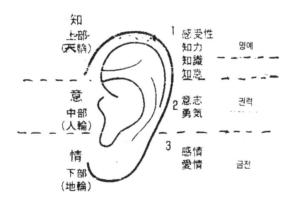

귀를 3등분하면 지, 정, 의가 된다.

관상학에서 "귀가 높이 우뚝 솟아 있다면 知(지)가 있고, 아래로 늘어뜨러져 있다면 知(지)가 많지 않다"라고 하여 귀의 상부가 큰 사람은 知力(지력)이 훌륭한 지혜가 있다. 상부가 뾰족한 귀를 가진 사람은 고독하고 반성하는 마음이 결여되어 있으며 신체가 약하고 귀 하부(귓불)가 풍부한 사람은 체력이 좋고 정이 풍부하다. 귀를 3등분할 경우 윗부분은 天輪(천륜)이라 하여 '知(지)'를 나타내고 지식, 지혜, 감수성, 재능을 본다. 귀 상부의 윤곽이 확실히 좋은 형은 두껍고 딱딱하며 탄력이 있으면 지력이 우수한 재능이 있다. 인간관계도 원만하고 능숙한 사람이다. 그러나 상부만이 큰 사람은 감수성이 강하고 대갈장군으로 꿈과 이상만을 쫓는 경향이 있다.

귀의 중간부분은 인륜(人輪)이라 하여 '意(의)'를 나타내는데 용기, 의지력, 실행력을 본다. 귀의 윤곽이 안에 보기 좋게 들어가 있으면 성격이 원만하고 온후. 상식적으로 보수성이 강하다. 조심성이 깊어서 우유부단하다. 귀의 윤곽이 겉으로 나와 있을수록 개성이 강하고 혁신적이며 고정관념에 사로잡히지 않으며 자유로운 발상을 한다. 단 좋고 싫은 감정이 심하고 지기 싫어한다. 이기적인 성격이지만 적극성, 독창성, 실행력이 있다.

귀의 아래 부분은 지륜(智輪)이라 하여 '정(情)'을 나타낸다. 감정, 애정, 포용력을 본다. 귓불이 풍부한 사람은 명랑하고 활동적, 사교성이 있다. 신장이 튼튼하며 체력이 풍부하다. 애정이 풍부하며 인격이 원만하고 포용력이 있고 성적 욕구도 강하고 정력도 있으며 자녀도 많으며 재산(유산)을 남긴다. 그러나 하부만 크게 발달해 있는 사람은 운은 강하나 애정이 약하고 유혹에 빠지기 쉽다. 이성관계에서 트러블이 많다. 단, 귓불만이 탱탱하지 않고 단정치 않게 늘어져 있는 사람은 성격도 야무지지 못하고 단정치 못하다. 귓불이 없는 사람은 냉정하고 모든 것은 직감적으로 포착하는 날카로운 면이 있고 정에 약한 면이 있다.

(3) 귀의 위치가 위에 있느냐, 밑에 있느냐

① 귀는 눈썹과 코밑의 사이에 있는 것이 표준 위치인데 이보다 위에 있으면 위에 있는 높은 것으로 이보다 밑에 있으면 밑에 있는 낮은 것으로 판단한다. 귀가 위에 있으면 생활 능력이 우수하다. 야성적인 취미가 있고 본능적으로 기민하고 의리나 인정이 두텁고 성격이 견실하고 서민적인 사람

이다. 기억력이 우수하고 매사 상사의 신임을 받고 돈복도 있다.

②귀의 위치가 밑에 있는 사람은 양육 상태가 좋고 지성, 품성을 갖추고 취미가 많고 지도력이 있으나 신경질과 질투심이 강한 면이 있다.

(4) 귀로 체력과 수명을 본다 .

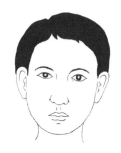

①귀는 오감의 하나인 청각을 맡은 기관으로 소리나 말로 정보를 듣는 큰 기관이다. 귀로 돈복, 성격, 수명, 건강 특히 신장의 강약을 본다. 귀로 듣고 그 사람의 인생을 안다고 말한다. 귀는 얼굴의 중앙인데 일생을 통해 가장 변화가 적은 부분이다. 부모로부터 유전을 첫 번째로 받아 계승한다. 환경이 좋고 양친의 건강이 양호한 경우 자식의 귀는 불가사의하게 좋고 크고 살이 두툼하고 탄력이 있다. 거꾸로 양친의 환경이 나쁘고 부부 사이도 좋지 않고 체력도 나쁘면 자식의 귀도 나쁜 모양이며 작으마하고 살이 적고 부드럽지 않다. 부처님의 귀는 특히 크고 풍만하며 복이 있어 보인다. 장수, 건강, 체력, 재산도 많다.

(5) 귀의 위치가 높은 사람, 낮은 사람

귀의 위치는 눈썹과 코끝의 중간을 표준의 위치로 하고, 그것보다 높은 위치에 붙어 있는가, 낮은 위치에 붙어 있는가로써 판단한다.

① 귀의 위치가 높은 사람은 생활력이 좋은 사람.

귀의 위치가 높은 사람은 생명력이 좋고, 생활능력에도 뛰어나다. 야성미를 갖추어 본능적인 기민함이 있어 의리, 인정에 두텁고, 수수하며 건실한 생활방식을 가진 서민적인 사람이다. 또 기억력이 뛰어나 업무상으로는 상사가 이끌어 주기도 하여 금전운도 좋은 편이다.

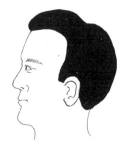

② 귀의 위치가 낮은 사람은 성장이 좋다.

귀의 위치가 낮은 사람은 성장이 좋고 지성, 품성이 좋아 취미도 좋다. 지도력이 있고, 동료나 부하를 잘 돌보는 인품 좋은 것도 있지만, 신경질적이며 질투심이 강한 면도 있다.

③ 부채형의 귀는 지식욕이 왕성하다.

부채형의 귀는 부채처럼 크고 얇은 형으로 귓불은 없거나 작다. 부채형의 귀의 사람은 감수성이 예민하고, 신경질적이나 지식욕이 왕성하다. 귀중히 여겨져 응석받이로 무엇 하나 부자유스럼이 없이 키워진 사람이 많다. 지위나 명예를 구하지만 귓불이 두껍고 크고 풍성하면 돈복이 있다.

④ 붙어 있는 귀는 도량이 있다.

붙어 있는 귀는 말 그대로 얼굴에 붙어 있는 것 같은 귀이다. 얼굴 정면에서 보면 귀 전체가 보이지 않는다. 붙어 있는 귀의 사람은 인내력, 지도력, 행동력, 직감력과 용기가 있다. 도량도 크고 지력, 체력, 재능이 있어 부럽고, 무엇을 하든지 성공하는 운이 강한 사람이다. 명예도 돈도 수중에 들어온다. 타인의 의견을 잘 듣는 경향이지만 약간 시기심이 강한 것이 결점이다.

⑤ 사각 귀는 자아가 강하고 마이페이스이다.

사각형 귀는 살집이 단단하고 근육질인 귀이다. 귓불이 밖에 나와 단단하면 단단할수록 개성적이고 자아가 강하며 의지와 실행력이 좋다. 완고하고 강인한 성격으로 늘 마이페이스형이다. 인간관계에 있어서도 그 성격이

나오기 때문에 사람들이 싫어하고 트러블이 생기는 경우도 있다고 하겠다.

여성의 귀의 윤곽이 너무 겉으로 나와 있으면 기성세대의 생각에 쫓아 물들지 않으므로 생각과 인연이 멀다. 좀처럼 결혼할 기회가 없다.

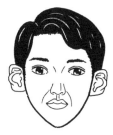

(6) 큰 귀의 사람, 작은 귀의 사람

① 귀가 크면 장수한다.

큰 귀의 사람은 지력(지혜, 재능)이 뛰어나고, 지도력이 있다. 마음이 너그럽고, 체력도 좋아서 장수하는 사람이 많고 금전운도 있다. 조금 신경질적이지만 신중하고 사람의 의견에도 귀를 기울이는 겸허함이 있고, 상식적인 성격이다. 그러나 그저 크기만 할 뿐 얇은 귀의 사람은 체력이 약하다.

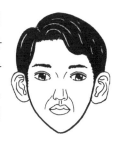

② 작은 귀의 사람은 공격적이다.

작은 귀의 사람은 개성이 강하고, 도량이 좁은 면이 있다. 대담하고 공격적인 성격이지만 급하고 기분대로 그리고 경박한 면이 있어 감성적이며 의지가 약해 사람의 말을 듣지 않는 결점도 있다. 그러나 작은 귀라고 해도 딱딱하고 탄력이 있으면 용기와 담력이 있어 의지도 강한 사람이다.

(7) 딱딱하고 살집이 좋은 귀, 부드럽고 살이 얇은 귀

① 딱딱하고 살집이 좋은 귀는 체력이 좋다.

딱딱하고 살집이 좋은 귀의 사람은 체력이 있고 건강하다. 적극적인 성격으로 주체성이 있어 집착력이 강하다. 도량은 넓지만 마이페이스로 타인에게 대하는 배려가 적어서 둔감한 면이 있다. 매우 딱딱한 귀는 협동성이 없는 완고한 사람이다.

② 부드럽고 살이 얇은 귀는 재능이 있는 사람.

부드럽고 살이 얇은 귀의 사람은 의지가 강하고 소극적인 성격이다. 감수성이 예민하고 민감하여 신경질적인 면이 있지만, 문학, 예술, 예능, 기획 등에 재능을 발휘하여 지적인 일에 적합하다. 귀가 탄력 있고 색이 좋으면 아름답고 사려 깊은 성격으로 주위 사람을 잘 보살핀다. 섹스의 감도도 뛰어나다.

(8) 귀의 구멍이 큰 사람, 작은 사람

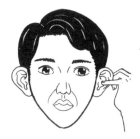

귀의 구멍(風門 : 풍문)이 표준의 크기는 자신의 새끼손가락이 들어갈 정도이다.

① 귀의 구멍이 큰 사람은 원만한 인품

귀의 구멍이 큰 사람은 마음이 넓고 총명하고 지혜가 있으며 원만한 성품이다.

② 귀의 구멍이 작은 사람은 겁쟁이

귀의 구멍이 작은 사람은 감수성은 날카로우나 겁쟁이로 도량이 작고 목전의 일에 구애받는 경향이 있다. 40세를 지나 귀의 구멍으로부터 생기는 털은 장수의 표시로서 뽑지 말아야 한다.

(9) 귀의 형태

① 토 귀는 부동산에 복이 있다.

토 귀는 귓불이 앞으로 돌출하여 풍부한 귓불이 위에 쌀알이 몇 개 있을 것 같은 귀이다. 귀의 위치는 높고 살이 딱딱하고 두껍고 토 귀의 사람은 스태미나가 있고 의지가 강하고 지력(智力)에도 훌륭하다. 명예와 돈에 복이 있고 부동산을 소유할 수 있다.

② 자루형의 귀는 주체성이 빈약하다.

귀의 바퀴가 없거나 없는 것에 가까운 것으로 전체적으로 둥글게 보인다. 살이 두터운 귀이다. 소극적 성격에 주체성이 떨어지고 사람의 영향을 받기 쉽다.

③ 삼각귀는 지적이고 두뇌 총명하다.

삼각귀의 형태는 귀의 상부가 넓고 크다. 아래 부분은 갈수록 가늘고 좁아지는 역삼각형으로 귓불이 없거나 없는 것에 가까운 것이다. 이 귀의 소유자는 상품으로 지적인 두뇌이며 총명하다. 정신적인 면이 물질적인 면보다 강한 성격이다. 쿨한 사람이다. 인간관계는 그다지 능숙하지 못하다. 금전적으로 풍부하지 못한 경향이 있다.

④ 둥근귀는 협조심이 있어 인망이 크다.

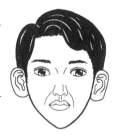

둥근귀는 살이 두터운 지방질 형이다. 하부(귓불)가 발달해 있는 둥근 귀이다. 귓바퀴가 확실한 것은 의지가 강하고 온후 원만한 성격으로 협조성이 있어 대인관계가 좋고 만인에게 사랑받는 타입이다. 신체 강건하고 행동적이며 금전운도 풍성하다.

⑤ 사각형의 귀는 자아가 강한 마이페이스이다.

사각형은 살이 단단한 근육질의 귀이다. 귓바퀴가 밖으로 나와서 단단하며 개성인 자아가 강하고 의지와 실행력이 대단하다. 완고하고 강인한 성격으로 보통 마이페이스이다. 인간관계에 있어서도 성격이 나오기 때문에 사람에게서 싫어함도 당하고 트러블이 있다.

⑥ 존슨형 귀

- 약간 풍만하다.
- 물질주의적이다.
- 근시안적 사고.
- 자기본위로 큰 뜻이 없다.

⑦ 케네디의 귀

- 그림은 전 미국 대통령 케네디의 귀이다.
- 전형적인 서구형이다.
- 귓방울이 없고 귀 끝이 칼날처럼 생겼다.
- 자기방어력과 경계심이 약하다.
- 관찰력이 뛰어나고 정신적인 면이 성숙하다.
- 뜻이 커서 큰 꿈을 갖고 있다.

⑧ 목형의 귀

목형의 귀

- 귀가 뒤로 뒤집힌 모양. 귀의 폭이 좁으며 길다.
- 부모형제와 연이 박하고 가난하다.
- 자식운도 좋지 않다.

⑨ 화형의 귀

- 귀의 윤곽이 단단하며 수주가 있다.
- 뒤로 젖혀진 상. 고독하다.
- 장수한다.

화형의 귀

⑩ 토형의 귀

- 귀가 살찌고 단단하고 두텁다.
- 빛이 붉고 수려하며 부귀의 상.
- 가정이 화평하고 장수하고 고위 관직에 올라 영화가 있다.

토형의 귀

⑪ 금형의 귀

- 귀가 얼굴빛보다 희고 수주가 있다. 눈썹 위에 높이 있어 부귀공명을 누리는 상이다.
- 말년에는 처자를 극하고 외롭다.

금형의 귀

⑫ 수형의 귀

귀가 둥글고 두텁다. 귀가 단단하고 굵다.
수려하여 부귀를 누리는 상.
황궁에 출입하며 이름을 높인다.

수형의 귀

⑬ 첩뇌의 귀

- 귀의 윤곽이 단단하고 눈을 누르며 눈썹을 누르는 듯한 모양이다.
- 총명하고 고위직에 오른다.
- 가문이 번창하고 장수한다.

첩뇌의 귀

돼지형의 귀

⑭ 돼지형 귀

- 귀의 윤곽이 분명치 않고 귀가 두텁고 뒤로 젖혀지며 수주가 늘어졌다.
- 일시적으로 부귀를 누리나 나이 들어 실패가 잦고 고독하고 가난하다.

개화귀

⑮ 개화귀

- 귓바퀴가 뒤집히고 엷은 모양.
- 좋은 상이 아니다. 재산을 탕진하는 상.
- 말년은 가난하다.

저반의 귀

⑯ 저반의 귀

- 귀가 뒤로 젖혀지고 낮게 붙어 있다.
- 고독하고 단명하며 재물이 흩어진다.
- 가난하고 고독하다.

수견귀

⑰ 수견귀

- 귀에 살이 많아 풍만하고 수주가 길게 늘어지고 눈썹 위에 높이 있다.
- 살결이 곱고 수려하다.
- 제왕에 오를 상이다. 천하에 이름을 날린다.

⑱ 기자귀

- 귀의 모양이 둥그스럼하고 모양이 뚜렷하여 두 개의 귀가 똑같은 모양이다.
- 혼자 힘으로 가문을 일으키며 중년에 큰 부를 이루어 부호의 반열에 오른다.

기자귀

⑲ 부채귀

- 귀의 모양이 앞으로 향하여 마치 부채가 바람을 일으키는 형상.
- 부모의 유산을 받아 없애는 탕아의 상.
- 초년은 길하나 중년 말년은 패가하여 가난하다.

부채귀

⑳ 호랑이귀

- 호랑이귀는 귀가 자그마하고 귀의 윤곽이 기울어져 있다. 모양이 귀이하다.
- 위엄 있는 상이나 간사하다.

호랑이귀

㉑ 쥐형의 귀

- 귀가 위로 향하며 쫑긋하고 살은 엷으며 귀 뿌리는 뾰족하고 뒤로 젖혀진다.
- 미련스럽고 도벽이 있으며 남과 즐겨 싸운다.
- 패운이 짙어 말년에 형액이 있고 고독하다.

쥐형의 귀

㉒ 노새의 귀

- 일명 당나귀 귀라고 하는 것으로 귀의 모습이 뚜렷하고 살이 찐 모양.
- 수주가 있어 당나귀 귀처럼 쫑긋하다. 빈천의 상.
- 장애가 많아 인생길이 험하다.

노새의 귀

㉓ 화살귀

- 귀가 눈썹 위에 붙어 있으며 화살 모양으로 귓불에 수주가 없다.
- 초년은 운세가 좋으나 말년에 패가하여 재산을 탕진하고 발 빠르게 움직이나 소득이 없다.

화살귀

9. 이마의 관상

(1) 이마로 지성과 가정환경을 본다.

이마는 지식의 창고인 동시에 그 사람의 기본운을 본다.

"이마를 맞댄다"라는 말은 지혜를 짜내는 의미로 이마는 그 사람의 지성, 지능, 지식을 종합한 지력(知力)과 가정환경 등을 본다. 관상의 12궁(宮)에서 이마는 관록궁(官祿宮)이라고 하며 윗사람이 뒤를 돌봐주거나 도움을 줘서 얻을 수 있는 지위, 출세, 그에 상응하는 금전운 등을 보는 한편 교섭의 성공 여부를 보는 부분이기도 하다.

이마는 머리가 나 있는 부분부터 눈썹 위 부분까지의 사이를 말하며 손가락 세 개의 넓이가 표준넓이이다.

이마가 옆으로 넓은 사람은 시야가 넓고, 좁은 사람은 시야가 좁다. 이마가 세로로 넓은 사람은 느긋한 성격이고, 좁은 사람은 성격이 급해 인간관계가 서툴다.

또 이마가 너무 넓은 사람은 성적 욕구가 강하고, 이기적인 면도 있고 다정다감한 사람이 많은 반면, 이마가 너무 좁은 사람은 소심하고 정이 없고 투쟁심이 강한 본능적인 성격으로 자기 억제 능력이 결핍되어 있다.

좋은 이마라 함은 넓고 빛이 나고 반듯하며 너무 굴곡이 있거나 주름, 반점, 검버섯, 상처, 죽은 점이 없는 이마를 말한다. 거기에다 튀어나온 뼈 부분에 살집이 두둑하게 있어 조금 튀어나온 듯하게 보이는 이마를 갖고 있으면 총명함이 보인다.

(2) 이마의 5가지 종류

① 남성 이마는 자아가 강하고 실행력이 있다.

남성 이마는 각이 진 이마라고도 하며 이 이마를 가진 사람은 밝고 적극
적인 성격이고 행동적이긴 하지만 완고한 면도 있
다. 현실적으로 상황 판단력이 빠르고 기민한 대응
을 하며 실무 처리 능력이 뛰어나다.

남자 이마의 특징인 현무(玄武)이마를 한 사람은
머리가 좋고 의지가 강해 행동력도 있다. 여성이 이
이마를 한 사람은 커리어 우먼으로 자아가 강하고
총명하며 실행력이 좋다.

남성형 이마

② 원숭이 이마는 순수하고 인내력이 강하다

원숭이 이마를 한 여성은 협조성이 있고 순수하며
상냥하고 섬세한 여성스러운 사람이다. 정조 관념도
강하다고 하겠다. 남자가 이런 이마를 하고 있으면
겉보기에도 약한 느낌이 들어 여자처럼 부끄럼도 타
고 말씨나 언동도 차분하며 소극적이고 신경질적인
성격의 소유자이다. 그러나 노력가로 강한 인내력도
있다. 사람 됨됨이가 좋아 사람을 부리는 쪽보다 밑
에서 서포트(support)하는 쪽이 더 적합하다고 하겠다.

원숭이 이마

③ M자 이마는 창조적인 발상을 한다.

M자 이마는 양모서리가 벗겨져 있는 M자로 넓게
되어 있는 이마를 말한다. 상상력이 풍부한 사람으
로 생각지도 못한 창조적인 발상의 소유자로 두뇌가
명석하고 집중력도 뛰어난 사람이다. 단지 완고하고
독선적인 면이 있어 타인의 의견을 그다지 듣지 않

M자 이마

으려고 하는 결점도 있다. 이론적이고 강인한 성격이지만 인간을 배려하는 마음도 있고 체력도 좋아 스포츠가 특기인 사람도 있다.

여어나온 이마

④ 튀어나온 이마는 활동적이고 생활의 지혜가 있다

튀어나온 이마는 이마의 가운데 부분이 둥글게 나온 이마를 말한다. 옛날부터 튀어나온 이마는 짱구라고도 한다. 이 이마는 개성이 강하고 재능도 있고 감이 좋아 기억력도 뛰어나다. 활동적이고 살아가는 데 일 처리를 지혜롭게 하는 능력도 있다.

사교성, 협조성이 있고 인기가 좋은 타입이다. 질투심이 좀 강하다는 게 결점.

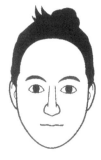

여자 이마

⑤ 여자 이마는 성실하고 노력가이다.

여자 이마는 머리카락이 나 있는 부분이 둥근, 여성에게 많은 이마이다. 이 이마를 한 사람은 성실하고 노력가이다. 일을 잘하며 금전감도 좋기 때문에 금전운도 좋다.

남성이 이 이마를 하고 있으면 성격도 여성스럽고 상냥하며 온화하다. 성실하며 사람 됨됨이도 좋다고 하겠다.

(3) 이마를 삼등분해서 추리력, 기억력, 직감력을 알아본다.

이마는 그림처럼 상부(上部), 중부(中部), 하부(下部) 세 등분으로 나눌 수가 있다. 상부는 천중(天中)이라고 하며 이 부분이 나온 사람은 추리력이 특히 뛰어나고 예지력이 있다. 창조력, 상상력, 반사 능력이 발달해 있고 선악의 판단 능력도 좋다.

중부는 관록이라고 하며(이마 전체를 나타내는 말이기도 하나 특히 이 부분을 가리키는 경우가 많다.) 이 부분이 나와 있는 사람은 기억력, 판단력이 뛰어나고, 책임감, 상식이 있으며 치밀한 성격이다. 출세할 타입이며 금전운도 있어 고소득으로 안정적인 생활을 한다.

하부는 천창(天倉)이라고 하며 직감력을 나타낸다. 이 부분이 나온 사람은 관찰력, 결단력이 뛰어나며 숫자에도 강한 것이 특징. 합리적으로 현실적인 성격인데다가 집중력도 있어 금전운도 있다.

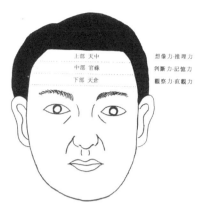

(4) 이마의 주름으로 인생의 안정도를 알 수 있다.

이마에 주름이 가로로 같은 간격으로 세 개가 나란히 뚜렷하게 나 있는 사람은 그다지 흔하지 않지만 이런 주름을 절조선(節條線)이라고도 한다. 이 선이 세 개가 확실하게 나 있는 사람은 현실적이긴 하지만 너무 진지하고 꼼꼼한 성격이다. 희망이 넘치는 인생으로 생활도 안정되어 있다.

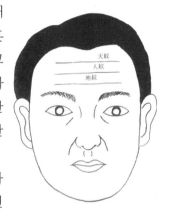

또 이 주름이 양끝 쪽이 위로 올라가 있는 사람은 적극적인 성격이고 밑으로 향해 있으면 소극적인 성격이다.

사십이 넘어서도 이마에 주름이 하나도 없는 사람은 정말로 운이 좋던지 아니면 인덕이 좋거나 아주 원만한 인간관계로 모든 사람에게 사랑을 받는 사람, 또는 천성이 낙천적으로 인생을 즐길 줄 알며 게다가 진취적인 성격이 강해 사회적, 가정적으로 굳이 안정을 취하려고 하지 않는 사람으로 여겨지기도 한다.

거꾸로 30세 정도부터 이마에 주름이 있는 사람은 매사를 건실하게 생각하고 있거나 좀 사서 걱정을 하는 성격이기도 하다.

이마에 있는 세 개의 주름 중에서 제일 위에 있는 선을 천문(天紋)이라고 하며 부모, 손윗사람, 상사의 도움을 받는 운이 좋은 사람이다. 천문이 옆선으로 깨끗하게 일직선이면 좋은 회사에 취직을 할 수 있고 인간관계도 원만해서 손윗사람의 도움을 받아 빠르게 출세할 운이 강하다. 이마 한가운데 주름을 인문(人紋)이라고 하며 건강 상태, 능력, 실행력, 의지력으로 인생을 개척해 나가야 할 타입이다. 이마의 맨 밑의 주름을 지문(地紋)이라고 하며 부하의 협력이나 정적(情的)인 면을 본다. 이 선이 확실하게 있는 사람은 타인의 도움을 받고 부하나 손아랫 사람의 협력이 좋은 타입이다.

① 이마의 주름

사람이 나이 먹어 세월이 흐름에 따라 주름이 생기고 늘어난다. 미간은 찌푸리고 문제를 심각하게 생각할 때 생기기도 하고 기뻐하거나 슬퍼할 때 주름이 잡히기도 한다.

② 이마에 세 개의 주름

- 첫째 : 위 주름은 본인의 운세, 윗사람과의 관계를 나타낸다.
- 둘째 : 중간 주름은 건강 상태나 금전운을 본다.
- 셋째 : 밑에 있는 주름은 가족운, 아랫사람과의 관계를 보여준다.

③ 이마에 세 개의 주름이 있다.

- 건강하여 장수한다.
- 인내심이 강하고 인격이 고결하다.
- 기억력이 좋고 예민하다.
- 신중함을 익히면 성공한다.

④ 이마의 물결치는 세 개의 주름

- 대인관계 인연이 박하여 고독하며 파란이 많은 운세이다.
- 생각과 행동이 자주 바뀐다.
- 돈복이 약하다(지출이 많다).

⑤ 이마에 물결치는 주름 세 개가 가운데를 비워두고 양쪽에 있다.

- 성품이 신경질적이고 소극적이다.
- 우유부단하고 일은 하나 성과가 없다.

⑥ 이마에 하나뿐인 큰 주름

- 초년 불운, 고난의 상.

⑦ 이마에 十자 주름

- 돌발사고 또는 교통사고.

⑧ 모가 난 이마(네모진 이마)

- 대개 첫 아들인 경우 이마가 모가 난다. 결단력이 있고 패기가 있다.
- 여성의 경우 사회 활동하는 캐리어우먼이다.
- 결혼생활은 좋다고 할 수 있다.

⑨ 각진 이마(M자형 이마)

- 소극적 우유부단. 근심성이 지나치다.
- 정이 많다. 가정적이다.
- 고집이 있다.

⑩ 아치형 이마(──)

• 예술가형 아치이마. 감성적이다.
• 순종성이 있으나 우유부단하다.
• 성실하며 재물을 축적한다.

⑪ 흩어진 이마

• 비도덕적이다.
• 반항아로 직장에서 환영받지 못한다.
• 말썽을 야기하니 자제력을 길러야 한다.

⑫ 이마에 세 개가 넘는 주름살이 있다.

나이 들어 생기며 건강하게 장수하는 선이며 출세도 한다.

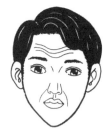

⑬ 세 개의 주름살이 밑으로 처져 타원형을 이룬다.

• 직감력이 뛰어나며 점차 발전하는 타입.
• 마음이 나쁜 사람도 가끔 있다.

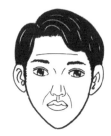

⑭ 이마에 가로 주름살이 하나 있다.

• 집착력이 강하여 남성적이다.
• 이기주의여서 남을 살피지 않는다.

⑮ 이마에 임금왕(王)자가 새겨 있다.

- 활동적이고 기백이 있다. 지혜도 있다.
- 부자의 상으로 장수하며 남보다 앞에 자리 잡는다.

⑯ 이마에 여러 개의 가로선이 물결친다.

- 직감력이 있지만 집착력이 약하다.
- 지혜 있어 열심히 노력한다.
- 일을 적당히 하는 습관이 있다.

⑰ 이마에 가로 두 선 위에 또 하나의 선이 끊어 져 있다.

- 소극적이며 우유부단한 성격.
- 남과 비협조적이다.
- 제멋대로여서 부부 불화.
- 남의 도움이 없다.

⑱ 이마에 세 개의 선 중 가운데가 끊어져 있다.

- 몸에 질병이 따른다.
- 실패하여 고난을 겪는 상.

⑲ 이마의 세 개의 가로선 중 밑에가 끊어져 있다.

- 가족운이 박약하다.
- 남의 도움이 적다.
- 홀로 인생, 고생이 있다.

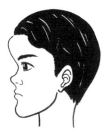
⑳ 이마의 윗부분이 튀어나왔다.

- 도전적으로 뛰어나 종교나 교육가로 크게 성공할 상이다.

㉑ 이마의 중앙 부분이 돌출되어 있다.

- 이런 상은 기억력이 뛰어나 정신과학 분야에서 크게 성공할 것이다.

㉒ 이마가 약간 나온 사람.

- 사교적이며 탐구욕이 강하다.
- 체력이 약하다.

㉓ 이마가 울퉁불퉁 들어가고 나왔다.

- 윗사람과 불화한다.
- 직장을 자주 바꾼다.

㉔ 이마가 들어가 있다.

- 노력형이다.
- 이성이 부족하다.

㉕ 이마가 넓다.

• 성격이 세심하고 총명하다.
• 두뇌가 명석하여 사리판단이 빠르다.
• 윗사람의 신임이 있어 크게 성공한다.

㉖ 이마가 좁다.

• 요령이 없어 고생한다.
• 윗사람의 신임이 약하다.

㉗ 이마가 옆으로 나왔다.

• 두뇌 총명하고 관찰력이 뛰어나다.
• 조직력이 탁월하다.
• 뛰어다니는 형.

㉘ 이마가 앞으로 나왔다.

• 성품이 관대하며 재치있다.
• 남을 이해한다.

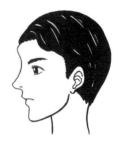

㉙ 이마 위는 들어가고 밑이 나와 있다.

• 발전적이며 관찰력이 뛰어나다.
• 성공이 빠르다.

㉚ 세 개의 주름 중 위 천문 한 선이 진하다.

- 사회운이 좋다.
- 질투심이 많다
- 자기 중심적이다.
- 나이들어 고독하다.

㉛ 주름 중 가운데 인문 한 선이 진하다.

- 건강하다. 독립심이 강하여 재운도 따른다.
- 가족은 불화한다.

㉜ 주름 중 밑에 지문 한 선이 진하다.

- 주위 사람과 가정을 잘 돌봐 행복하다.
- 인내심이 있고 성실하다.

㉝ 주름이 잔물결처럼 흔들린다.

- 소극적이고 우유부단하다.
- 겁이 많고 고생도 있다.
- 남의 말에 휘둘린다.

㉞ 가운데 인문이 두텁고 길다.

- 감각이 예민하고 생각이 깊다.
- 끈질긴 노력형.
- 자기 중심적으로 행복을 만든다.

㉟ 이마에 주름살이 점선처럼 엉켜있다.

• 고난의 흔적.
• 노력으로 현실을 극복함이 긴요하다.

㊱ 여러 개 가로 주름살에 가로지르는 세로 주름
   살이 중간에 있다.

• 무인 기질, 군인으로 성공할 가능성이 있다.
• 사고 조심.

10. 미간의 관상

미간은 눈썹과 눈썹의 사이의 곳으로 관상학에서 인당(印堂)이라 하여 이의 기색에 따라 현재 운세의 판단을 하는 곳으로 인당이 밝고 청명하면 운세가 크게 호전되며 흐려지면 생사에 관련되는 큰 사고를 예지할 수 있다고 한다.

(1) 미간의 가로주름 세 개

- 격정적이고 집념이 강하여 일에 열심이다.
- 세상일에 밝고 인정도 있다.
- 내조를 잘하고 마음이 온순하다.

(2) 미간에 세로주름 세 개

- 작은 일에 속 태우며 꼼꼼하게 신경질적이다.
- 노력하는 형, 진실하며 양심적이다.
- 걱정이 만들어낸 선이다.

(3) 미간에 세로주름 여러 개

- 양심적이나 고지식하고 신경질적이다.
- 요령을 피우지 않고 열심히 노력하는 형. 자신에 대하여 엄격하고 경제 감각이 있어 부자가 될 소지

있다.
- 인생에 고난이 있어 남보다 배의 노력이 있어야겠다.
- 이 선은 피부의 긴장과 완화에 의해서 생긴다고 한다.

(4) 미간의 형태

① 미간(인당)이 넓다.

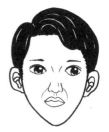

이곳이 밝고 청명하면 운세가 좋고 사이가 넓다면 온건한 성격으로 도량이 크고 항상 깊은 관찰력과 사고력이 있다. 여자는 정조 관념이 약하다고도 본다.

② 좁은 미간(인당)

꼼꼼하고 소심하다. 머리는 명석하다. 커서 질병이나 재난의 위험이 있다.

③ 눈썹과 눈의 사이가 떨어져 있다.

성품이 온화하고 마음이 넓고 직관력이 탁월하며 오래 산다.

④ 눈썹과 눈이 거의 붙어 있다.

질투심이 강하고 남에게 쉽게 속아 넘어가며 상식적이지 못하고 관찰력이 약하다.

⑤미간에 가로 두 개의 주름

인정에 약하다. 남의 일을 떠맡아 생고생한다.

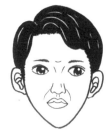

⑥미간에 가로주름이 한 개 있다.

가난한 상. 질병이 따른다.

⑦미간에 세로주름이 두 개 있다.

추진력이 있다. 분수를 알고 판단력이 뛰어나며 지도 자형이다.

⑧미간에 세로주름이 한 개 있다.

경제감각이 있다. 엄격한 성격. 언행이 분명하다.

⑨미간 양쪽에 팔자(八)선이 있다.

한가지 일에 몰두하지 못하고 불만이 많다.
가난한 상으로 남의 탓만 한다.
일은 시작하나 끝을 못 낸다.

⑩ 미간의 양쪽 두 선

성격이 까탈스럽다.
선견지명이 있고 배짱이 있어 한 분야에서 성공한다.

⑪ 미간의 중앙에 한 선이 있다.

엄한 성격
감정이 앞서 격하며 욕구불만이 쌓여 새겨진 것이다.
말년은 고독하다.
금전욕이 강하여 항상 고뇌하는 타입이다.
경제관념이 강하여 크게 성공한다.

⑫ 미간 한쪽에 비껴 사선이 있다.

자부심이 강하여 불만이 많다.
자존심이 강해 남을 깔본다.
질투심도 심하다.

⑬ 미간 한쪽에 한 선이 있다.

성급하여 감정적이다.
남에게 해를 끼친다.
가난한 상이다.

II. 턱으로 부동산과 포용력을 본다

(1) 턱으로 포용력과 부동산 운을 본다.

턱에 관한 말로는 '턱을 내놓다' (몹시 지치다), '턱으로 사용하다' (사람을 턱으로 부리다), '턱을 쓰다듬다' (득의양양하다) 등 일상적으로도 자주 사용되고 있다. 턱은 얼굴을 3등분할 경우 밑부분으로 지(知), 정(情) 본능적인 면을 보는 곳으로 다른 이름으로 '지각' 이라고 한다. 턱은 일반적으로 얼굴의 밑부분을 가리키지만 귀밑의 양쪽 부분, 즉 하관과 턱의 중앙 부분 아래턱을 포함해 총칭하는 것으로 본다.

턱의 골격의 굵기, 생김새, 살집 등으로 의지력, 결단력, 지구력, 포용력, 지도력, 성실함 등 내면적인 부분과 토지, 가옥 등 부동산운, 건강운, 가정운, 애정운, 부하운 그리고 46세 이후의 만년운 등 종합적인 운을 본다.

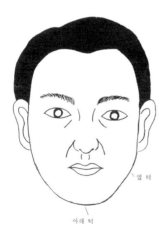

옆 턱

아래 턱

하관은 그 사람의 고집과 의지의 강약을 나타내고 좌우로 하관이 발달한 사람은 고집이 강하고 대범한 행동을 하며 본능적으로 욕망이 왕성하다. 또 이런 사람은 고집이 셀 뿐 아니라 자신의 생각에 구애되는 성격이라 다른 사람의 의견을 들으려고 하지 않는다.

집념이 강한 것도 특징이다.

거꾸로 하관이 없거나 발달하지 않은 사람은 의지가 약하고 타인의 생각에 영향받기 쉬우며, 자신의 감정에도 휘말리기 쉽다. 좋은 턱이란, 턱의 살집이 적당히 둥글고, 팽팽하며 골격이 튼튼한 턱을 말한다.

이런 턱을 가진 사람은 포용력이 있고 의지가 강하며, 그리고 부동산, 건강, 애정, 부하 등 생활의 모든 면이 윤택하다.

그러나 물렁물렁한 탄력이 없는 살집의 턱을 가진 사람은 몸은 약하고 스태미나가 없으며 지병을 가지고 있다. 성격은 야무지지 못하며 본능적으로 식욕, 성욕 등 쾌락을 추구하며 보기에도 단정치 못하다.

얼굴 전체의 밸런스로 볼 때 턱만이 유난히 발달한 사람은 자아가 강하고 제멋대로이며 고집쟁이이고 심술궂은 곳이 있다.

턱 자체에 살집이 없고 빈약하지만 하관만이 눈에 띄게 발달한 사람은 고집이 센데다가 반항적이고 자기의 일만 생각하는 이기적인 성격이다.

또 턱이 넓고 풍요로운 사람은 넓은 토지와 큰집을 가질 수 있다. 턱이 가는 사람은 작은집에 사는 경향이 강하고 큰집에 산다 하여도 집안에 물건이 많아서 결과적으로는 좁은 장소에서 생활하는 것이다.

① 가는턱은 진실하고 치밀하다.

가는턱은 골격이 가늘고 지방도 근육이 적고 가냘프고 뾰족한 턱이다.

이 턱의 소유자는 항상 냉정하고 성실한 성격이다. 인간관계가 별로 좋지 않고 이기적이고 의뢰심이 강하고 실행력은 약하다.

치밀한 계산이 강하고 지식욕이 왕성치 못하고 머리를 써 매사를 처리한다. 금전과 지위나 명예에 관심을 갖는 타입이다.

② 이중턱은 돈복이 있고 건강하다.

이중턱은 턱에 살집이 이중으로 보인다. 이 턱의 소유자는 애정이 풍부하고 포용력이 있다. 인덕도 있고 사교성도 뛰어나며 인간관계, 돈복, 건강을 타고났다.

(2) 턱의 길이로 본다.

① 긴턱을 가진 사람은 서비스 정신이 있다.

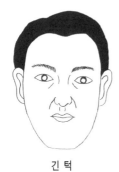

긴턱 사람은 원만, 온후하며 성품이 좋고 인간성이 좋다. 서비스정신이 왕성하고 다른 사람을 열심히 잘 도와주지만 정에 얽매이기 쉽고 분위기를 타기 쉽기 때문에 경박한 구석이 있다.

애정을 듬뿍 받은 행복한 사람, 정에 약하고 사람 사귀길 좋아한다. 마음이 여려 남에게 이용을 잘 당한다. 투기나 일확천금을 꿈꾸며 재산을 탕진한다.

긴 턱

② 짧은 턱의 사람은 조심성이 강하다.

짧은 턱의 사람은 조심성이 많고 의심이 많아서 사람을 별로 신용하려고 하지 않는다. 이기적인 성격으로 제멋대로이다. 취미는 여러 가지로 다채롭지만 인내력의 결여로 잘 싫증내는 타입의 사람이다.

말만 앞서고 실천력이 약하다. 애정의 결핍도 있다.

짧은 턱

(3) 주걱턱, 움푹 패인 턱

① 주걱턱의 사람은 낙천가

주걱턱의 사람은 개성이 강하고 정력적이다. 낙천적인 성격으로 사물에 구애받지 않는 의지가 강하고 결단력, 실행력이 뛰어나고 재능이나 체력에 부족함이 없다.

일하는 것을 좋아하며 근성도 있고 일에서는 반드시 성공하는 타입.

주걱턱

그러나 사물에 대해 짐작으로 말하거나 생각하는 바를 너무 솔직히 이야기해 적을 만드는 것이 결점이다.

- 독불장군형
- 신중하게 면밀한 몽상가이다.
- 소극형으로 피동적이다.
- 의지가 다소 약하다.
- 가난한 형이다.
- 실행력이 약하여 애정에 기복이 있다.

② 움푹 패인 턱을 가진 사람은 걱정이 많다.

움푹 패인 턱의 사람은 근심이 많고 쓸데없는 걱정을 자주한다.
소극적인 성격으로 패기가 없으며 냉정한 구석이 있다.
생명력이 약하고 의욕이 없으므로 생활력이 결여되어 있다.

(4) 살집이 두터운 턱, 살집이 얇은 턱

① 턱의 살집이 두터운 사람은 결단력이 있다.

살집이 두터운 턱은 옆에서 봐서 뼈에 살이 두텁게 붙어 있는 턱이다. 이런 턱을 가진 사람은 애정이 풍부하고 결단력이 뛰어나며 의지가 강하다. 포용력도 있어서 부하가 따른다. 부동산에도 운이 매우 좋으며 만년에는 손자들에 둘러싸여 행복한 생활을 할 수 있다.

턱에 살이 많음

② 턱의 살집이 얇은 사람은 성질이 편벽하고 완고하다.

살집이 얇은 턱은 옆에서 봐서 뼈가 두드러지고 야윈 턱이다. 이런 턱을 가진 사람은 지적이지만 주체성이 없기 때문에 타인의 안색을 살펴 행동하고 사람에게 휘둘리는 경향이 강하다. 신경질, 게다가 이기적 성격으로 애정도 담백하다.

턱에 살이 없음

또 편협하고 완고해서 고집불통인 부분이 인간관계에도 나타나고 금전적으로도 풍족치 못하며 만년에는 고독하게 지내기 쉽다.

③ 뾰족한 턱의 사람은 감수성이 예민하고 선견지명이 있다.

뾰족한 턱의 사람은 감수성이 예민하고 신경질적으로 소극적인 성격이다. 감정적으로 되기 쉽고 도량이 좁다.

협조성이 부족하고 이기적으로 정이 없는 면이 있다. 정신적으로는 성장이 덜 되어 의리심이 강하고 허세를 부리기도 하며 인내력과 체력이 결여되어 있다. 그러나 지적으로는 취미가 다양하여 문학, 미술, 음악, 예능, 컴퓨터 등에 재능을 발휘한다.

시대를 꿰뚫어 보는 선견지명이 있으나 부동산운에는 기복이 있고 주거나 직장을 바꾸기 쉽다.

무턱

④ 턱이 없는 사람은 주체성이 결여되고 의지가 약하다.

턱이 없는 것처럼 보이는 빈약한 턱의 사람은 주체성이 결여되어 있고 의지도 약하여 아무 계획없이 그때그때 되어가는 대로 하는 주의다.

이성의 유혹에도 약하고 귀가 얇으며 문제가 끊이지 않는다. 성격이 야무지지 못하고 항상 기분내키는 대로 행동하여 타인에게 폐를 끼치는 사람이다.

• 마음이 점잖치 못하다.
• 재산 탕진, 가정 불안, 언쟁이 많다.

(5) 턱의 형태 4종

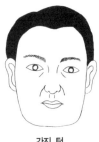

각진 턱

① 각진턱

• 성공하는 사람에게 많다
• 부지런하고 행동가이다.
• 의지가 강하다.
• 초년은 다소 고난이 있으나 만년에는 안정적이고 편안하다.

② 모가 진 턱의 사람은 현실적이고 근성이 있다.

모가 진 턱이란 골격이 크고 사각으로 모가 지고 살이 팽팽한 근골질의 턱이다. 체력이 강하며 의지가 강하고 인내력도 있어 목표나 목적이 정해지면 끝까지 완수하는 마이페이스형의 노력가이다. 합리적, 현실적 성격인 반면 완강하고 이론이 앞서며 지는 것을 싫어하며 사물에 대해 둔한 곳이 있다. 사람의 마음을 이해하지 못하며 정이 결핍된 것이 결점이다. 이런 타입으로 지성적인 면이 결여된 사람은 집념이 강하고 강인한 성격이 화가 되어 고립된다.

또 근육이 없이 뼈의 형태만으로 하관이 발달한 사람은 비뚤어진 마음이 강하여 인간관계에서 손해보기 쉽다.

③ 갈라진 턱

턱의 중앙이 움푹 패인 사람은 감수성이 예민하고 신경질적 성격이지만 정열적이어서 사물에 금방 감동하는 타입이다.

집중력이 있고 자기 억제와 강한 의지의 힘으로 자기표현을 예술로 승화시킨다. 창조적인 분야에 재능을 발휘한다.

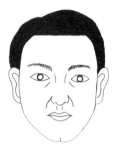

턱의 한가운데가 갈라짐

- 불특정 다수의 인기를 얻는 배우 또는 스포츠맨으로 성공하는 사람이 많다.
- 모험심이 강하다.

④ 둥근 턱은 포용력과 신뢰성이 있다.

둥근 턱은 지방이 뼈에 붙어 있기 때문에 살집이 윤택하고 둥글어진 턱이다. 이 턱의 사람은 도량이 넓고 협조성이 있어서 성격은 원만하다. 그리고 대범하고 느긋하며 안정된 분위기를 지니고 있다.

포용력이 있어 남을 잘 돌보며 인망도 있어 남에게 신뢰받는다.

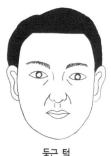

둥근 턱

일에도 충실하며 가정과 자식의 복이 있는 행복한 사람이다.

• 자아욕이 강하다.
• 성격이 낙천적이고 만년에는 복이 있고 행복한 상이다.

(6) 턱의 폭으로 본다.

넓은 턱

① 넓은 턱의 사람은 애정이 풍부하고 포용력이 있다.

넓은 턱의 사람은 무슨 일에든 적극적이며 현실적으로 남성적 성격이다. 의지가 강하고 도량이 넓으며 마음이 넓다.

애정이 풍부하고 포용력, 지도력이 있으며 성실한 성품이다. 현실적이기 때문에 특히 업무 처리 능력이 뛰어나다.

성욕이 강하며 오만한 성격이다. 자녀복이 있다. 의리 있고 강한 행동력이 있다. 애정이 많고 관용성이 많다.

좁은 턱

② 좁은 턱

자신의 생활도 책임 못 지고 생활력이 약하다.
두뇌는 좋으나 실천력이 약하고 사랑을 꿈꾸는 몽상가이다.

12. 털의 관상

(1) 모발로 건강을 알 수 있다.

털은 크게 나누어 머리털, 눈썹, 수염으로 나눈다.

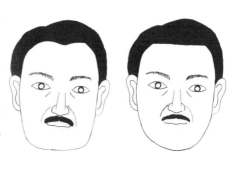

옛부터 털은 신체의 여분의 것으로 피가 만드는 것으로 여겨져 왔다. 신체의 장기로는 심혈(心血)과 콩팥에 속한다. 신체가 건강하거나 몸의 조화가 좋은 경우 털이 잘 자라고 길다고 잘라 말한다. 신체의 조화가 좋지 못할 경우 털이 자주 빠지고 끊어지며 풍성하지 못하다. 나이 들어 백발이 되면 양친의 유전인자가 큰 것이며 연령에 따라 털은 변화한다.

최근에 밝혀진 바에 의하면 스트레스가 원인으로 모발의 노화 현상은 연령과 무관하게 진행되는 경우가 점점 늘어가고 있다.

① 딱딱한 털, 부드러운 털

• 털이 딱딱한 사람은 의지가 강하고 행동적이다.

완고하고 자아가 강하고 유연성, 협조성이 적다. 적극적 성격에 의지가 강하고 행동적이며 건강한 육체도 갖고 있으며 혈압도 낮다.

• 부드러운 털은 신경이 날카롭다.

부드러운 털의 소유자는 애정이 풍부하고 세심한 배려의 소유자다. 창조성이 풍부하고 성격은 신경질이 있고 감수성이 예민하며 두뇌가 명석하고 신체는 강건하다고 할 수 없고 혈압이 높다. 유화한 성격 지구력이 뛰어나다.

② 굵은 털, 가는 털

• 굵은 털의 소유자는 인내력이 있다.

적극적 성격에 야성적 면이 있고 행동력이 있다. 스태미나가 있다. 돈 걱정이 없다.

• 가는 털을 가진 사람은 지성적이다.

가는 털을 가진 사람은 소극적이다. 온화하고 지성적이다. 체력이 약하고 지구력, 인내력이 약한 면이 있다. 성격이 약하다.

③ 털의 색

• 흙빛의 사람은 정력적 활력이 있다.

체력이 넘치고 본능적 욕망이 강하고 원기가 넘친다.

• 붉은 털은 싫증을 잘 내는 성격이다.

집착력, 인내력이 적고 정열적인 면이 있다.

④ 백발은 스트레스를 나타낸다.

나이 들어 백발은 있을 수 있다. 그러나 젊어서의 백발은 유전적인 것과 정신적 스트레스로 인한 노화라고 본다. 스트레스성인 경우 대개 호르몬의 밸런스가 깨진 것으로 보며 대개 건강이 좋지 못한 상태라고 본다.

피가 탁하고 콩팥이 허한 즉 털이 빠지고 색이 희게 변한다.

• 흰머리, 즉 새치가 어려서 있으면 부모를 해치고, 곱슬머리는 음란하고 안정감이 적다.

• 수염이나 코털이 붉거나 노란색이면 남을 배신한다.

• 이마에 잔털이 많으면 조실부모하고 상처, 극부한다.

• 귓구멍에 긴 털이 있으면 장수한다.

• 사마귀 위에 긴 털이 여러 개 있는 자는 성품이 호걸의 기질이 있고 귀한 아들을 둔다.

• 젖꼭지에 털이 몇 개 있으면 귀한 자녀를 얻고 털이 너무 많으면 자식 얻기 힘들다.

• 배꼽이나 항문에 털이 있으면 성병에 걸리지 않는다.

• 성기에 음모는 부드럽고 적당히 있는 것이 좋고 딱딱하고 너무 빽빽하면 천하고 음란하다. 성기에 음모가 없으면 음란하고 천하다.

• 다리의 털은 관록이 좋고 복이 있다.

(2) 수염

수염은 입술과 코 사이에 난 털과 턱에 자라는 털과 귀의 앞쪽, 좌우 뺨에 남성 고유의 대장부의 표상이다.

터럭[털]이 심혈(心血)이라고 하는 것은 피의 남은 여분으로 만들어졌기에 그렇게 말하는 것이다. 산천(山川)에 비하면 송백(松柏 : 소나무와 잣나무)에 속하고, 인체의 오장 육부 중 신장(腎臟 : 불알)에 관여되며, 피의 흐름과 거름에 깊은 관계가 있다.

신(腎)이 허(虛)한 즉 터럭이 희어지며, 심(心)이 허하면 윤기가 없고, 기가 허하면 자라지 않으며, 혈(血)이 부족하면 잘 빠진다. 심(心)과 신(腎)이 강성하면 몸에 털이 많다는 것은 현대 의학으로도 판명되었으므로 두말할 필요도 없다.

고서(古書)를 보면, 인중[코와 입 사이]에 있는 수염은 자(髭 : 코밑수염 자)라 하고, 턱에 난 것은 수(鬚 : 턱수염 수)라 하며, 귀 앞쪽에 있는 털을 염(髯 : 구레나룻 염)이라 하고, 좌우 뺨에 있는 것은 빈(鬢 : 귀밑털 빈)이라 한다.

또 윗수염은 녹(祿)이라 하고 아랫수염은 관(官)이라 부르는데, 윗수염[녹]이 있고 아랫수염[관]이 없을망정 관이 있고 녹이 없는 것은 좋지 않다고 하였다.

관록은 없어도 되나 식록은 있어야 하는 것은 먹고 사는 생명이 더 중요하기 때문이다. 그러므로 윗수염이 있고 아랫수염이 없으면 소질은 있어 이름은 알려져도 허튼 짓을 잘하고, 비록 다른 부위가 길격을 갖추었을지라도 궁핍을 면하지 못한다.

수염은 검거나 희고 윤택하고 수려하며 맑아야 좋고, 듬성듬성하거나 붉거나 지저분하면 좋지 않다.

윗수염이 없으면 말년까지 무익한 일로 분주하며, 윗수염이 짧아 입술을 덮지 못하면 자손 덕이 없고 하는 일도 시간만 낭비한다.

아랫수염이 적당하지 못하면 큰일에 매듭이 없고, 처와 자손궁에 염려가 많다.

수염이 곱고 반질거리면 복록이 따르고, 불에 그을린 듯 건조하면 일마다 막힌다.

수염이 억세고 곧으면 성질이 급하고, 부드럽고 고우면 성품도 부드럽다.

수염이 쑥대처럼 우거지면 불성실하고 거만하며, 반대로 지나치게 부드러워 소털같이 누렇거나 바람에 날아갈 듯한 털 같으면 용기가 없는 사람이다.

수염이 돌돌 말리면 형벌을 받게 되고, 아주 없거나 가뭄에 콩 난 듯 너무 듬성듬성하여 살이 보이면 대를 이어갈 자손이 있어도 없는 것 같다.

여자가 수염이 감실거리면 중년에 과부가 되기 쉽다.

빈(鬢 : 양볼 앞에서 어금니까지의 부위)은 구레나룻을 뜻하는 것으로 얼굴의 채색인데, 이 구레나룻을 보고도 어질고 어리석음을 알 수 있다.

구레나룻은 검고 빛나고 맑고 가지런하고 물에 축인 것처럼 반질거리면 길상이지만, 누렇고 듬성듬성하고 지저분하면 좋지 않다.

시(詩)에, "군자는 구레나룻이 곱지 않은 사람이 없고, 소인은 입술이 붉고 구레나룻이 고운 사람이 없다." 하였듯이, 구레나룻이 풍부하고 맑으면 문장으로 벼슬을 얻고, 구레나룻이 깨끗한 데다 눈썹이 고우면 일찍이 출사하여 영귀함을 얻는다.

눈썹과 구레나룻이 듬성하고 아랫수염이 빽빽하면 광대나 노예의 신분이라고 본다.

사람의 머리털은 산악의 초목에 비유된다.

초목이 지나치게 무성하면 산악이 초목에 차광(遮光)되어 답답하고 침침하여 좋지 않다. 몸에 털이 **빽빽**하면 짧지 말아야 하고, 머리털이 드물면 길지 말아야 한다. 머리털이 짧더라도 검고 푸른빛이 감돌고 가늘고 광채가 나고 윤택하면 귀한 상이다. 살찐 이는 머리털이 적으면 좋지 않고, 마른 이는 머리털이 **빽빽**한 것을 꺼린다.

머리털이 거칠고 억세어 늣줄[배를 매어 놓는 새끼줄] 같으면 성격이 강하며 불의의 사고로 신체의 장애가 생기고, 머리털이 **빽빽**하게 엉키고 냄새가 나면 일마다 막혀 진전이 없다.

이마에 높직하게 머리털이 나 있으면 성품이 평화스러우며, 이마 뒤로 머리털이 수북하고 높으면 마음이 한쪽으로 치우치고 속이 좁고 빈천하다.

귀 가장자리에 털이 없이 맹숭맹숭하면 속에 칼을 품은 사람이고, 머리털이 눈썹에 바싹 붙어 엉킨 듯하면 재액을 많이 당한다.

머리털과 수염이 모두 듬성듬성하면 남는 재물과 양식이 없고, 머리털과 수염이 건조하면 늙도록 근심이 많다.

상법(相法)에는, "머리숱이 **빽빽**한 재상[정승]이 없고, 머리털이 빠지고도 건강한 사람이 없다." 하였다.

양쪽 이마에 붉은 머리털이 생기면 소송이 생기거나 구속되고, 늙어서도 머리털과 수염이 반질거리면 복을 누리고 건강하며, 젊은 나이에 털이 희거나 수염이 불에 그을린 것 같으면 박복하고 명도 길지 못하다.

머리털이 모두 흰데 얼굴이 불그레하면 신선같이 즐겁게 사는 사람이요, 얼굴빛과 털빛이 메마르면 쫓기면서 사는 사람이다.

머리털이 귀까지 바싹 침범하면 굶어죽을 염려가 있고, 구레나룻이 소라처럼 말리면 형벌이나 부상의 액이 있다. 이마 위의 앞머리털이 듬성하면 곤고가 많고, 누르면 육친을 극하고 방해자가 많다.

머리털이 비단실같이 깨끗하면 벼슬을 얻고, 머리털이 길더라도 듬성하면 늙도록 고생한다. 수염과 머리털이 어지럽게 엉키면 간사하고 교활한 무리요, 머리털에 붉은 기나 무늬가 생기면 교통사고나 전쟁에서 죽으며,

이마의 머리털이 빽빽하게 엉킨 이는 부모에게 재앙이 있다.

목[頸 : 목덜미]은 위로는 육양(六陽 : 머리통)과 통하고 아래로는 백곡(百谷 : 신체의 모든 부위)과 통한 곳이므로, 이 부위 역시 살피지 않을 수 없다.

옛 글에, "동량(棟樑)의 이치를 살피지 않으면 안 된다." 하였으므로, 위로 머리통을 받쳐 기둥이 되고 아래로 몸을 지탱하여 들보가 되므로, 높직한 곳에 의연히 자리잡은 것이 목이다.

살이 찌면 목이 짧아야 하고 마르면 목이 길어야 하는데, 이와 반대로 되면 빈궁하고 단명한다.

만약 목이 너무 길어 거위 목 같거나, 너무 짧아 돼지 목 같거나, 혹은 너무 굵거나 가늘면 모두 좋은 상이 아니다. 목이 짧아도 바르면 복록이 따르고, 가늘고도 기울면 빈천하다.

목은 몸과 머리를 받치는 기둥이다. 기둥이 기울거나 비뚤어지거나 허약하면 몸을 온전히 지탱할 수 없으므로 오래 살지 못한다. 목뼈가 툭 솟은 이는 재앙이 많고, 수염이 목 부위까지 돋은 이는 흉하게 사망한다.

마른 이는 목뼈가 솟으면 일마다 막히고, 살찐 이는 목뼈가 솟으면 명이 짧다. 목 뒤가 풍후하면 부자의 상이요, 목이 비뚤어지거나 굽으면 의지가 박약하고 빈곤하다.

목에 어루러기나 반점이 많아 살결이 지저분하면 성품이 비루하여 막히는 일이 많고, 목이 앞으로 전진하는 형세를 취하면 성품이 평화롭고 운이 길하며, 뒤로 물러나는 듯하면 마음이 허약하고 흉액이 따른다.

목이 단정하여 곧게 서면 마음이 바르고 복록이 따르며 지조가 곧은 사람이다. 범의 목은 마음이 선량하고 복을 누리며, 뱀 대가리처럼 굽으면 독하고 흉한 일이 자주 일어난다.

목이 얼굴과 균형을 이루면 복록이 지극한 귀한 신분이요, 목이 빈약해서 머리통을 감당하기 어려워 보이면 빈천하고 단명하며, 목살이 얇아 음식 넘어 가는 모습이 밖으로 보이면 헤아리기 어려울 정도로 빈천한 상이다.

(3) 수염으로 신장의 강함을 본다.

① 수염이 진한 사람

수염이 진한 사람은 적극적인 성격으로 양기도 활발하다. 행동이 대담하며, 애정은 섬세하고 남을 배려하는 마음과 용기가 있다. 수염을 포함한 털은 피의 여분이다. 기른 수염이 푸르고 진한 사람은 신장이 튼튼하다고 할 수 있다.

또 수염이 쌓은 것 같은 사람은 감수성이 예민하며 강한 개성과 멋진 마음을 가진 정신적으로 자유분방한 인물이다.

② 수염이 옅은 사람

수염이 옅은 사람은 소극적인 성격으로 기가 약하며 작은 물질에 연연하며 조금 치사한 면이 있다. 체력은 별로 없고 생활력이 없다.

(4) 수염의 색

① 검은 수염은 운에 굴곡이 있다.

수염이 숯같이 너무 검은 사람은 운이 별로 좋지 않다. 일과 인생에서 굴곡이 많고 가족의 연이 박하다.

② 푸른 수염은 건강복이 있다.

푸른 수염이 얇고 진하게 틈 없이 나 있는 사람은 노력에 대한 희망과 목적이 달성된다. 건강복이 있고, 신장이 튼튼하다. 그러나 푸른 수염이라도 드문드문 나서 틈이 나 있는 사람은 인생에 고난이 있다.

③ 빨간 수염은 돈이 궁하여 고생한다.

빨간 수염이 난 때는 신장의 상태가 약해서 건강 상태가 최악으로 정신적, 육체적, 경제적으로 고생을 벗어나지 못할 상태이다.

또 수염 끝이 똑바르지 못하고 구부러져 있을 때는 운이 정체한 때이므로 천천히 때(시간)를 기다리는 것이 중요하다.

13. 골상(골상, 광대뼈)의 관상

(1) 두개골

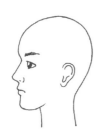

① 단두(短頭)형은 자아가 강하고 성급하다.

이런 모양을 흔히 절벽형이라고 하는데 후두부가 평평한 두뇌를 말한다.

소뇌가 발달하지 않아 자아가 강하고 사교성이 부족해 인간관계도 폭이 좁은 경향이 있고 생각도 짧아서 판단력이 흐린 경우가 많고 행동도 충동적으로 하는 성미가 급한 사람이다.

② 넓적한 머리형은 혁신적이고 적극성이 있다.

이런 사람은 후두부가 넓고 뒷부분이 나와 있다. 진취적이고 공격적인 성격의 소유자로 자아가 강해 자기중심적인 면도 있다. 생각도 짧고 정력적으로 행동을 해서 타인에게 위험한 인물로 보이기도 한다.

③ 좁은 머리형은 온후한 성격이다.

좁은 두뇌를 한 사람은 후두부의 폭이 좁고 뒤쪽으로 나와 있다.

순진한 성격으로 온후하고 배려심이 있으며 타인 때문에 일을 하는 경향이 있다.

④ 저두(低頭)는 물질적이며 현실주의자이다.

저두(低頭)의 사람은 소뇌가 발달한 사람을 말한다. 인간 관계를 소중히 여기고 있지만 자기중심적이고 자신의 욕구를 중요시 여기고 있기 때문에 실질적인 성격이다.

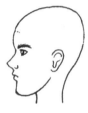

이론보다 감각으로 일을 판단하고 금전이나 물질에 관심이 많기 때문에 집착하는 경향이 있다.

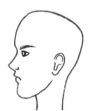

⑤ 머리형이 긴 사람은 정신력이 강하고 보수적이다.

이런 사람은 후두부(後頭部)가 뒤쪽으로 길게 나와 있고 소뇌가 발달한 형이다. 사람을 좋아하고 많은 사람과 교제하며 생활하는 경향이 강해 밝고 호의적인 사람이다. 직감이 매우 예리해 집중력이 있고 정신력이 강하지만 보수적인 사고방식 때

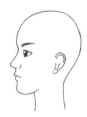

문에 변화하는 것을 그다지 좋아하지 않고 자주 이사를 하지 않거나, 근무

처를 이동하지 않는 경향이 있다.

(2) 광대뼈

광대뼈 즉 관골은 코의 양쪽에서 코를 보좌하고 있는 곳이다. 상법에서 코는 임금(君)에 비유하고 광대뼈는 신하(臣)와 같다. 의지와 능력, 수완, 추진력을 보여준다.

① 관골이 힘 있게 뭉쳐 색이 고우면 자력으로 성공한다.

② 관골이 낮고 들어가 있으면 남자는 상처하고 여자는 상부한다. 광대뼈가 홀로 높으면 중년에 재가 한다.

③ 관골은 위 인당, 코, 입, 턱에 따라 운명이 변할 수 있어 함께 보아 판단하여야 한다.

광대뼈가 앞으로 나옴

광대뼈가 옆으로 나옴

④ 광대뼈의 나온 상태

광대뼈가 앞으로 나와 있는 사람은 생명력이 넘쳐 공격적인 성격이며 사회생활에 있어서 생존경쟁에 승부를 거는 투쟁심이 강한 타입이다.

그러나 광대뼈가 너무 앞으로 나온 사람은 투쟁심이 너무 강해 사람과의 다툼이 많아 문제를 일으키는 일이 많다. 광대뼈가 앞이 아닌 옆으로 나온 사람은 세상사에 대해 저항력과 인내심이 뛰어나 근성이 강하다.

⑤ 광대뼈가 낮다.

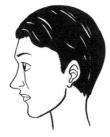

• 성격이 순하나 일에는 해가 많다.
• 큰 사업을 이루기 힘들다.

⑥ 광대뼈가 높다.

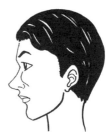

• 자존심이 강하다.
• 투쟁심이 강하고 고집이 있다.
• 일에 일희일비 파란이 있다.

⑦ 광대뼈가 옆으로 퍼져 있다.

• 고집이 세 남의 말에 귀를 안 기울인다.
• 성격이 잔인하여 말년에 고독하다.

⑧ 광대뼈가 튀어나온 경우

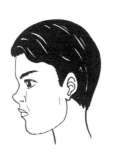

• 눈의 중앙부분 눈밑이 튀어나오면 성격이 주도
  면밀하다.
• 눈끝의 정지점이 튀어오면 인내심이 강하다.
• 눈끝 바로 옆이 튀어나오면 공격적이다.
• 눈끝 밑부분의 광대뼈가 튀어나오면 자비심이 강
  하다.
• 광대뼈가 발달하면 자존심이 강하다. 운명을 개척·성공하는 경우가
  많다.
• 뺨에 살이 적고 마르다.
• 활동성이 약하고 트러블에 휩싸인다.

⑨ 광대뼈가 밑으로 처져 퍼져 있다.

• 성격이 끈기가 있고
• 자기방어력이 있다.

광대뼈가 크게 발달하면 얼굴의 중간이 넓고 자존심이 강해서 남에게 쉽게 굴하지 않는 성격이다. 그러기에 의지와 자존심으로 운명을 개척하여 성공하는 예가 많다.

그리고 단식하면 광대뼈가 불거지게 되는데 그것은 뼈가 발달하는 것이 아니라 뺨의 살이 빠지기 때문이다.

(3) 볼

① 볼의 살집

광대뼈에 통통하게 살이 둥글게 붙고, 앞과 옆에 알맞게 광대뼈가 나온 것이 이상적이다. 둥그스름한 볼은 투쟁심이 부드러워짐을 의미하며 사회적 인기, 포용력, 인내력이 풍부하여 사회적인 활약이 기대된다.

② 볼의 살집이 두툼한 사람은 인기가 있다.

볼의 살집이 넉넉한 사람은 볼이 부풀어올라 포동포동하게 보인다. 성격은 온후 원만하며 성품도 좋고 정이 두텁다. 협조성도 있으며 포용력도 풍부해 사람들로부터 사랑받으며 인기도 있고 건강하며 금전적으로도 풍요로워 행복한 사람이다.

③ 볼의 살집이 적은 사람은 감정적으로 되기 쉽다.

볼의 살집이 적은 사람은 광대뼈가 앞으로 나와 있다. 신경질적으로 정서적으로 불안정하며 좋고 싫음의 감정 기복이 많고 제멋대로인 성격이 많으며 사교성과 사회성이 부족하여 사람들에게 별로 호감을 얻지 못한다.

체력은 없고 몸도 약한 편이며 금전적으로 풍요롭지 못하다. 물질적인 것보다 정신적인 것을 중요시하며 실력에 비해서 권위와 명예를 지향하는 경향이 있다.

14. 법령의 관상

코의 양측으로부터 입을 싸는 것같이 내려진 주름이 법령이다. 그 형태의 장단, 대소, 굵기로 지도력, 사회적인 힘 직업운, 수명을 판단한다.

법령의 근육이 강하고 미색이면 확실히 깊다. 입으로부터 떨어져 八자로 길게 뻗어 있는 사람은 정이 풍부하고 포용력, 지도력이 있고 권위를 가지고 사회적인 영향력도 강한 사람이다. 명예, 지위, 금전복이 있다. 말년에 이르러서까지 유복하고 즐겁게 산다. 남성이 40세를 넘어도 법령이 생기지 않는 사람은 자신의 진로와 생각이 아직 확실히 정해지지 않거나 진취의 기상이 너무 강해서 현재까지 인생의 안정을 구하려 하지 않는 사람이라고 할 수 있다.

(1) 법령으로 사회적인 것을 안다.

- 법령(法令)이란 입의 좌우에 골이 진 것을 이르며 그 사람의 인품의 단정함을 나타낸다.
- 법령이 깨끗하면 귀하게 될 상이며
- 좌우 법령이 분명하며 지각까지 길게 뻗치면 부와 수를 누린다.
- 법령의 골이 짧거나 입으로 들어가면 심신이 안정되지 못하며 곤궁하다.
- 법령의 색이 자색이면 영화가 있고 검거나 푸르면 질병이나 재앙이 따른다.
- 법령의 골에 가로 주름이 지거나 법령이 끊어지면 주색에 취하여 곤액이 따른다.

(2) 법령이 긴 사람, 짧은 사람

① 법령이 긴 사람은 장수한다.

법령이 긴 사람은 지도력이 있고, 부하를 지휘하는 것을 좋아한다. 사회적 지위가 확실하면 할수록 법령이 깊고 길게 된다. 법령이 깊게 파여 있는 사람은 타인에게 엄한 경향이 있고, 또 확실하고 긴 법령을 가진 사람은 장수한다.

법령이 짧은 사람은 독립심, 지도력, 포용력이 아직 몸에 배이지 않은 상태라 노력에 의해서 법령이 길게 늘어나기는 하나 인간적 성장이 없으면 법령이 짧은 상태로 끝나는 경우가 있다.

(3) 법령의 형태 7종

① 법령이 입을 싸는 사람은 만년에 복이 없다.

법령이 입을 싸는 사람은 소극적인 성격으로 사교성이 결여되고 만년에 별로 복이 없다.

② 법령의 끝이 입으로 들어간 사람은 생활고를 겪는다.

법령의 끝이 입으로 들어간 사람은 굉장히 신경질적인 성격으로 위장이 약하고 식사를 하지 못하는 병을 얻거나 경제적으로 숨 막히는 생활이 된다.

직업과 돈복이 없으며 되는 일이 없고 가난하고 고독하다.

③ 법령이 도중에 끊어져 있는 사람은 무책임하다.

법령이 도중에 끊어져 있는 사람은 매사를 도중에 포기하며 일과 생활에 있어서도 모든 것을 최후까지 하지 않는다. 무책임한 성격이다.

④ 좌우의 법령의 형태와 길이가 틀린 사람은 편협한 생각을 한다.

법령의 형태와 길이가 좌우가 다른 사람은 성격에 이중성이 있으며 편협한 생각을 한다. 구애하는 경향이 강하며 불성실하다. 전직을 반복하여 불안정한 변화가 많은 생활을 한다. 또 육친의 연이 박한 경향이 있다.

⑤ 법령이 두 줄 있는 사람은 개성이 강하다.

법령이 두 줄 있는 사람은 개성이 강하고 자기중심적인 성격으로 협조성이 결여된다. 2개 이상의 일을 가지거나 비즈니스를 하고 있는 사람에게 잘 나타난다.

⑥ 법령이 八자인 사람은 장수한다.

법령이 넓고 八자인 사람은 독립심이 강하고 도량이 크며 부하운이 있다.

건강하며 장수하고, 만년까지 경제적으로 복이 있는 행복한 사람이다.

⑦ 법령이 좌우 균형을 이루고 팽팽하면 장수한다.

법령은 사업운, 주거운을 나타내고 다리, 허리의 건강 여부도 보여준다. 법령이 균형을 이루고 팽팽하면 장수하고 사업운, 재물운이 좋다.

⑧그림과 같은 법령은 생활이 불규칙하며 업무에 열
   중하지 못한다.

자립심이 없고 소극적이다.

⑨좌우 법령이 균형으로 내려오다 그림과 같이 각지
   게 내려오면 장수하며 총명하고 여자는 직업운이
   좋다.

⑩그림과 같은 법령은 건강하며 장수상이다.

환경(사업운, 주거운)이 좋다.

⑪법령의 좌우가 가지런하지 못하다.

법령의 좌우는 직업의 안정과 돈을 모아 부자 되는
것을 보여 주는데 이 법령이 가지런하지 못하면 직업도
안정되지 못하고 가난하다고 본다.

15. 인중의 관상

입은 관상학에서 큰바다에 비유한다.

인중은 입과 코를 연결하는 통로이다.

코는 흙으로 비유하는데 인중은 입에서 수분이 연결
되는 관의 역할을 한다.

관상학에서는 인중을 보아 수명과 자식운을 판단한다.

인중이 길고 입술이 단정하면 정신적으로 안정되고
장수한다.

인중이 짧고 입이 단정치 못하면 단명하고 운도 나쁘고 인내심도 없다.

인중의 홈이 깊으면 희망이 이루어지지 않는다. 인중에 가로금이 있으면
자식과 연이 박하다. 인중의 홈이 가늘고 약하면 식복이 적다.

인중에 검은 사마귀가 있으면 여자아이가 많다.

(1) 인중의 세부 명칭

상부 : 코의 바로 밑 부분이다.

중부 : 상부 밑 중앙 부분이다.

하부 : 중부의 밑 아래 부분이다.

선고 : 인중(돈의 창고)의 하부 부분을 지칭한다.

식창 : 선고의 양옆 부분으로 법령의 안쪽 부분이다.(식품의 창고)

(2) 바른 인중

• 인중이 홈이 없이 뚜렷하고 단정하며 윗부분보다 아래 부분이 약간 넓은

것이 특징
- 자녀운이 좋다.
- 정신적으로 안정되고 장수한다.
- 빛이 밝으면 부자이다.

(3) 인중은 도덕관을 본다.

코밑에서 윗입술에 이르는 홈을 인중이라 한다.
관상학에서는 그 홈의 광협, 심천, 장단으로 수명, 건강, 특히 생식기의 강약과 생명력의 강도를 보고 그 사람의 도덕관을 본다. 가장 좋은 인중은 만년필의 촉처럼 생긴 형상인데 코 쪽이 좁고 윗입술 가까운 곳이 넓게 퍼진 형이며 홈이 파진 것이 특징이다.

① 인중이 넓고 길며 깊이가 있으면 도덕관념이 있다.

이런 사람은 도량이 크고 인격도 원만하다. 도덕관념도 강하고 의지력, 인내력이 있고 생명력이 왕성하여 생식능력이 월등하고 여성의 경우 임신이나 출산을 즐기고 자식을 여럿 둔다.

② 인중이 좁고 짧고 얕으면 생명력이 약하다.

그릇이 작고 도량이 없으며 편협한 성격에 끈기도 없고 의지가 약해 도덕관념이 약한 사람이 많다. 금전복도 약한 경향이 있으며 자식도 많이 두지 못한다. 병약하고 특히 인중이 좁으면 신경질이 있고 끈기가 없고 이기적인 성격인 사람이 많다. 인중이 짧으면 타인의 마음을 헤아리지 못하는 경향이 있다.

③ 인중이 상하 옆으로 비껴 틀어진 모양

인중의 위와 아래가 뒤틀려 있다.

심성이 악하여 다른 사람에게 해를 입히며 형벌을 받거나 실패가 연속된다.

④ 인중이 위가 넓고 아래로 갈수록 좁아진다.

심성이 불안하며 일이 잘 되지 않는다.

실패가 많아 인생이 고단한 형극의 삶이다.

⑤ 인중의 가운데가 넓다.

수(水)와 관련된 눈, 귀, 입, 코와 연관되어 수기가 통하여 평생 고난과 가난이 따른다.

질병도 잇따른다.

⑥ 인중이 코 밑에서 윗입술까지 길게 홈이 파여져 있다.

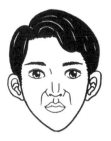

장수하며 자식복이 있고 좋은 상이다.

⑦ 인중이 밑으로 갈수록 넓다.

아들을 많이 낳는다.

⑧ 인중에 가로금이 하나 있다.

자식복이 없다.

⑨ 인중에 수염이 많이 있는 사람

이상이 높고 일찍 성공하는 예가 많다.

⑩ 인중에 수염이 적다

매사에 재치있고 지식이 넓다.

⑪ 인중의 끝(윗입술 부분)이 뾰족하면 아들이 많다.

⑫ 인중의 끝이 둥근 듯한 사람

딸복이 있다.

⑬ 인중의 위쪽이 아래보다 넓은 사람

나이들어 가난한 삶.
겁이 많고 소심하다.

⑭ 인중의 밑(아래쪽)이 위쪽보다 넓은 사람

아들이 많다.

⑮ 인중의 상하가 평행선인 사람

자녀복이 있고 아들딸이 고르다.

⑯ 인중이 흐릿한 사람

일이 마지막에 좌절된다.
질병 체질에 불운이 겹친다.

⑰ 인중에 점이 있다

여성은 자궁에 병이 있다.
남자는 욕을 많이 먹고 직업이 자주 바뀌며 여난의 상이다.

16. 점의 관상

점으로 과거·현재·미래를 알 수 있다.

관상학에서 흑자반점(점)은 나무에 비유한다.

반점은 색이 검은 것은 흑자반점 붉은 점은 적자반점이라 한다.

적색은 구설과 시비가 있고 흰색을 겸하면 근심, 걱정이 있고 황색은 도난을 당한다.

고서에 말하길 대체적으로 얼굴의 점은 길한 것이 없고 몸에는 나쁜점이 거의 없다고 기술하고 있다.

얼굴의 점은 그 사람의 재능, 직업, 금전, 건강, 가정, 섹스를 알 수 있고 마음의 기저에 깔린 정신적, 동적인 면이 신체의 표면에 나타난 것으로 본다.

불가사의하게 연애, 금전, 비밀까지도 드러낸다. 그 사람의 정신면의 변화도 보여준다.

박애점, 돈문제점, 눈물점, 연애점, 애정점, 상대의 성격, 장점, 단점을 알 수 있다.

살아 있는 점은 대개 1.5*mm*~5*mm* 정도이고 죽은 점도 있다.

살아 있는 점은 색이 검고 탐스럽다.

점이 있는 부분은 의미가 플러스 방향으로 강하게 움직인다.

반대로 죽은 점은 차색인 경우로써 색이 엷고 탐스럽지 못하다.

죽은 점이 있는 부분은 의미가 마이너스 방향으로 움직이며 운이 약해진다.

점으로 과거, 현재, 미래를 알 수 있다.

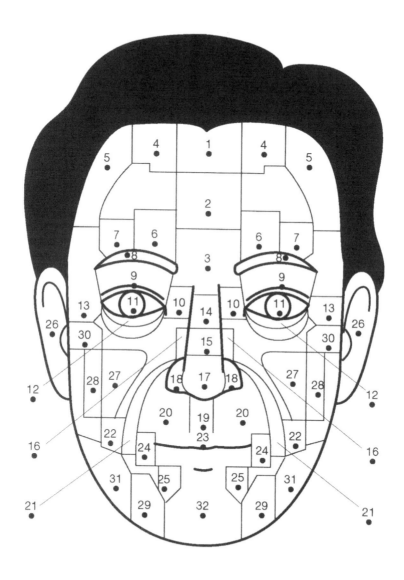

점의 분포도

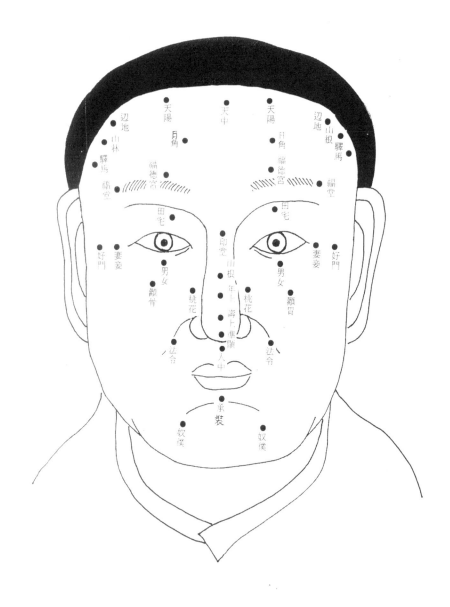

남자 부위별 흑점표시도

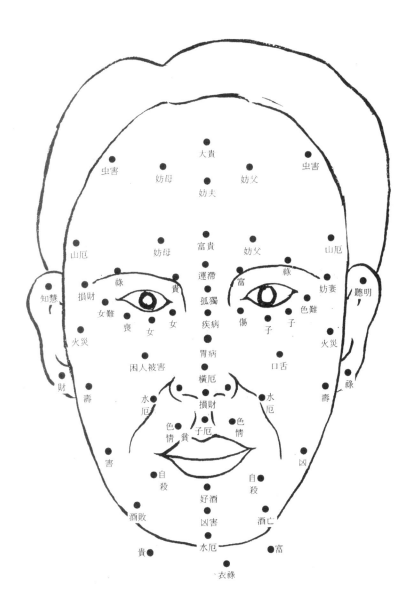

남자 흑점 길흉도

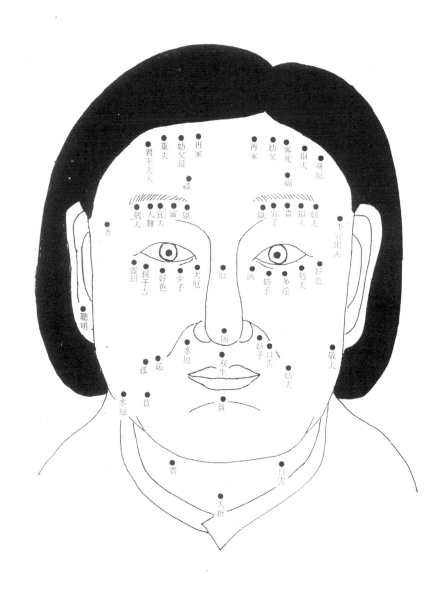

여자 흑점 표시도

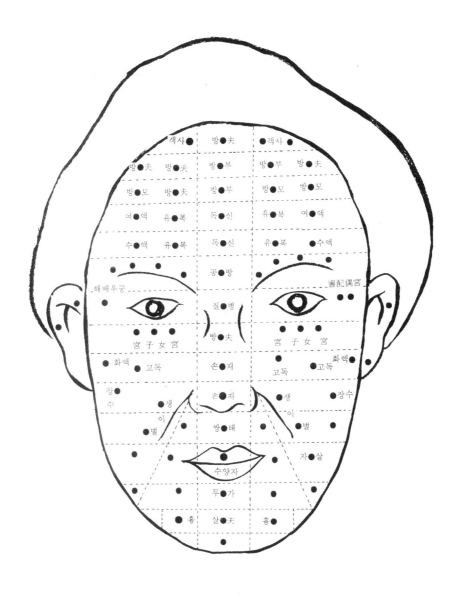

여자 흑점 길흉도

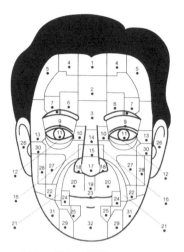

(1) 천정·천중

이마의 1의 부분을 천정, 천중이라 하며 이 부분에 살아 있는 점이 있는 남성은 유년기에는 고생이 많지만 잘 견디어 나이를 먹을수록 노력의 결실을 맺어 성공한다. 윗사람과 의견이 대립된다. 또 반골신경이 강하고 인내력이 있다. 이 부분의 살아 있는 점은 여성의 경우는 남편운이 별로 좋지 않다.

(2) 사궁·중정

이마의 2의 부분을 사궁, 중정이라 하며 직업과 일운, 윗사람의 도움의 좋고 나쁨을 나타낸다. 이 부분에 살아 있는 점이 있는 사람은 개성이 강하고 파란이 많은 인생으로 항상 변화를 추구하고 일도 바꾸기 쉽고 윗사람과의 트러블이 많은 경향이 있다.

그러나 그런 인품을 이해하고 인정해주는 사람으로부터는 남보다 더한층 사랑받으며 성공한다. 여성도 특이한 성격이 많으며 결혼이 늦거나 평생 독신으로 지내는 경향이 있다.

(3) 명궁·인당

눈썹과 눈썹 사이의 3의 부분은 명궁 또는 인당이라 하며 얼굴의 급소이다. 관상학에서는 얼굴 중에서도 가장 먼저 보는 중요한 부분이며 그 사람의 일생의 운의 강약을 알 수 있다.

이 부분에 살아 있는 점이 있는 사람은 운이 강하고 파란이 있고 좋을 때와 나쁠 때가 확실하다.

특히 여성은 운과 성격이 너무 강해서 가정에만 충실하기 어렵다. 그러나 저널리스트, 의사, 종교가, 예술가 등의 직업을 가진 사람은 반드시 성공한다.

(4) 불서궁

머리가 나는 부분의 이마 4의 부분을 불서궁이라 하며 이 부분에 살아 있는 점은 타인에게 영향을 받기 쉬운 성격이다. 사람의 기분이나 정에 얽매이기 쉽고 공사에 걸쳐서 트러블에 휘말리기 쉽기에 주의가 필요하다.

(5) 천이궁

이마의 5의 부분을 천이궁이라 하며 이 부분의 살아 있는 점은 이전, 전근, 출장, 여행 등 변화가 많은 파란의 일생을 보내지만 인간관계가 넓은 좋은 운을 가지고 있다.

또 그 넓은 인간관계가 자기의 성장에 도움을 주는 방향으로 흘러간다. 집안에 장시간 있는 것이 힘들며 항상 집 밖에나 여행을 하고 싶어 하는 성격이다.

이 부분에 살아 있는 점이 두 개 이상 있는 경우는 사랑의 점이라 하며 남성의 유혹이 많고 유혹을 거절하지 못하는 것을 의미한다.

이 부분에 죽은 점이 있는 사람은 생활에 변화가 있을 때마다 정신적, 경제적, 물리적 고생이 동반한다. 이 부분에 두 개 이상 죽은 점이 있는 사람은 실연점으로 항상 버림받는 것을 의미한다. 일각과 월각이란 통칭을 붙이기도 한다.

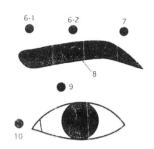

(6) 교우

눈썹 머리의 위 6-1의 부분을 교우라고 하며 이 부분에 살아 있는 점이 있는 사람은 자신의 프라이드가 되는 친구들을 폭넓게 갖는 것이 가능하다.

이 부분의 죽은 점은 제멋대로이며 자아가 강하고 감정적이 되기 쉬운 성격이다. 또 눈썹의 중앙 6-2의 부분에 살아 있는 점이 있는 사람은 교제가 상당히 능숙한 사람이다.

(7) 불서궁 · 천창 · 복당

눈썹끝의 위 7의 부분을 복덕궁 또는 천창, 복당이라 하며 금전운, 재산 (부동산)운을 본다. 돈의 들어오고 나감이 심하다.

이 부분의 죽은 점은 산재점이라 해 도박, 부업, 주식 등에서 실패해서 재산을 날려 돈을 모으기가 꽤 어려움을 의미한다. 이 부분은 점이 없는 것이 바람직하다.

(8) 형제궁 · 문장궁

눈썹, 8의 부분을 형제궁 또는 문장궁이라고 말한다.

이 부분에 작은 점이 있는 사람은 친척, 친구의 도움이 있는 운세이다.

번뜩이는 머리 회전, 미적 감각이 예리하고 문학, 예술, 음악 등 다방면에 재능을 발휘한다.

특히 문장력이 우수하여 큰 활약을 하며 머리 회전이 빨라 다재다능하다.

이 부분에 죽은 점은 문학, 예술, 음악 관계 직업에서 재능을 발휘 못하고 매사의 변화에 적응 못한다.

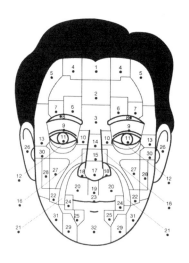

(9) 전택(田宅)

눈썹과 눈의 사이 9의 부분을 전택궁이라 부르고 이 부분에 점이 있으면 부모의 재산이나 부동산을 상속받는다. 행운의 상이다.

이 부분에 죽은 점이 있다면 친척이나 형제, 자매 사이에 상속문제로 트러블이 있다.

최악의 경우 상속은 백지 상태로 돌아갈 수 있다.

(10) 부부궁

양쪽 눈과 눈 사이 10의 부분 즉 눈이 시작되기 전의 부분이다. 이곳에 점이 있는 사람은 이성이나 타인의 원조가 있고 부부관계도 트러블이 적다. 남성의 경우 왼쪽 부분에 죽은 점이 있는 경우 처와 섹스 관계가 불일치한 점이 있다. 이기적인 성격이다.

여성이 왼쪽에 죽은 점이 있는 사람은 삼각관계로 고심하는 상, 오른쪽에 죽은 점이 있으면 남편의 떠돌이 벽으로 심적 고뇌가 끊이지 않는 상, 남편의 성생활도 신통치 않다.

(11) A처럼 검은 점이 있다면 섹스를 매우 즐긴다.

B처럼 검은 점은 정이 많은 호색한이다.

C처럼 눈이 시작되는 곳에 점이 있다면 적극적으로 이성을 유혹하는 사람이다.

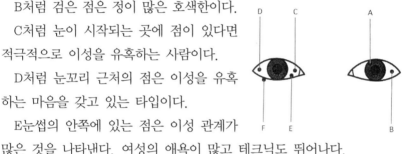

D처럼 눈꼬리 근처의 점은 이성을 유혹하는 마음을 갖고 있는 타입이다.

E눈썹의 안쪽에 있는 점은 이성 관계가 많은 것을 나타낸다. 여성의 애욕이 많고 테크닉도 뛰어나다.

F처럼 눈밑의 점은 남성의 정력이 강하고 죽은 점은 남성의 정력이 약하다.

(12) 남녀궁·누당

눈밑 12부분을 남녀궁·누당이라고 하며 A누당의 다른 명칭은 호르몬 창고라고 말한다. 성적 능력을 나타내는 점이다. 이부분의 점은 성적 욕구가 강하고 한 사람의 이성만으론 만족할 수 없는 한량이다.

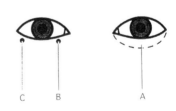

B처럼 눈의 시작 지점에 있는 점은 적극적으로 이성을 유혹하고 눈꼬리의 C에 있는 점은 적극적인 성격이다. 이성이 유혹하면 쉽게 떨어진다.

누당에 있는 점은 눈물이 많다. 자주 울고 특히 자녀와 연이 박하다. 자식 때문에 고생이 많고 눈물이 있는 상이다.

(13) 처첩궁

눈꼬리의 가로 13부분을 처첩궁이라 하며 일명 어미, 간문이라고도 한다. 이 부분에 점이 있으면 (색관의점) 이성 관계에 트러블이 있고 자주 처리하여 후일 경험이 활동에 플러스 요인이 된다. 이 부분에 죽은 점이 있다면 이성 관계 문제가 표면화되어 문제를 야기하는 타입이다.

(14) 산근

코의 14부분을 산근이라 하며 이 부분의 점(책임점)은 고향을 떠나 생활하며 과중한 책임을 갖게 되는 정신적, 육체적, 경제적으로 고생하는 신체가 튼튼하지 못한 (질병) 특히 위장이 약한 상이다. 여성의 경우는 결혼함이 없이 또는 결혼해도 남편이 병약하여 생활전선에서 직접 책임지는 상, 맥빠지는 상이다.

이 부분에 죽은 점이 있다면 책임감이 없이 별 볼일 없는 성격에 사고나 미스로 타인을 미혹하는 타입이다.

(15) 수상(壽上)

코의 중앙 한가운데 15부분을 수상 또는 연상(연상)이라 하며(색난의점) 자아가 강하고 책임지기 싫어하는 성격이다. 폐나 위장이 약하고 신체가 허약하다. 중년기에는 이성관계가 필요한 상이다.

자신의 생계를 지탱한다. 이 부분에 죽어 있는 점이 있는 경우 그런 사람은 책임감이 없고 성격도 음울하며 사고도 심심찮게 발생한다.

(16) 향전 · 선사

코 옆. 16의 부분을 향전, 선사라고도 하며, 이 부분에 살아 있는 점이 있는 사람은 저금보다는 부동산을 가지는 편이 재산이 남고 생활이 안정되고, 또 금전복도 커진다. 이 부분에 죽은 점이 있는 사람은 호흡기가 약하고 증상이 만성화하기 쉬우므로 조심할 필요가 있다.

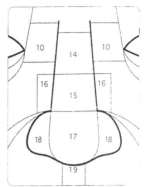

(17) 준두

콧등. 17의 부분을 준두라고 하며 이 부분에 살아 있는 점이 있는 남성은 남성의 성기에도 점이 있다. 정력이 세고 스태미나를 타고났으므로 색욕도 강하다. 금전적으로도 복을 타고나 많은 재산을 손에 쥐고, 생활력이 왕성하다. 만약 산재할 경우가 있어도, 돈이 자연스럽게 들어올 것이다. 이 부분에 살아 있는 점이 있는 여성은 재혼하기 쉽다.

이 부분에 죽은 점이 있는 여성은 산재점이라고도 말하며, 이 점이 있는 사람은 금전적으로 복이 없으며, 돈이 들어와도 산재하며, 남성으로부터도 고생하게 되는 타입이다. 정력이 약하고 지속력이 부족하다.

(18) 금갑

콧방울 18의 부분을 금갑이라고 말하며 이 부분에 살아 있는 점이 있는 사람은 금전운이 있어 놀음에도 강하나, 인생에 부침(기복)이 있으므로 내기 (놀음)에 너무 깊게 빠지지 않는 것이 현명하다. 돈의 출입이 큰 기복이 있으므로 부업 등으로 수입을 늘릴 길을 생각하는 것이 좋다.

(19) 인중

코밑. 19의 부분을 인중이라 하며, 자식과의 연(복)과 여성의 자궁의 튼튼함을 본다. A의 부분에 점이 있는 사람은 생식능력이 약해 자식이 태어나도 단명이나 병약할 경우가 있든지 장애를 가지고 있든지 해서 자식의 일로 고생을 많이 하고 자식과의 연줄이 짧다.

B의 부분에 점이 있는 사람은 자궁이 약하고 재혼할 경우가 많다. 여성에 작은 점이 있는 사람은 질에 콩만한 것이 튀어나와 있어 그것이 남성에

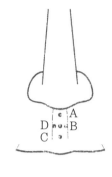

게 좋은 감촉을 주며, 섹스도 좋아하므로 남성의 성기를 기쁘게 한다. 그러나 생식능력이 약해 자식이 잘 들어서지 않는 체질로 목이나 편도선이 약한 경향이 있다. C의 부분에 점이 있는 사람은 색욕이 강하고, 이성관계가 많고 섹스관계와 대화를 좋아한다. D의 부분은 간통(불륜)을 나타낸다.

(20) 법령의 안쪽

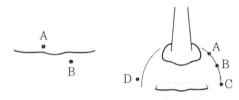

법령의 안쪽 콧방울 밑 부분은 식복을 말하는데, 이 부분에 점이 있으면 평생 식복이 있다고 할 수 있고 일생 의식주의 혜택이 풍족하다.

(21) 법령

입의 주위 근육 21부분을 법령이라고 하는데, 이 근육 코에 가까운 부분 A에 점이 있는 사람은 허리에 통증이 있거나 이런 지병이 있다. 법령상의 근육의 정중앙 즉 B상에 점이 있으면 중년에 재산을 축적하고 무릎이 약하다. 입의 근처 밑 부분, 즉 C의 점은 아킬레스건이 약해 통증이 있다. 법령의 근육 외측에 즉 D점의 여성은 성적인 틈이 있고, 남성을 유혹하는 분위기를 갖고 있다.

(22) 지고

법령의 22부분을 지고라고 하는데 이 부분에 살아 있는 점은 영향이 별로 없으나 죽은 점은 주택 환경 문제로 고뇌하는 상이다. 예로 날마다 소음, 공해가 있어 날이 저무는 상이다.

(23) 입

입의 23부분에 있는 점은 색이나 음식, 수난의 상이다. 또한 미식가이며 호색가이고 적극적으로 섹스 관계를 요구하는 경향이 있다. 아랫입술에 점이 있으면 소극적이고 섹스도 기다리는 타입이다. 색난의 상이다. 이곳의 죽은 사마귀는 냉정한 심정과 정력이 약해 섹스는 뒤떨어지는 상이다. 입술 중앙의 점은 섹스 테크닉의 달인이다. 그러나 치질이 있을 수 있다. 입술의 점은 수난(水難)의 상으로 물이나 비로 인한 사고가 있을 수 있다.

(24) 구각

입의 24부분을 구각이라고 한다. 이 부분의 점은 언어의 마술사. 설득력이 있다. 죽은 점이 있으면 말 실수가 많고 모두 싫어하는 상. 사람으로부터 상처를 받는다.

(25) 비린

입의 양옆의 밑 25부분은 비린이다. 이곳의 점은 경미한 재앙이 있다. 죽은 점은 인간 관계 트러블이 많다. 자중함이 긴요하다.

(26) 귀

귀의 안쪽의 점은 아이디어맨 감각이 예민하고 창조력이 있다.

귀의 윤곽(외곽)의 점은 이기적 성격. 계산이 너무 빠르다. 귀밑의 점은 애정, 돈, 체력이 있다. 죽은 점은 정이 약해 체력과 스태미나가 약하다.

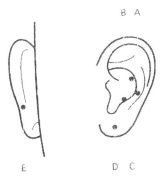

(27) 기당

관골 27부분을 기당이라 하는데 이 부분의 점은 인기의 점이다. 평판이 좋고 자연히 사회적 인기가 있어 탤런트 상이다. TV출연 배우 중 인기 있는 사람이다. 남성은 좌측 여성은 우측의 점은 사회적 공인의 인기를 표시하고 사생활도 인기 있다.

귀 외곽에 숨어 있는 점이 있는 사람은 이성의 인기가 있는 모델이다. 귓불에 있는 점은 애정, 돈복, 체력이 강한 사람이다. 죽은 점은 애정이 엷고, 체력도 스태미나가 떨어진다. 귀의 바깥쪽에 점이 있으면 평생 돈 문제로 고생한다.

(28) 광대뼈

광대뼈 28 부분의 살아 있는 점은 다른 이름으로 반골점이라 하여 투쟁심과 권력욕이 강하고 고집이 세며 반골 신경이 강하다. 이 부분의 죽은 점은 윗사람과의 트러블이 많다. 턱, 광대뼈 주변에 점이 있는 사람은 높은 곳에서 떨어질 숙명을 가지고 있기에 높은 곳에 오르는 일이나 등산 등의 운동은 피할 필요가 있다.

(29) 노복

턱 29의 부분을 노복이라 하며 이 부분에 살아 있는 점이 있는 사람은 좋은 부하의 운이 있고 일도 응원을 받을 수 있다. 이 점이 있는 사람은 자아가 강한 경향으로 고집불통이고 보통 수단으로는 안 되는 고집이 센 성격이다. 이 부분의 죽은 점은 과식으로 몸을 망가뜨리는 경향이 있다.

남성의 좌측, 여성의 우측에 살아 있는 점은 사회적으로 공적인 인기를 나타내고 남성의 우측 여성의 좌측은 사생활의 인기를 나타낸다. 이 부분의 죽은 점은 스캔들이나 주변의 질투로 시달리는 일이 많다.

(30) 명문

눈 밑 귀의 옆 30의 부분을 명문이라 하고 이 부분의 살아 있는 점은 비밀을 갖기를 좋아하고 자신의 일은 비밀로 하지만 타인의 일은 찾아서 알고 싶어하는 성격이다. 이 부분의 죽은 점은 무엇이든 금방 이야기하며 비밀을 지키지 못하는 성격이다. 호흡기계, 소화기계가 그다지 튼튼하지 못하다. 죽은 점의 사람은 도움이 안 되는 부하를 두어 낭패를 당하거나 실수의 책임을 지게 된다.

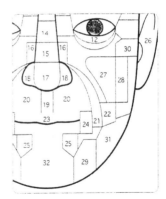

(31) 골

아래턱 31의 부분을 골이라 하며 이 부분의
살아 있는 점을 고립점이라 한다.

(32) 지각

아래턱의 정중앙 32의 부분을 지각이라 하
며 이 부분에 살아 있는 점이 있으면 만년의 운이 좋다. 그러나 이사는 적
지만 이동하기 쉬운 운이 있다. 죽은 점은 만년운이 나쁘고 이전도 많다.
집의 수리비가 늘어나는 등 항상 부동산과 집에 관한 지출이 많고 고생하
는 경향이 있다. 또 심장이 약하고 체력이 별로 좋지 않은 사람이 많다.

17. 얼굴로 남성을 알아본다
(연애 · 결혼 · 섹스)

(1) 음경의 장단 · 굵기와 정력

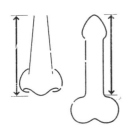

① 코로 알아본다.

코끝은 남성의 음부를 나타내고 음경의 대소를 알 수 있다. 코끝이 둥글고 두꺼우면 음경도 두껍고, 가늘고 뾰족하면 음경도 가늘다고 봐도 좋다. 코의 장단은 음경의 장단을 나타내며 코의 밑동 부분부터 코끝이 긴 사람은 음경이 길고, 짧은 사람은 음경도 짧다고 본다.

콧방울은 고환을 싼 주머니로 음낭을 나타낸다. 콧방울이 옆으로 퍼져 있고 크면 정력이 세고 양질의 정자를 많이 만들어 냄으로써 좋은 자식 복이 있고, 콧구멍도 크고 호흡기도 튼튼하다. 콧방울이 작고 옆으로 퍼져 있지 않으면 정력이 약하고 폐활량이 적어서 금방 숨이 차온다. 또 콧방울이 옆으로 퍼진 낮은 코를 가진 사람은 섹스에 지속성이 있고 집요하여 세상에서 말하는 호색가이다.

코의 굵기는 등뼈의 굵기를 나타낸다. 콧마루의 폭이 넓은 사람은 골격이 두텁고 흉부, 복부도 튼튼하여 체력이 좋으며 정력도 강하고, 콧마루의 폭이 좁은 사람은 골격이 가늘고 흉부, 복부도 작으며 체력, 정력도 약한 경향이 있다. 또 코의 밑동 부분의 굵기는 호흡기계의 강약을 나타내는데 밑동 부분이 굵으면 호흡기계가 강하고 가늘면 약하다고 본다. 코의 한가운데의 굵기는 소화기계의 강약을 나타내는데 굵으면 위장이 강하고 가늘면 약하다고 본다.

② 인중으로 알아본다.

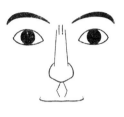

인중(코의 밑에서 윗입술의 위까지 펜촉 모양의 세로의 홈)은 여성의 자궁을 나타낸다.

코의 밑 인중이 길고 펜촉처럼 생긴 사람은 체력이 좋고 장수하고 정력도 좋다. 인중이 짧으면 정력도 약하다.

③ 귀로 알아본다(남성)

귀가 딱딱하고 살이 두꺼우며 귓불이 풍부하며 귀의 윤곽이 확실한 사람은 신장이 튼튼하며 체력이 좋고 정력이 왕성하다. 귀가 부드럽고 살이 얇으며 귀의 윤곽이 확실하지 않은 사람은 체력이 약하며 정력이 약하다.

귀의 크고 작음은 정력에는 별로 관계가 없으므로 신경 쓸 필요가 없다.

④ 눈으로 알아본다.

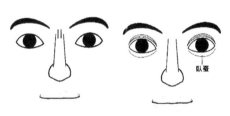

눈이 크고 전택(눈썹과 눈의 사이)이 넓고 푸석푸석해 보이는 여성은 요염하며 성적 매력이 있고 성감대가 발달해 있다. 정신적으로 대범하고 느긋하여 마음에 여유가 있는 것과 관계가 있다고 생각할 수 있고 민감하고 잘 느껴서 오르가슴에 도달하는 것이 빠르다.

⑤ 눈꺼풀로 알아본다.

윗눈꺼풀이 삼중, 사중이 되어 있는 여성은 섹스가 능숙하여 기교가라고 한다. 아래 눈꺼풀의 와잠 부분이 부풀어 있고 눈시울과 눈꼬리가 위를 향하고 있는 여성은 성 호르몬의 분비가 활발하고 스태미나가 있다. 성욕도 강하고 성감대가 발달해 있어 감도가 아주 좋다. 질 안에 주름이 많아 마치 많은 지렁이가 남성 자신에 휘감겨 붙는 느낌이 되어 쾌감을 강하게 느낄수 있어 옛날부터 지렁이 천 마리라고 하여 귀중한 명기의 하나이다.

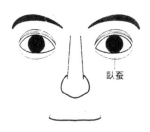

⑥ 코로 알아본다(여성)

코가 가늘고 길며 콧마루가 세련된 여성은 골격이 가늘고 허리가 날씬하여 말라 보이는 타입이 많다. 성감도 뛰어나고 분비물이 잘 나와 젖는 사람이다. 코가 붙어 있는 부분, 산근에 세로로 주름이 잡히는 여성은 질의 벽에 주름이 있어 청어알처럼 되어 있다. 이것을 옛날부터 청어알 천정이라 말하고 남성 자신의 귀두 부분을 자극하므로 남성의 쾌감이 강해짐에 명기의 하나라고 말하고 있다. 콧방울이 옆으로 퍼진 여성은 폐활량이 크고 신체가 건강하고 유방도 크게 발달해 있다. 끈기있는 성격으로 조금 정서적인 면이 부족하지만 성욕은 강하다.

⑦ 털로 알아본다.

털로 남성 호르몬의 움직임을 본다. 백발의 사람보다 머리의 중심부의 모발이 엷고 부드러우면 정력이 강하고 젊은 사람이 백발이 되는 것은 노화 현상으로 정력도 약해진다.

(2) 얼굴(이목구비)로 보는 성기와 섹스

섹스는 이성인 상대방과 본인에게 모두 중요하다.

섹스는 쌍방의 신체와 정신의 결합이라고 본다. 섹스시 두 사람의 애정이 최고조에 이르면 두 사람의 정신과 육체가 이상적으로 충실하게 됨을 이른다. 고대인간은 동물에 견주어 색향으로 유혹하고 섹스로 상대방을 탐색했다. 색과 향취, 특히 체취는 이성을 사로잡으며 직감적으로 섹스에 이르게 하는 좋은 무기였다.

신체의 각 부분이 어떤 섹스에 어떻게 반응하는지 섹스와 신체의 상관관계를 알아보자.

① 눈으로 본다.

눈이 크면 감수성이 강하고 감정이 풍부하다. 남을 이기려는 기질이 있고 조루의 경향도 있다. 눈이 가는 사람은 기질이 늦는 경향이 있다. 섹스의 출발이 느린 반면, 진한 성적 경향이 있다. 눈이 큰 사람은 눈이 가늘고 작은 사람에 비해 눈썹과 눈썹 사이, 눈과 눈 사이에 손가락이 두 개쯤 들어갈 정도로 넓은 것이며 기질이 개방적이고 낙천적이며 섹스는 좋다.

② 입과 입술로 알아본다.

입이 크면 생명력이 강하다. 입이 크면 정력도 강하고 체력으로 승부한다. 섹스의 횟수도 많다. 입이 작은 사람은 생명력이 약하다. 윗입술은 이성을 생각하는 애정을 나타낸다. 윗입술이 두터우면 정이 깊고 본능적이다. 윗입술이 엷으면 정이 박하고 담백한 성격이다. 아랫입술은 자기애를 나타낸다. 아랫입술이 두터우면 이기적인 면이 강하다. 아랫입술이 얇으면 자기주장이 적은 성격이다. 윗입술과 아랫입술이 밸런스가 이루어지는 것이 필요하다. 윗입술이 아랫입술보다 두터우면 상대 이성의 마음을 잘 파악하여 오르가슴을 잘 느끼고 끈기가 있어 애무도 잘하며 섹스도 즐기는 타입이다.

③ 혀로 알아본다.

혀가 길면 페니스(음경)가 길고 혀의 사용이 최고로 여성의 성기의 미묘한 면을 잘 터치하여 상대를 만족시키는 테크닉이 있다.

④ 이빨로 알아본다.

이빨에 문치(앞니) 두 개가 큰 사람은 체력과 정력이 좋다. 이빨이 어긋나거나 덧니가 있으면 예절성이 약하여 자유분방하며 자극적인 섹스를 즐긴다. 이빨이 돌출되어 나온 사람은 섹스의 호기심이 강하고 언제나 섹스를 일과 결부시키는 경향이 있다.

⑤ 귀로 알아본다.

귀는 남성의 성감대의 하나이다. 여자가 귓전에 대고 숨소리를 내면 흥분한다. 여성이 귀에다 애교를 떨면 크게 느낀다. 여성의 입장에서 보면 상대방의 기질을 알면 섹스테크닉이 될 수 있다.

⑥ 미간으로 본다.

미간이 넓으면 성격이 개방적이다. 옥외 섹스를 하는 남성이 많다. 미간이 좁으면 신경질적이다. 정신적 임포텐스인 사람이다. 섹스에 자신 있는 사람도 여성의 만족도가 낮다. 테크닉을 연구하는 타입이다.

⑦ 이마와 눈썹으로 본다.

이마가 넓은 남성은 지적 능력이 높다. 섹스도 열심을 다하여 즐긴다. 눈썹이 곡선인 사람은 유연성이 있다. 분위기를 잘 연출하여 생각하는 사람이 많다.

⑧ 턱으로 본다.

턱이 모난 남성은 근육질이고 페니스도 단단하고 팽창력도 양호하다. 섹스도 많은 횟수를 기대하는 경향이 있고 테크닉도 있다.

(3) 섹스를 좋아하는 남성

① 섹스를 즐기는 남성

섹스를 좋아하는 남성은 정력이 강하다. 스태미나도 있고 생식 능력도 우수하다. 이런 타입은 입도 크고 아랫입술도 작고 두텁다. 이가 튀어나오고 코의 골격이 비대하고 크다. 세로 콧방울이 옆으로 퍼지고 귀가 단단하고 귓살이 두텁고 귀수주가 풍성하고 담홍색이다. 남성의 성적 매력이 있는 사람은 성욕이 강한 타입이다. 머리카락이 적고 엷으면 남성의 호르몬 분비가 양호하여 성기가 항상 서 있는 타입이다.

② 섹스가 단정치 못한 남성

눈썹이 위로 향하고 ━ 자형의 눈썹의 남성은 목적을 위해서는 보통 희생하는 타산적 성격이고 세심한 성격의 행동력 있는 여성을 택하는 경향이 있다.

③ 미간으로 본다.

미간이 넓은 남성은 정조관념이 약하다. 성적으로 허튼 경향이 있다.

④ 전택으로 본다.

눈썹과 눈의 사이(전택)가 넓은 사람은 호방한 성격이며 여성을 모델로 삼아 바람기를 발산한다.

⑤ 누당으로 본다.

눈밑이 누당이다. 살이 밑으로 처진 사람은 이성적이기보다는 본능적이다. 섹스나 술에 탐닉하고 생활도 흩어지고 방탕하다.

⑥ 코로 본다.

코가 높고 폭이 넓은 사람은 프라이드가 높고 이기적이며 정이 없다. 여성도 섹스의 대상으로 생각하는 경향이 있다.

⑦ 귀로 본다.

귀가 크고 살이 두터운 남성은 신장이 튼튼하고 성욕이 강하다.

⑧ 이빨로 본다.

윗니의 문치가 두 개 튀어나오면 성욕이 강하고 여성 편력이 심해 트러블이 많다.

⑨ 턱으로 본다.

턱이 가늘면 감정의 기복이 심하고 성미가 급하다. 감상적인 면이 있어 여성 문제를 많이 일으킨다.

턱끝이 둘로 갈라지면 혼외 정사가 많다.

⑩ 점이 눈끝에 옆으로 있는 남성은 여성 문제로 고민이 많다.

⑪ 코의 옆구리에 점이 있는 남성은 정조관념이 약하며 여성 편력이 있다.

⑫ 섹스의 변화를 추구하는 남성

눈초리가 위로 올라간 사람은 새디즘의 성벽이 있어 폭력적 섹스를 한다.

⑬ 삼백안의 남성은 비상한 성욕이 있어 이상한 섹스를 요구한다.

⑭ 눈밑에 있는 누당이 처진 남성이 입술이 두터우면 섹스도 동물적이다.

⑮ 코 근육이 굽은 사람은 등줄기 근육도 굽은 경우가 많아 성격도 편굴하며 자극적 섹스를 추구한다.

체위도 변화를 원하고 코가 굽거나 계단이 진 남성은 자아가 강해 공격적 성격이고 자기 본위의 섹스의 경향이 있다. 섹스도 욕되게 체위를 즐긴다.

⑯ 입이 삐뚤어진 사람은 성격도 이중성이고 굴절된 욕망이 있어 거친 성 행위를 즐기고 정숙한 여성을 타rpt으로 쾌감을 느낀다.

⑰ 여성을 유혹하는 남성

팔자형 눈썹은 낙천적이며 인기가 있다. 결혼 생활에 만족을 못하고 혼외 정사, 바깥 여성을 편력하여 돈을 쓰는 타입이다.

미간이 넓으면 개방적이어서 매사에 관심이 적고 오는 여성을 마다하고 여성을 유혹하는 타입이다.

눈이 큰 사람은 감수성이 강해 여성의 마음이 부드러워져 쉽게 여성을 유혹한다. 특히 검은 동자가 크면 장난이 아닌 체 위장을 잘하며 감정이 불안정하여 유혹에 실패를 잘한다.

눈 밑 누당이 많이 부풀어 있는 남성은 여성에 비해 우월감이 커 성적 욕망이 강하다. 여성을 쉽게 유혹한다.

코가 작고 낮으며 콧구멍이 위를 향한 남성은 자기주장이 약하며 프라이드도 약해 유혹에 쉽게 실패한다.

인중이 긴 남성은 성욕이 강하다. 섹스 어필이 강해 여성을 쉽게 유혹한다.

웃을 때 잇몸이 보이는 남성은 낙천적이고 믿음성이 약한 성격으로 여성의 다정한 말에 쉽게 유혹된다.

턱이 가늘거나 턱이 없는 남성은 자아가 약하고 의지가 박약하여 여성의 유혹을 뿌리치지 못하고 점점 끌려가는 최악의 상태에 빠지는 상이다.

18. 여성의 성을 알아보는 포인트와 차례(성적 매력)

(1) 얼굴(이목구비)로 보는 성기와 섹스

얼굴의 각 부분으로부터 육체의 깊숙하고 비밀스러운 여성의 명기를 간파하는 포인트를 보겠다.

① 코로 알아본다.

여성의 콧방울의 부푼 정도와 대소가 가슴의 크기를 나타낸다. 콧방울이 크고 잘록하게 옆으로 튀어나올수록 큰 가슴이다. 아마도 C컵 이상으로 봐도 좋겠다.

또 콧방울의 살이 팽팽하고 탄력이 있으면 살집이 풍성하고 탄력 있는 팽팽한 가슴이고 팽팽하지 않은 부드러운 느낌의 콧방울이라면 가슴도 부드러울 것이다.

콧구멍이 작은 여성도 코에 지방이 붙어 콧구멍이 작아졌기 때문에 지방이 붙은 부드러운 가슴이다.

콧방울이 작고 탄력이 없는 여성은 작고 아담한 가슴이다.

② 볼로 알아본다.

광대뼈 위에 살이 포동포동한 여성과 밑이 부풀어 턱 쪽으로 살이 붙어 있는 여성도 크고 풍만한 가슴이다.

③ 이마로 꿰뚫어본다.

이마가 종(세로)으로 좁은 여성은 성기가 위에 붙어 있고 이마가 긴 여성은 성기가 밑에 붙어 있다. 위에 붙고 밑에 붙은 것은 남성의 성기의 삽입 각도의 문제이지만 왠지 옛부터 위에 붙어 있는 여성쪽이 좋다고 여겨져 왔다. 어쨌든 위에 붙어 있는 쪽이 페니스를 삽입하기 좋고 결합도가 높으므로 그렇게 생각한다고 본다.

④ 미간으로 알아본다.

미간은 명궁이라고 하며 이 부분이 넓은 여성은 개방적으로 밝고 자유로운 성격으로 성기도 크고 조임이 없으며 느슨하다. 손가락 하나 들어갈 정도로 미간이 좁은 여성은 성기도 좁고 조임이 아주 좋으며 주머니라 부르는 명기의 하나이다. 그러나 성격은 신경질적이고 도량이 없으며 질투가 강하다.

⑤ 눈으로 알아본다.

눈이 크고 전택(눈썹과 눈의 사이)이 넓고 푸석푸석해 보이는 여성은 요염하며 성적 매력이 있고 성감대도 발달해 있다.

정신적으로 대범하고 느긋하며 마음에 여유가 있는 것과 관계가 있다고 생각할 수 있지만 민감하고 잘 느껴서 오르가슴에 도달하는 것이 빠르다.

⑥ 눈꺼풀로 알아본다.

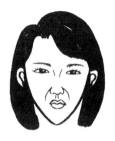
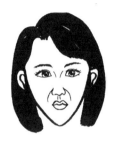

윗눈꺼풀이 삼층, 사층이 되어 있는 여성은 섹스가 능숙하여 기교가라고 한다.

아래 눈꺼풀의 와잠 부분이 부풀어 있고 눈시울

과 눈꼬리가 위를 향하고 있는 여성은 성 호르몬의 분비가 활발하고 스태미나가 있다.

성욕도 강하고 성감대가 발달해 있어 감도가 아주 좋다. 질 안에 주름이 많아 마치 많은 지렁이가 남성 자신에 휘감겨 붙는 느낌이 되어 쾌감을 강하게 느낄 수 있어 옛날부터 지렁이 천 마리라고 하여 귀중한 명기의 하나이다.

⑦ 코로 알아본다.

코가 가늘고 길며 콧마루가 세련된 여성은 골격이 가늘고 허리가 날씬하여 말라 보이는 타입이 많다. 성감도 뛰어나고 분비물이 잘 나와 젖는 사람이다.

코가 붙어 있는 부분, 산근에 세로로 주름이 잡히는 여성은 질의 벽에 주름이 있어 청어알처럼 되어 있다. 이것을 옛날부터 청어알 천정이라 말하고 남성 자신의 귀두 부분을 자극하므로 남성의 쾌감이 강해짐에 명기의 하나라고 말해지고 있다.

콧방울이 옆으로 퍼진 여성은 폐활량이 크고 신체가 건강하고 유방도 크게 발달해 있다.

끈기 있는 성격으로 조금 정서적인 면이 부족하지만 성욕은 강하다.

⑧ 인중으로 알아본다.

코끝에서 윗입술까지 펜촉 모양의 세로로 홈이 파여 있는 곳을 인중이라 하며 여성의 자궁을 나타낸다. 인중이 깊고 길게 홈이 없이 뻗어 있다면 자궁의 발달이 양호하고 생식 능력도 우수하다. 건강하고 자식을 많이 출산한다. 성감도 양호하여 성욕도 강하다.

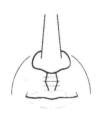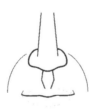

코끝의 부분이 좁고 입술로 향하면서 점점 넓어지다 다시 입술 끝 근처에서 다시 좁아지는 마치 펜촉 모양이 대길상이다. 이는 남성의 성기가 깊게 삽입될 수 있고 남성에게

만족감을 증대시키는 것이다.

이는 남성 성기의 끝, 귀두 부분을 꽉 조여 주는 역할을 하여 남성의 쾌감을 증대시켜주고 명기라는 말을 듣게 된다. 인중이 펜촉 모양의 여성은 클리토리스가 길게 발달되고 돌출되어 남성 성기와 접속하는 면이 많고 자극이 강하여 감도를 좋게 한다. 즉 오르가슴에 빨리 도달하게 하여 준다.

인중의 파인 홈에 가로 홈이 여러 개 있다면 남성의 성기에 큰 쾌감을 주게 된다. 즉 귀중한 명기를 일컫는 말이다.

⑨ 귀로 꿰뚫어 본다.

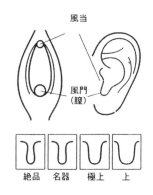

귓불의 위에는 귀문이 있다. 이 귀문은 깊게 들어가 있다. 이 부분은 여성 성기의 질과 같은 형태를 하고 있다고 관상학에서는 말하고 있다. 귀도의 중간이 깊고 형태가 확실하고 길면 자궁의 발달이 양호하고 생식 능력도 우수하여 튼튼한 자식을 많이 둔다. 코의 밑 아래 부분이 긴 여성은 체력도 좋고 생식기가 발달해 있으므로 성감이 좋고 성욕도 강하다. 인중의 홈의 윗부분이 너무 넓고 윗입술에 가까울수록 깊고 좁은 모양을 하고 있으면 그 여성은 질 입구가 좁고 깊이가 깊어서 남성 자신이 깊게 성기의 삽입이 가능해 남성의 만족감이 크다. 남성 성기의 귀두의 부분을 확실히 조여주기 때문에 남성의 쾌감도가 강하고 명기라고 일컫는다. 인중의 펜촉 형태의 부분이 솟으면 솟을수록 여성 성기의 클리토리스가 길고 발달되어 돌출되어 있다. 접촉면이 많아 자극이 강하고 감도도 좋으며 오르가슴에 도달하는 것이 빠르다고 할 수 있다.

⑩ 코, 귀의 관계와 여성 성기의 각도

인중의 밑의 홈에 가로로 몇 개의 줄이 있는 여성은 귀에 입바람을 불어주거나 물거나 핥아주면 느끼는 여성이 많다는 것은 귀가 성감대의 하나라

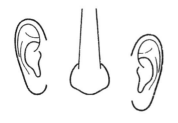

는 것과 귀의 형태가 여성기를 표시한 것과 관계가 있다고 하겠다. 귀 입구의 부분이 표주박의 입과 같이 좁고 길며 꽉 조이는 형태를 하고 있는 여성은 성기의 질도 가늘고 길게 조임이 있어 성감이 아주 좋다. 성기 질의 접촉 범위는 압박감이 남성 자신이 기분 좋고 여성도 오르가슴을 얻기 쉽고 섹스의 쾌감도 강하다고 일컫는다. 그러나 귀 입구의 부분이 너무 좁으면 여성의 생식기의 발육이 좁은 경우가 많고 자식이 생기기 어렵다. 쌀알이 올라갈 정도로 귓불이 크고 살이 두터운 여성은 체력이 좋고 신장이 튼튼하다. 생식 능력도 좋아 임신하기 쉬운 체질이며 많은 자식을 둔다. 성격도 정서적인 면도 풍부하고 애정도 깊은 사람이 많다(귓불이 없는 여성은 반대). 신경이 좋고 운동 능력이 있으나 스태미나가 결여된다. 신장이 별로 튼튼하지 않고 생식 능력도 별로 없다.

귀의 높이로 여성 성기가 위에 붙었느냐 아래에 붙었느냐를 알 수 있다. 코의 시작 부분의 저변을 귀 쪽으로 옆으로 쭉 늘어뜨린 위치보다 밑에 있으면 위에 붙어 있고, 위에 있으면 밑에 성기(질)가 붙어 있다.

⑪ 입과 입술로 알아본다.

입은 성적인 면을 가장 잘 나타낸다. 여성의 경우 성기와 깊은 관계가 있다. 입술색의 농염, 크고 작음, 짙고 엷음, 탄력 등은 성욕의 강약 등을 보여준다. 입술의 색은 여성 성기의 색이다. 입술의 색이 담홍색이면 여성 성기의 색이 핑크색이다. 성기가 핑크색이 되면 성감이 우수하다. 입술의 색이 흑색이면 성욕도 강하게 본다. 옆으로 폭이 넓고 크다면 생명력이 강하고 생활력도 있다. 성욕이 강하며 여성의 성기도 크다. 입의 폭이 좁다면 여성의 성기도 작고 좁다. 남성의 쾌감을 강하게 한다.

입술이 얇은 여성은 성기의 음순이 역으로 두텁다고 한다. 음순이 두터우면 피하지방이 많아 성감도가 떨어진다. 반대로 입술이 두터운 여성의 성기는 음순이 엷어 성감도가 좋다. 애정이 풍부하고 성욕이 강해 조금만 자극을 주어도 쾌감을 느끼며 성 호르몬도 풍부하다.

입술에 탄력이 있는 여성은 성감도가 우수하다. 조이는 탄력이 발군의 상으로 상대방을 만족시킨다. 아랫입술에 세로무늬가 많은 여성은 애정이 깊고 성욕이 강하다. 성감이 발달해 성 호르몬이 많이 분출된다. 오르가슴에 빨리 도달한다.

입의 위 모양이 각지면 입술이 탄력이 있고 여성의 성기는 위에 붙어 있고 주름이 지고 상태가 좋다. 입의 아래가 각지면 여성의 성기는 밑에 있고 주름이 보통상태라고 한다.

입이 주걱턱(아래턱이 윗턱보다 내민 입)이고 미간이 좁으면 주머니형이라 하여 옛날에는 명기가 많았다고 한다.

윗입술의 한가운데 부분이 앞으로 튀어나오면 살이 풍성한 여인으로 클리토리스(성기)가 길게 발달되어 있다. 자극을 느끼면 오르가슴에 쉽게 도달하며 남성에게 기쁨을 준다.

⑫ 이빨로 알아본다.

비교적, 작은 이빨은 여성의 성기의 입구인 질에 주름이 져 양호하고 남성에게 기쁨을 준다.

⑬ 혀

혀가 긴 여성은 클리토리스가 길게 발달되어 성감이 우수하여 오르가슴을 깊게 음미한다.

⑭ 턱

턱이 길고 각진 턱은 근육질로 지방이 비교적 적다. 성기 질의 근육이 발달되어 성기가 주름이 있고 상태가 좋다.

(2) 섹스를 즐기는 여성

섹스를 즐기는 여성은 섹스 테크닉도 우수하다. 호색은 정력, 성욕이 강하고 스태미나도 있다. 생식 능력도 우수하다. 얼굴의 특징을 보면 눈꺼풀에 살집이 많고 전택궁이 넓은 여성은 애정이 깊고 색기가 있는 타입으로 성욕이 강하다. 아래 눈꺼풀은 호르몬의 창고라 하며 두터운 여성은 성 호르몬의 분비가 양호하며 사랑의 호르몬도 풍성하게 나온다. 성욕도 강하고 스태미나도 있다. 귀가 살집이 두텁고 크고 풍성한 여성은 터프하고 성욕이 강하다. 신장이 튼튼하며 성 호르몬 분비가 좋다. 단, 귀가 항상 붉고 귓바퀴가 담홍색이면 건강하고 성욕도 강하다.

(3) 섹스에 단정치 못한 여성

① 털

머리털이 곱슬인 여성은 성적으로 조숙한 정열가이다. 본능적인 면이 농후하고 자유분방한 섹스를 즐기는 경향이 있다.

② 미간

미간이 손가락 두 개 정도가 들어갈 정도로 넓은 여성은 양기로 개방적 성격이다. 이성을 대할 때 대담하다. 남성과의 성적 관계시에 퇴폐적인 면이 있다. 이런 여성은 성기에 주름이 져 큰 성감을 느낄 수 있다.

③ 눈초리

눈의 끝 부분을 어미라고 하는데 이곳이 푹 꺼져 들어가 있거나 상처가 있으면 남성 관계가 많다. 색정으로 트러블이 그치지 않는다.

④ 아래 눈꺼풀

호르몬의 창고라고 하는 아래 눈꺼풀이 불룩하게 나온 여성은 성적 욕망이 강해 한 사람의 남성으로는 만족을 못한다. 이성 관계가 복잡하다.

⑤ 코

코의 산근(미간의 밑), 코가 시작하는 곳이 낮은 여성은 지성이 모자란다. 기분파로 섹스도 변하기 쉽고 자존심도 없고 의지도 약해 정조관념도 없고 섹스도 단정치 못하다.

코의 구멍이 위로 향하면 남성의 유혹에 약하고 호색하며 정조관념도 없고 성적으로 문란하다.

⑥ 보조개

보조개가 한쪽에만 있는 여성은 정조관념이 약하고 호색하여 남성 관계가 많다.

⑦ 인중

인중에 가로금이 여러 개 있는 여성은 다정다감해 정조관념이 없다. 음습한 성격에 성기도 여성의 명기(최고의 성기)의 주인공이다.

⑧ 입술

위아래 입술이 두터웁고 입아귀에 주름이 없는 여성은 남성 관계가 난잡하다. 위, 아래 입술에 점이 있는 여성은 성기에도 점이 있다. 색욕이 강하고 섹스도 즐기며 남성의 유혹에 쉽게 넘어가며 성적 관계가 많다. 윗입술의 윤곽이 뚜렷치 못하면 정조관념이 약해 성적으로 문란하다.

(4) 섹스의 변화를 추구하는 여성

① 눈

호랑이눈을 가진 여성은 변태적 섹스를 즐기고 자기중심적 체위의 섹스를 즐긴다.

매력적인 삼백안의 여성은 유혹하는 남성이 많다. 삼백안의 여성은 집념이 강하고 섹스로 만족을 모른다. 남성을 정복하려는 경향이 있다.

② 코

계단코의 여성은 공격적, 적극적 섹스를 즐긴다. 섹스도 자기 주도하에 하려 한다.

콧날이 구부러진 사람은 정상 체위보다 변화를 추구하고 체위도 연구하여 섹스를 즐기는 타입. 무리하게 섹스를 즐기고 등뼈를 다쳐 구부러지는 무리한 여성이 많다.

③ 입술

입술이 비뚤어진 여성은 성격이 편굴하고 섹스도 굴절된 심경을 반영하여 동성애나 이상한 섹스를 즐기는 경향이 있다.

(5) 남성의 유혹에 넘어가는 여성

남성의 유혹에 넘어가는 여성은 일정한 패턴이 있다.

결혼 문제로 정신적 불안 상태가 있어 의지가 약해져 남성이 이끄는 대로 자신을 잊고 찰라적인 데 생을 맡긴다. 성욕은 강해 남성을 이끌어 여러 가지 타입의 섹스를 생각한다.

① 이마

이마에 2, 3개의 주름이 새겨진 여성은 성적 욕망이 강해 연하의 남성의 유혹에 넘어가 자신조차 유혹하는 경향이 있다.

② 눈썹

초승달 모양의 눈썹을 갖고 이마가 좁은 여성은 지성이 부족하여 솔직한 성격으로 재난이 따르고 남성의 유혹에 넘어가는 경향이 있다.

③ 미간

미간에 손가락 2개가 들어갈 정도로 넓은 미간을 가진 여성은 개방적 성격으로 남성 관계가 루즈한 경향이 있다.

④눈

둥근눈이라고 하는 큰 눈을 가진 여성은 감수성이 풍부하고 분위기에 휩쓸려 남성의 유혹에 넘어가는 경향이 있다. 특히 쌍꺼풀인 경우 검은 동자가 큰 여성은 감정이 항상 불안정하다. 남성의 유혹에 약한 면이 있다. 눈꼬리 부분에 문양이 많은 여성은 육체적 욕망이 강해 남성의 약한 유혹에도 쉽게 넘어간다.

⑤코

코가 낮고 위를 향하며 앞 콧구멍이 보이면 여성의 성격이 개방적이고 경박하여 프라이드가 없어 유혹에 쉽게 넘어가는 타입이다.

⑥인중

인중이 극단히 짧으면 자존심이 없어 여성은 남성을 신뢰치 못하고 정조관념이 적어 자주 유혹에 넘어간다.

⑦이빨

웃을 때 위 잇몸이 보이는 여성은 사람 됨됨이가 좋고 마음이 좋아 낙천적이고 밝은 성격이다. 정조관념이 약해 남성의 유혹에 약하다.

⑧턱

가늘고 뾰족한 턱과 역삼각형의 턱을 가진 여성은 의지가 약하고 남성의 이끌림에 약해 그때그때 기분에 따라 간단히 유혹에 넘어간다.

(6) 처녀를 알아본다.

외관상 여자를 처녀인지 비처녀인지 알아보는 것은 어려운 일이다.

일인의 여성을 오랜 기간 관찰하여 조그만 변화라도 얼굴에 나타나는지를 알아야 한다. 조그만 변화, 탄생, 양육, 환경 등을 보고 개인차가 있지만 일반적으로 "이 여성이 처녀인지"를 분간하기란 곤란하다. 여성이 갖고 있는 가치관이 다르고 큰 차이가 나타나는지를 보는 것은 추상론이다. 처녀 숭배의 남성을 위하여 얼굴에 나타난 징후로 육체적 변화를 소개하고자 한다.

게임 감각이나 원조교제에 있어 돈으로 처녀를 버리는 타입은 예외이다. 보통의 여성의 경우 처녀를 상실하면 정신적 변화가 생긴다.

내면적 여성 의식이 싹튼다. 이것이 육체적 변화로 얼굴에 나타난다.

처녀의 입술이 담홍색으로 아름다우면 청순함이 있는 처녀요,

눈 밑의 부분이 팽창하면 육체가 이끌어 주름지게 한다.

처녀를 상실하면 눈꼬리 부분에 엷은 홍색이 나타난다든지, 흑색이 나타나는 경우 실수하여 처녀를 상실한 것으로 본다.

다만 코의 밑(인중)에 색이 엷은 점이 나타난다든지 누당에 주름이 나타나면 여성의 처녀를 상실한 것이다. 요즘 중고생이 화장을 하여 얼핏 보아 그 변화를 보고 단정키 어려운 점이 있다.

처녀를 상실하면 처녀 때보다 목이 약간 굵어진 것을 볼 수 있다.

허리도 둥그스럼하게 나타난다. 웨스트(허리)가 가늘어진다.

여성 호르몬의 분비가 좋아진 영향으로 젖꼭지의 색이 약간 진해진다든지 약간 검은색이 돈다.

그 이외 목소리, 즉 말소리에 교태가 있다든지, 화장 시간을 중요하게 여긴다든지, 구취나 체취가 기를 발산한다든지, 향수를 잘 쓰고 냄새에 민감하다.

아래 바지의 색이나 모양에 끼가 나타난다든지 복장이나 가지는 물건에 센스가 변한다든지 남성을 대하는 의식에도 마음을 쓴다.

남성을 대하는 몸짓이 여성답다든지 전보다 수치심이나 몸짓이 다르다.

좌석에 앉을 때 발을 벌리지 않고 두 발을 모은다.

제5장
종합편

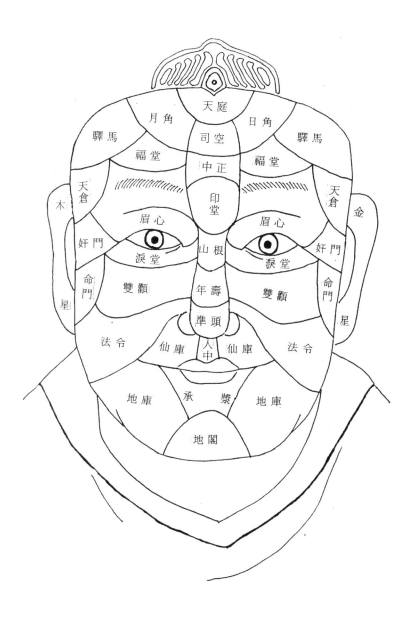

얼굴 부위 그림 명칭도

I. 종합 운세

(1) 부모운

부모운은 일각, 월각, 좌우 몰골을 본다.

아버지의 병이나 운세는 일각을 본다. 부모궁인 일각의 색이 홍윤해지면 병이 있어도 낫고 회복되며 재앙도 가벼워지나 일각이 암색이 되어 진하면 병색이 깊고 한차례 밝아지면 사망한다. 어머니의 병은 월각으로 판단한다. 월각 부분의 색이 검푸른 색이면 어머니의 병이 위중하다. 월각의 색이 명윤하면 병이 회복된다.

(2) 부부운

부부의 운은 눈의 끝 부분인 어미, 길문, 와잠을 보아 판단한다. 어미와 간문의 색이 검푸른 색이면 부부의 병이 있고 홍윤하면 병이 있어도 회복된다. 적색이 있으면 사망하고 와잠부분에 검은색이 나타나면 상을 당한다.

(3) 형제운

형제운은 코의 준두, 양눈썹, 관골을 살펴 운세를 판단한다. 눈썹에 적색이 있고 황색이 연기 같은 즉 형제의 사망이 있다. 코끝 준두에 흰색의 점이 있으면 형제의 사망이 있다. 눈썹의 색이 명윤하고 관골에 홍황색이 있으면 형제병이 회복된다. 좌측 눈썹은 형제운, 우측 눈썹은 자매의 운을 본다.

(4) 자식운

자녀의 운은 눈밑 와잠부분과 간문을 보아 판단한다. 아들의 운은 왼쪽을 보고 딸의 운은 오른쪽을 보아 판단한다. 와잠이 검푸른 색이면 자녀의 사망이 있고 색이 명윤하면 병이 낫는다. 간문의 색이 검푸르면 자녀에게 형액이 있다.

(5) 취직(시험합격), 관운

코끝 준두와 인당, 관록궁 즉 중정, 천창 부위의 색이 명윤하면 취직운, 관운이 있고 시험 합격은 두 귀와 명문, 연수, 눈썹, 눈을 보고 판단한다. 이곳이 황자색을 띠면 시험에 합격하는 길상이다.

(6) 당선, 승진운

얼굴 전체의 만면에 홍자색이 짙고 두 눈에 광채가 있으며 눈썹 빛이 밝으면 당선되고 영전, 승진운은 천중에 홍황색이 있고 인당과 준두의 색이 명윤하면 승진, 영전한다.

(7) 돈복(재물운)

금전과 재물운은 코밑 준두, 눈썹 사이 인당, 이마의 좌우 천창을 보아 판단한다. 인당의 색이 홍황색을 띠거나 명윤 즉 밝은 색을 띠면 재물이 들어온다.

(8) 친구, 동료운

형제의 운은 두 눈썹을 보는데 인기운도 두 눈썹을 보며 친구나 동료운도 두 눈썹을 본다. 눈썹 밑에 적색이 나타나면 친구 관계에 나쁜 결과가 있다. 청백의 색이 있어도 친구간 사이가 좋지 않다. 눈썹털이 위로 서 있으면 성질이 급하고 또한 눈썹털이 짧게 앞으로 굳게 서 있으면 감옥에 갈

상이며 친구를 해친다.

(9) 노동, 재판운

천창, 지고, 두 눈을 보아 판단한다. 이마에 암적색이 구름이 낀 듯하면 범죄형으로 감옥과 관련 있다. 천창, 지고 두 눈에 적색이나 청색이 있으면 소송사건에 휘말리고 얼굴을 셋으로 구분할 때 하정(밑)에 색이 밝으면 소송에 승소하거나 소송이 취하된다. 즉 얼굴에 검은색이나 적색이 나타나면 관재구설에 휘말리고 색이 밝게 변하면 상황이 순조롭게 변해 좋은 결과를 가져온다.

2. 건강, 질병, 수명

(1) 건강과 질병 진단

사람의 건강 진단 방법을 한의학에서는 망진법(望診法)과 맥진법(절진법 (切診法))으로 크게 나눈다. 망진법이란 환자의 전신을 두루 살펴보고 그 보행의 상태, 피부의 색깔, 골격의 대소, 신체의 동작 및 체질, 얼굴색, 눈의 움직임, 귀·눈·입·코·눈썹·입술의 위치, 긴장, 이완, 손금의 변화 등을 육안으로 관망하여 병이 어디에 있으며 어느 정도인가 알아내는 방법이다. 이것을 반복하여 숙달되면 병의 태반을 망진법으로 알아낼 수 있다고 한다. 또한 맥진법(절진법)은 의사가 직접 환자의 몸에 손을 대고 질병을 판정하는 것인데 일명 맥진(脈診), 박진(博診), 사지맥(四肢脈), 복진(腹診)이라고도 하며 이 절진은 오장육부의 생사 길흉을 결정하고 그 증거로 음양, 허실, 표피, 허열을 단정하여 병의 근원을 찾아내며 호흡의 완급에 따라 폐의 허실을 알고 음식의 다소에 의하여 위의 허실을 관찰한다.

① 오장은 간장, 심장, 비장, 폐, 신장을 말한다.

- 목(木) : 간(肝), 음, 丁×壬, 양합, 木
- 화(火) : 심(心), 양, 戊×癸, 음합, 火
- 토(土) : 비(脾), 양, 甲×己, 음합, 土
- 금(金) : 폐(肺), 음, 乙×庚, 양합, 金
- 수(水) : 신(腎), 양, 丙×辛, 음합, 水
  (사주오행의 천간합에서 정한다.)

② 육부

- 목(木) : 간장부문, 담(膽), 巳×亥, 木
- 화(火) : 심장부문, 소장(小腸), 子×牛, 火
- 토(土) : 비장부문, 위(胃), 丑×未, 土
- 금(金) : 폐장부문, 대장(大腸), 卯×酉, 金
- 수(水) : 신장부문, 방광(膀胱), 辰×戌, 水
- 화(火) : 우신장부문, 삼초(三焦) : 寅申合火
  (육부는 지지의 충(沖)에서 결정한다.)

③ 오장과 육부

- 목장(木臟) : 간(肝), 목부(木腑) : 담(膽)
- 화장(火臟) : 심(心), 화부(火腑) : 소장(小腸)
- 토장(土臟) : 비(脾), 토부(土腑) : 위(胃)
- 금장(金臟) : 폐(肺), 금부(金腑) : 대장(大腸)
- 수장(水臟) : 신(腎), 수부(水腑) : 방광(膀胱)

진맥에 의한 질병 판단은 위의 오장육부의 허실에 따라 판정한다.

질병 진단 방법으로 자신이 할 수 있는 망진법 중 신체의 각 부분과 손금에 의하여 판정하는 부분을 살펴보자.

④ 얼굴을 보고 아는 병

- 얼굴의 부종(浮腫)은 각기, 심장, 신장 등이 약한 것이다.
- 뺨이 붉은 것은 심장의 열이나 폐결핵의 상이다.
- 미간이 흰 것은 정신과로다.
- 눈동자가 황색이면 황달이다.
- 입술이 검으면 눈과 심장이 약하다.
- 간이 약하면 얼굴빛이 푸르고 잘 노한다.
- 비장이 약하면 얼굴이 황색이고 자주 트림한다. 연수가 푸르고 심양이 희다.

- 폐가 약하면 얼굴이 희고 쉬 슬퍼한다.
- 신장이 나쁘면 얼굴이 검고 자주 하품한다(얼굴이 붓고 귀밑이 검다.)
- 이마가 푸르면 복통이 있다.
- 이마에 반점이 있으면 임신 또는 자궁병이나 폐결핵이다.
- 이마에 광택이 있으면 중병이라도 회복된다.
- 얼굴에 광택이 없고 치근이 검으면 죽는다.
- 얼굴이 검고 입술이 푸르거나 얼굴이 푸르고 입술이 검으면 죽는다.
- 발병하여 바로 얼굴에 붉은 반점이 나타나면 죽는다.
- 눈, 코, 눈썹이 검푸르고 눈밑의 색이 검고 어두우면 심장에 병이 있다.
- 관골이 특히 붉으면 폐에 열이 있고 관골이 검은색이면 폐가 냉한 이유이며 폐에 이상이 있으면 숨이 가쁘고 기침하면서 피를 토한다.

⑤ 찰색으로 알 수 있는 질병과 재난

눈과 눈 사이를 산근이라 하며 일명 질액궁이라 하여 사람의 건강, 질병을 보는 곳이다. 코가 시작되는 중간의 조금 위 부분으로 이곳의 색이 밝고 명윤하면 건강하고 색이 어둡거나 검푸르면 병이 있다. 특히 위장병, 자궁병이 이곳에 잘 나타난다. 질병이나 재난의 전조는 얼굴에 나타난 찰색으로 미리 알 수 있다.

- 연수 위에 흙먼지색이 나타나면 재앙의 전조이다.
- 명문, 명궁, 준두, 연수, 삼양심음 부위에 적색이 나타나면 중병의 증상이다.
- 관골 부위 : 흙색으로 어두우면 큰 재앙이 있을 징조.
- 살에 부기가 있고 기가 냉해짐 - 중병
- 입가에 청색이 있고 준두가 윤택하지 못하면 사망
- 혈색이 갑자기 암색이 있으면 사망
- 환자의 손바닥이 점차 홍색이 나타나면 병이 회복된다.
- 인당에 암흑색이 나타나면 병이 발생한다.
- 코의 연상(年上)이나 수상(壽相)이 푸르거나 검은빛이 나타나면 병이 난다.

- 얼굴이 푸르면 순환기 장애이다.
- 입술이 흑색이면 치질이 있을 수도 있다.

⑥ 피부를 보고 아는 병

- 피부가 창백하면 심장이 약하고 빈혈이거나 십이지장충, 위병, 결핵이나 악성종양(암)이다.
- 피부가 노란색이면 황달이다.
- 얼굴 피부의 부종은 빈혈, 심장, 신장, 각기, 결핵의 징조다.

⑦ 코를 보고 아는 병

- 코끝의 자색·남색은 심장질환이다.
- 코가 창백한 것은 빈혈이다.
- 콧물이 증가하는 것은 축농증이다.
- 코끝이 붉은 홍조는 동창이나 주독(酒毒)이다.

⑧ 귀를 보고 아는 병

- 귀의 색이 밝지 못하면 순환기 장애이다.
- 귀는 신장에 관련이 있다. 정력이 쇠하면 귀에서 소리가 나고(귀울음) 멀리서 나는 소리를 잘 못 듣는다.
- 왼쪽 귀가 먹은 것은 분노한 데 기인하며 이는 여자에게 많다.
- 오른쪽 귀가 먹은 것은 색욕(色慾)으로 인한 것이며 남자에게 많다.

(2) 질병과 건강 수명 상식

① 질병의 변화

▸ 전염병

옛날	현대
세균성질환	혈관성질환(혈액의 오탁)
홍역	고혈압
콜레라	당뇨
장티푸스	심장병
폐병	뇌졸중
	암

② 피의 중요성

혈액의 하는 일
가스의 운반(산소)
영양소의 운반
호르몬의 운반
배설 작용
온도 조절
감염에 관한 방어

③ 병의 원인

현대의 모든 질병은 피의 산성화 오탁에서 비롯된다.

▸ 제1단계
정신적 스트레스 - 신경과민, 정신불만
육체적 스트레스-운동 부족

식사의 불균형-알칼리식품의 부족, 혈액의 산성화, 병의 발단

▸ 제2단계
전신의 여러 곳에 혈액 순환 장애가 일어난다.
어깨결림, 신경통, 손발마비, 냉증, 피로
전신에 신경긴장이 일어난다.
변비, 두통, 불면증, 식욕부진, 기력감퇴

▸ 제3단계
자연 치유력의 저하
병명이 붙은 환자가 된다.
암, 뇌졸중, 심장병, 당뇨병

④ 병이 나기 전 몸의 이상 징후
• 어깨결림, 목덜미가 당기고 결리고 아프다.
• 불면, 숙면을 못 이룬다.
• 변비
• 냉증, 손발이 떨린다.
• 몸이 나른하고 기력이 감퇴된다.
• 혈압에 이상이 있다.
• 신경이 곤두서고 식욕이 나지 않는다.
• 두통, 현기증, 머리가 무겁다.
• 요통, 흉통
• 쉽게 흥분
이러한 몸의 이상, 이런 상태가 계속되면 병에 걸리기 쉽다.

(3) 질병의 전조 증세

① 간장병의 전조 증세

나른함 피곤함이 있다.
가끔은 발이 부어오른다.
배가 나온다.
소변의 색이 진하게 변한다.
손바닥에 빨간 반점이 나타난다.
얼굴색이 거무스름해진다.
어깨통증이 있어 아프다.
구역질이 나고 식욕이 없다.

② 심장병의 전조 증세

가슴의 통증이 있다.
맥박수가 많아진다.
어깨나 등이 아프다.
혈연 관계에 심장병이 있다.
고혈압의 사람이 있다.
동계가 걱정된다.

③ 당뇨병의 전조 증세

목이 마르다.
화장실에 자주 가게 되고 소변의 양이 많아진다.
배가 고프다.
피부가 가렵다.
나른함, 쉬 피로해진다.
손발이 저린다.
다리에 쥐가 난다.

체중에 변화가 있다.(체중 감소)
시력이 떨어진다.

④ 혈압의 전조 증세

아침의 두통
현기증, 구역질이 난다.
동계, 숨이 차다.
초조하다.
신체의 일부가 마비된다.

⑤ 뇌졸증의 전조 증세

뒷목이 땡기고 뻣뻣하다.
머리가 아프고 무겁다.
손발이 저리고 어깨와 목이 결린다.
가슴이 뛰고 쉽게 흥분한다.
갑자기 한쪽 팔다리가 마비되거나 감각에 이상이 있다.
말할 때 발음이 분명치 않거나 말을 잘 못한다.
심한 두통 및 구토
갑자기 정신을 잃거나 갑자기 눈이 안 보이거나 둘로 보임
심하게 어지럽다.
자꾸 한쪽으로 넘어진다.

⑥ 꼬마 뇌졸중

다음 증상이 수 분 내지 수십 분 지속이 되면 꼬마 뇌졸중의 가능성이 많다.

'꼬마 뇌졸중'을 아십니까.

겨울철, 뇌졸중의 계절이 다가오면서 꼬마 뇌졸중에 관심을 가져야 한다
는 지적이 많다. 꼬마 뇌졸중이란 본격적인 뇌졸중 발작에 앞서 일시적으

로 발생하는 일종의 전조 증상, 의학 전문용어로는 '일과성(一過性) 뇌허혈 (腦虛血)'이라 부른다. 일시적으로 지나가는 뇌의 혈액 부족 현상이란 뜻. 노원 을지병원 신경과 구자성 교수의 도움말로 꼬마 뇌졸중에 대해 알아본다.

▶ **왜 생기나** = 동맥경화로 푸석푸석해진 혈관에서 혈전이라 불리는 피떡이 떨어져 나오다 뇌혈관을 막아 생긴다. 완전히 꽉 막게 되면 본격적인 뇌졸 중이 발생한다. 그러나 꼬마 뇌졸중은 수분에서 수십 분 동안 살짝 막았다 가 다시 풀린다는 점에서 뇌졸중과 다르다. 막혀 있는 동안 뇌세포에 산소 와 영양분의 공급이 차단되면서 뇌가 일시적 마비 상태에 빠진다. 물론 혈 액 공급이 재개되면 증상이 씻은 듯 사라진다.

▶ **누가 잘 걸리나** = 꼬마 뇌졸중의 최대 위험 요인은 고혈압이다. 수축기 혈압 140 이상, 이완기 혈압 90 이상인 경우다. 혈압이 높을수록 혈관에서 혈전이 잘 생긴다. 수압이 센 수도관일수록 녹이 잘 떨어져 나오는 것과 같 은 이치다. 심장이 파르르 떠는 부정맥도 조심해야 한다. 심장이 떨 때 심 장에서 혈전이 떨어져 나와 뇌혈관을 막을 수 있다. 경동맥이라 해서 목에 서 맥박이 만져지는 굵은 혈관이 좁아진 경동맥협착증도 뇌혈관의 원인이 된다. 이 밖에도 담배와 커피, 기름진 육류, 운동부족, 당뇨, 복부 비만 등 은 꼬마 뇌졸중을 잘 일으키는 간접 원인이다.

(4) 손금과 체질

세계보건현장에서 밝힌 바에 의하면 '건강이란 신체적·정신적·사회적 으로 완전한 건전 상태(健全 狀態)에 있는 것을 말하며 단순히 질병에 걸려 있지 않다고 하는 소극적인 상태를 말하는 것은 아니다'라고 규정하고 있 다. 혹자는 '건강이란 병이 아닌 상태이다'라고 설명하는 사람도 있어 이 러한 정의는 까다롭게 느껴진다. 이런 정의에도 불구하고 우리들의 건강체 에는 건강의 표지(標識)가 있으며 누구나 병에 대한 의식은 비교적 확실하게 갖고 있다. 몸과 마음이 건강하다면 피부, 머리털, 손톱, 손바닥 등의 색이나 윤이 건강한 빛깔을 나타내고 손금에도 건강한 표지가 새겨져 있다. 그림은 서양에서 손금으로 몸의 체질을 판별하는 방법이다. 동양에서는 음양오행설에 근거하여 태음인, 소음인, 태양인, 소양인으로 구별한다. 음은 여성, 양은 남성으로 보나 태어난 날에 따라 남녀가 각각 음양이 다시 정해져 양과 음이 많고 적음에 따라 많으면 태(太), 적으면 소(小)를 써 양과 음을 구분하여 체질을 판단한다. 그림의 판별법은 신체를 산성과 알칼리성으로 구분하여 산성이 차지하는 넓이가 클 때는 산성체질, 알칼리성 쪽이 클 때는 알칼리성 체질로 분류하고 산과 알칼리가 균형이 잡히면 중성체질이라 하여 건강한 상태를 나타낸다. 신체는 항상 산과 알칼리의 조절이 이루어져 중성을 유지하려고 하는 힘이 작용하고 있다. 그러나 사람의 체질은 어느 한쪽으로 기울게 되어 있으며 이에 따라 건강한가, 아닌가, 몸의 균형이 흔들리고 있나, 그렇지 않은가를 알 수 있다. 그 판별법은 다음과 같다.

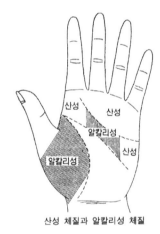

산성 체질과 알칼리성 체질

• 엄지손가락을 감싸고 있는 검은 사선 부분인 엄지구는 알칼리성의 대표이며 이 부분이 크고 풍만하면 체액에 축적된 예비 알칼리는 풍부하다.

• 성격선과 두뇌선의 중앙부분 손바닥의 가운데 검은 사선부분은 알칼리성이며 그 양쪽 바깥부분은 산성이다.

• 성격선보다 윗부분은 산성이며 두뇌선 밑의 흰 부분도 산성이다. 산성 체질엔 고혈압이 많고 알칼리성 체질에는 저혈압이 많다. 산성 체질은 눈동자의 동공이 크고 안구(眼球)는 안쪽으로 들어가 있는데 알칼리성 체질은 바깥쪽으로 나와 있다. 산성 체질은 대머리가 되기 쉽고 알칼리성 체질은 백발이 되기 쉽다. 산성 체질의 체격은 사지(四肢)가 발달한 장선편평형(長線扁平型)이고

알칼리성체질은 허리가 발달한 단선(單線)이고 둥근 형이다. 산성체질은 활동성이지만 충분한 수면을 취하지 않으면 활동이 둔해지고 움직이면 쉽게 피로가 온다. 알칼리성 체질은 짧은 수면으로 피로가 회복되고 움직일 수 있도록 컨디션이 좋아지고 별로 졸리지 않는다. 음식 중 커피에 대한 반응을 보면 산성체질은 커피를 즐기며 마셔도 잠이 안 온다는 일은 없지만 알칼리성 체질은 초저녁부터 밤에 걸쳐 커피를 마시면 잠을 못 이루는 일이 있다. 산성체질의 성질은 충동에 의해서 움직이고 감상적으로 되는 일도 있으며 사람이 말하는 것을 그대로 잘 믿지만 알칼리성 체질은 이론적으로 따져 행동하고 사람의 말은 확증이 있을 때까지 꼬치꼬치 따지며 믿지 않는 경향이 있다. 신체는 현재 산성이나 알칼리성 어느 쪽으로 기울어져 있을지라도 항상 혈액을 중성으로 유지하려고 조절 작용을 한다. 토해서 남는 산(酸)을 버리고 설사해서 남는 알칼리를 버리며 산이 너무 많을 때는 열을 내서 알칼리성을 일으키는 등 우리 신체는 스스로 체액을 평형으로 유지하려고 한다. 산 과잉의 대표적인 것은 동맥경화, 뇌일혈, 당뇨병, 발열 (發熱), 감기 등이고 알칼리 과잉의 대표적인 것은 암, 천식, 위하수(胃下垂), 저혈압증 등이다. 일반적으로 고기, 냉수욕, 화를 내는 것은 체질을 산성으로 기울게 하고 편안한 마음, 익힌 야채식, 온욕, 웃음, 복식호흡 등은 체액을 알칼리성으로 기울게 한다. 본디 건강하기 때문이다. 옛부터 동양에서는 체질을 태양인·소양인·태음인·소음인의 네 체질로 구분하는 사상체질의학이 전해져 내려왔다. 1894년(100년 전) 이재마 선생께서 몸과 마음을 하나로 보는 심신의학으로 마음을 다스려 몸의 병을 고치는 치심치병(治心治病)의학인 사상의학을 창안하셨다. 그 내용을 보면 외모인 체형, 골격, 용모에 따라 체질이 다르며 체질에 따라 심성인 성질, 재간, 성격, 욕심이 다르고 체질이 다르며 먹어야 할 음식도 다르고 피해야 할 음식이 다르다. 체질에 맞지 않으면 보약도 독약이 되며 체질마다 병이 다르고 치료법도 다르다. 체질감별은 각 식품(무, 당근, 감자, 오이)에 미치는 영향력의 정도를 따져서 구분한다.

사상의학에는 3대 원칙이 있는데

첫째는, 체질은 변하지 않는다는 체질 불가분의 원칙이고

둘째는, 태양인·소양인·태음인·소음인 네 체질 이외에 다른 체질은 있을 수 없다는 체질 예외 인정 불허의 원칙이며

셋째는, 각 체질에 해당하는 약물이 아니면 쓰지 않는다는 약물혼용 불가의 원칙이다.

• 태양인은 창의력이 특출하고 목덜미와 머리가 크게 발달했으며 용모가 뚜렷하고 마른 편이다. 폐가 크며 간이 작고 미래지향적인 지도자형이나 독단적이고 치밀하지 못한 점도 있다. 과도한 욕심은 금물이며 술과 게으름은 멀리해야 한다. 지방이 적은 해물과 채소류가 좋고 고단백 식품은 간에 부담이 되고 새우나 메밀 등은 좋으나 매운 음식은 안 맞는다. 조깅, 축구, 등산으로 하체 기능을 보완함이 바람직하다.

• 태음인은 리더십이 있고 끈기가 있으며 간이 크고 폐가 작다. 비만하기 쉬운 체질로 체격이 크고 땀을 잘 흘리는 대식가로 고혈압, 당뇨병 등의 발병률이 높다. 정기적인 운동이 필요하고 고단백 저지방식품이 좋다.

• 소양인은 사고력이 활발하고 하체보다 상체가 발달되었으며 행동이 민첩하고 비장이 크고 신장이 작다. 열이 많아 찬 음식, 채소, 해물류가 좋다.

• 소음인은 꼼꼼한 성격이며 학자형이고 신장이 크고 비장이 작다. 따뜻한 식품이 좋고 찬 체질이어서 찹쌀, 사과, 시금치 등이 특히 좋다. 냉면, 빙과류, 돼지고기는 피해야 한다.

(5) 기(氣)

산소와 수소가 결합하여 물이 되듯이 몸과 마음, 정신과 육체가 결합하여 인간의 생명체가 된다. 생명체는 살아 있는 유기체이며 사람의 기는 지정의(智情意)의 셋으로 표현한다. 인간의 기가 플러스(+)와 양(陽)의 방향으로 나아가면 생명력이 발랄해지고, 마이너스(−)와 음의 방향으로 나아가면 생명력이 쇠약해진다. 그러면 사람의 몸에서 구분되는 지정의를 살펴보자.

그림은 얼굴과 몸체 및 손을 구분한
것이다. 몸에서 상부는 목에서부터 머
리까지이고 중부는 어깨 부위에서 배
꼽까지이며, 하부는 배꼽에서 발까지
이다. 이런 구분은 기능과 역할에 따
른 것이다. 몸의 상부 기관에서 모든
뇌신경이 작용하여 하부기관에 명령
을 내리고 이에 따라 중부기관에서 공
장과 같은 기능을 하는 것이다. 손은

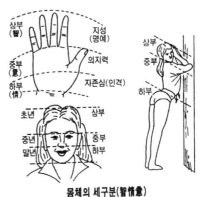

몸체의 세구분(智情意)

손가락, 손바닥, 손목의 세 부분으로 나뉜다. 상부에는 손가락과 손톱, 지
문이 있다. 이 부분이 발달되어 있으면 즉, 손 전체에 비해 손가락이 짧지
않고 손가락의 움직임이 둔하지 않으며 유연하고 손가락 마디가 단단한 모
양을 하고 있으면 정신면에서 지능지수가 높고 대체적으로 학술 계통이나
종교 관련 일에 진출하는 경향이 있다. 중부는 엄지손가락 첫째마디부터
타원형으로 금을 그은 손바닥 부분을 말한다. 이 부분에서는 현실의 직관
성을 보는데 이곳이 팽팽하고 살이 두툼하며 손바닥이 깊고 면적이 약간
넓은 사람은 활동성이 있어 진취성과 공격성이 강하다. 모든 일에서 현실
적응이 잘된다. 하부는 손목에서 손가락뼈가 시작되는 곳이다. 즉 의식주
를 비롯한 섹스 등 본능적인 면을 보는 곳인데 살가죽이 두껍고 손가락이
단단하면 성격이 저급하고 자기본위적이다.

(6) 인간의 수명

　인간은 생화학적으로 산정할 때 120세 정도 살 수 있다고 한다. 그러나
사람의 환경 즉, 정신적인 스트레스, 공해, 인간 감정의 희로애락의 깊이에
따라 생명이 단축되어 수명이 짧아진다고 할 수 있다.

① 장수할 상

　관상학으로 볼 때 법령이 힘있게 입가로 내려 있고 인중이 선명하고 긴

사람이 장수하며, 수상에서는 생명선이 힘있고 길며 손에 탄력이 있고 생명선상에 섬형이나 장애선이 없고 끊어지지 않고 엄지손가락을 타원형으로 뚜렷하게 감싸고 손목 근처까지 둘러싸고 있으면 75~80세까지 장수할 수 있고 또한 건강선이 흠이 없으면 건강하고 질병에서 보호되어 장수한다.

② 단명하기 쉬운 상

▸ **수상으로 볼 때** 단명할 상은 생명선이 짧거나, 섬형이 있거나 생명선의 끝에 머리털 모양, 가는 선들이 여러 갈래로 나누어지면 신체 허약하여 단명한다.

▸ **관상으로 볼 때**
  • 생명력을 보는 인중이 흐리거나 검은색을 띠거나 짧은 사람
  • 콧구멍이 너무 큰 사람은 위장이 약하여 단명한다.
  • 얼굴이 창백하면 혈액순환이 잘 되지 않아 단명한다.
  • 얼굴이 너무 붉은 사람은 피의 순환에 이상이 있어 단명한다.

③ 사망의 진단

▸ 사망은 관상의 찰색으로 아는 바 산근, 명문을 살펴 청색이나 황색이 이곳에 나타나면 수일 내에 사망하는 것으로 보면 된다.
▸ 인중이나 인당, 천창, 지각에 흙색이나 적색, 황색이 나타나면 머지 않아 사망으로 봐도 된다.
▸ 준두가 짙은 검은색으로 변한다.
  • 눈동자가 붉은색으로 변함
  • 검은 동자가 황색으로 변한다.
  • 얼굴이 검고 항상 화난 듯한 표정
▸ 코가 검붉게 되고 눈밑이 검은색을 띤다.
▸ 이마가 흐려지고 콧등에 검은색이 나타난다.
▸ 얼굴이 검어지고 입술이 푸르면 머지않아 사망

▸ 코끝인 준두가 검은색을 띠면 사망의 전조이며

▸ 산근이 검은색을 띠면 사망이 가까웠다는 것을 나타낸다.

▸ 얼굴에 검은색이 나타나고 손바닥에 검은색이 점차 넓어지면 사망이 가깝다고 한다.

④ 질병의 진단

　　• 하혈 : 연수가 어둡다.

　　• 농혈 : 연수가 적색이다.

▸ 손톱 위에 줄이 나타나면 신체 쇠약

▸ 손톱 중앙에 흰 점이 있으면 신경쇠약, 정신불안 등의 질병에 걸린다.

　　• 엄지손가락에 흰점 – 신체 이상, 뇌병

　　• 검지에 흰점 – 눈병

　　• 중지에 흰점 – 위병

　　• 약지에 흰점 – 장, 허리의 병

　　• 소지에 흰점 – 다리관절, 성병

▸ 자궁병 : 눈밑이 검다.

▸ 장의 질환 : 준두에 반점

▸ 심장병 : 눈썹 및 전택궁에 빨간점, 몸이 붓고 다리가 붓는 경우 잘 웃는다.

▸ 자궁병 : 콧구멍 밑에 빨간점

▸ 신경통 : 눈썹 부위 검다.

▸ 폐렴 : 얼굴이 빨갛고 입, 입술, 혀가 마르며 혀에 반점 – 말라리아, 성홍열

▸ 축농증, 인후병 : 입으로 호흡

▸ 바세토씨병 : 안구가 튀어나오고 목 밑이 붓는다.

▸ 간장병 : 눈동자가 노랗게 황달 증상이 있다.

▸ 난산 : 눈밑이 검거나 푸르다.

▸ 질병은 질액궁에 나타난다.

▸ 간장(쓸개) : 양눈, 오른쪽 볼, 기색

▸ 비장(脾臟) : 코, 피부, 입술색

▸ 신장(방광) : 법령, 귀, 피부, 부기, 이마, 귓바퀴, 혀, 귀

▸ 폐장 : 왼쪽 볼의 기색, 코, 목젖

폐에 열이 있으면 코끝에 적기가 생겨난다. 간에 이상이 있으면 눈이 누렇거나 붉고 풍이 많으면 눈에 남백색이 나타난다.

⑤ 재난의 운명

산근에 적색(붉은색)이 나타나면 수일 내에 질병이나 우환이 생긴다. 눈썹이 전혀 없으면 불에 놀랄 상이다.

• 눈썹에 검은점이 있으면 어려서 물로 인한 수액이 있고

• 구각(口角)에 검은점이 있으면 말년에 수난을 당한다. 이마에 점이 있어도 물론 수난을 당한다.

3. 수상

(1) 손금의 명칭과 의미

① 수상은 과학이다

로마의 영웅 시저는 "손에는 귀천이 새겨져 있다"고 말했다. 과연 그런가.

옛날의 영웅호걸들은 큰 꿈을 품고 있었기에 그들의 장래에 대한 기대감과 호기심으로 운명학인 수상에 남다른 관심을 가진 경우가 많았다.

이렇게 하여 발달된 수상으로 오늘을 사는 우리도 손을 보고 그가 인생을 어떻게 살아왔는지, 또 그의 미래는 어떤 것인지를 어느 정도 짐작할 수 있게 된 것이다.

삶의 현장에서 땀으로 나라를 일구는 노동자의 마디 굵은 거친손, 가느다랗고 매끄러우며 핏기 없는 하얀 피부의 사무원의 손, 보드랍고 가녀린 여인의 어여쁜 손, 굳은 살이 박인 스포츠맨의 손, 이런 측면 뿐 아니라 좀 자세히 들어가 보면 모택동이나 레이건 전 미대통령같이 유난히 엄지가 굵은 정치가의 손 등 가지각색이다.

이렇게 손에는 마치 소우주(小宇宙)를 보듯 우리의 삶이 각인되어 있고 또한 손바닥에는 두뇌의 신경조직이 투영되어 손금으로 나타나 우리들의 재능이나 건강, 재복, 운명 등을 읽을 수 있는 인생의 축도(縮圖 : 지도)가 담겨져 있다.

수상에 대한 연구는 일찍이 3천여 년 전 인도에서 발생하여 그리스에 전해지고 그 후 유럽 전역에 퍼져 이르고 있으나 이를 가장 발전시킨 곳은 서양이다. 일반인들은 잘 알지 못하는 사실이지만 철학자 아리스토텔레스는 〈수상술도해입문〉이란 책을 저술하여 서양수상학의 원조로 꼽히고 있다. 이런 역사를 가진 수상학은 달나라를 왕복하는 문명시대인 오늘날에도 우주선에 탑승할 이상적인 우주비행사를 선정하는 데 사용되기도 한다.

즉 성격금이 잘 조화되어 외계의 변화에 감정의 흔들림이 적고 우주공간에서 장시간 고독을 견딜 수 있는 타입인가를 알아보는 것이다.

또한 세상에 같은 지문을 가진 사람은 단 한 명도 없다는 전제 아래 그 지문에 나타나 있는 소용돌이(와상문(渦狀紋))나 물결모양(파상문(波狀紋))은 신원을 확인하거나 범죄 수사 하는 데 유용하게 활용되고 있다. 심지어 2차대전시 일본에서는 가미가제(神風)라고 하여 폭탄을 비행기에 싣고 적진에 돌진하여 기체와 함께 자폭하는 이른바 결사특공대를 선발하는 데 수상을 이용했다.

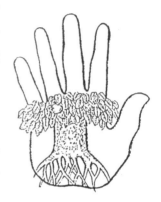

역사속의 숨은 얘기를 통해 직접 현실생활과 밀접한 관계가 있는 과학적인 수상은 누구나 알기 쉽게 접근하여 생활에 유용하게 쓰여질 수 있도록 수상의 신비와 효험을 소개하고자 한다.

(2) 손금과 운세

독일의 철학자 칸트가 "손은 외부에 나타난 또 하나의 두뇌"라고 말한 것을 상기하지 않더라도 수상은 두뇌의 신경조직이 손금으로 나타난 것이라고 할 수 있다. 손금은 인간의 모든 것을 나타내 이는 흔히 소우주(小宇宙)라고 일컬어지고 있을 정도다. 그 사람의 과거, 현재, 미래의 모든 일, 심지어 내밀한 사항까지도 수상을 공부하면 읽어낼 수 있기 때문에 인생 운명의 변화와 방향을 예지할 수 있다. 그래서 어떤 사람은 수상을 삶의 축도(縮圖)이며 운명의 인장(印章)이라고도 부른다.

그러면 수상은 어떻게 생성되며 사람이 성장하면 변하는 것인지 아니면 변하지 않는 것인지를 우선 알아보자.

W 존슨(영국)의 〈손으로 본 해부학〉에 의하면 태아가 모태 내에서 자란 지 18주가 되면 손금 가운데 성격금, 생명금, 두뇌금이 나타난다고 한다. 이렇게 생성된 손금은 9살까지 계속해서 형성되며 그 뒤로는 본인의 노력과 환경에 따라 부분적으로 단기간에 변하기도 하고 장기간에 걸쳐서 변하기도 한다. 즉 직업금, 성공금, 건강금 등은 부분적으로 단기간에 바뀌며 주요 삼대선인 성격금, 생명금, 두뇌금은 오랜 기간에 걸쳐서 변화한다.

영국의 천재수상가인 키로는 "왼손은 주어진 손(선천적인 손)이며 오른손은 만드는 손(후천적인 손)"이라고 했다. 그러나 여기서 알 수 있는 것은 운명이란 고정되어 있는 것이 아니라 우리의 노력으로 바꿀 수가 있는 즉, 후천적인 측면이 있다는 것이다.

그러니까 손금을 자세히 알고 이에 대한 대처 방안을 찾아 열심히 노력한다면 궤도 수정이 가능하다는 중요한 결론이 나오게 되는 것이다.

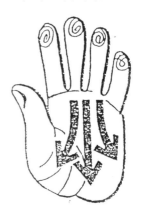

일본의 어떤 가정에서는 나이든 어머니가 소화가 잘 안 되고 몸이 쇠약해 가끔 몸져눕는 일이 생겼다. 생명금의 일부가 파괴된 것을 가족들이 알고 서로 합심하여 어머니의 가사를 분담하기 시작했다. 좋지 않은 음식을 삼가며 3년여 동안 힘써 간호한 결과 생명금이 회복되고 건강을 되찾은 예가 있었다. 뿐만 아니라 불운을 알고 대처하여 피해를 막는 예는 수없이 많다. 하늘은 스스로 돕는 자를 돕는다는 말처럼 노력한다면 그 대가를 반드시 얻게 마련이다. 이렇듯 수상이란 주어진 운명을 숙명처럼 받아들이고 감나무 밑에서 입 벌리고 누워 있는 식의 태도가 아니다. 생활속에서 과욕에 따른 실패를 막고 재능과 분수를 파악하여 성공적인 삶을 살아보려는, 인간적인 너무나 인간적인 의지가 담긴 휴머니즘적인 학문이라 봄이 좋을 것이다.

(3) 손금의 변천 과정

과학자들은 화석(化石)을 보고 지구의 생성 연대와 변천 과정을 알아낸다. 또한 나무의 나이테로 수령(樹齡)을 세어 볼 수 있고 물고기의 비늘로 그 나이를 알아낸다. 마찬가지로 사람의 생애와 변화는 손에 새겨진 운명의 상형문자인 수상을 통해서 알 수 있다.

그러면 손금의 부분 명칭과 그 의미하는 내용을 알아보자.

옛날 서양 사람들은 수상을 점성술과 연관지어 생각했다. 손을 하나의 소우주로 보아 태양선, 금성구, 월구(月丘), 화성평원식으로 손바닥의 특정 부위에 천체의 항성이나 행성, 위성들의 이름을 붙여 손금이나 손바닥을 구분 표시했다. 즉 인간의 운명을 우주의 생성 변화에 비유해서 판단한 것이다.

요즘도 시중에서 이런 낯선 용어를 직역한 책들을 쉽게 볼 수 있다. 그러나 이런 용어는 일반인들에게 익숙치 않으므로 필자는 저서에서 이런 용어들을 우리 실정에 맞게 고쳐 썼다.

즉 그림에서 보는 바와 같이 ①은 생명선으로 엄지와 둘째 손가락 사이에서 나와 손바닥 중앙부 움푹한 부분의 경계에서 손목에 이르는 금이며 이는 수명의 길고 짧음과 건강 상태 등을 보여준다. 생명선이 길다고 꼭 장수하는 것은 아니며 마찬가지로 짧다고 단명하는 것이 아니다. 생명선이 짧은 경우 의지력이 약해지고 세균에 쉽게 감염될 수 있으나 과학적인 생활과 규칙적인 운동에 의하여 예방이 가능하다. 또 생명선이 길어도 무리하게 생활하면 오장육부에 문제가 생겨 선에 균열이 생길 수 있다. 따라서 생명선의 길고 짧음에 의해 획일적으로 판단하기보다는 절제된 생활이 건강에 더욱 중요한 요체라고 볼 수 있다.

②는 두뇌선이다. 둘째 손가락과 엄지(첫째손가락) 사이에서 나와 손바닥 중앙으로 비스듬히 나 있는 굵은 선으로 지능 정도, 성격, 정신 상태 등을 보여준다.

두뇌선은 두 개 있는 이중두뇌선이 최상이다. 이럴 경우 성공의 보증수 표라는 말까지 있다.

③은 성격선이다. 두뇌선 위의 선으로 성격과 가정운, 애정운 등을 알 수 있다. 끊어짐이나 섬 모양의 형태가 없이 곧고 길게 뻗어 있어야 길상이며 남과 잘 조화될 수 있는 사람으로 사회생활에서 원만한 삶을 누릴 수 있다.

(4) 아리스토텔레스와 손금

알렉산더대왕의 스승이었던 아리스토텔레스는 대왕의 보조를 받아 소아 시아 지방을 여행했는데 그때 수집한 자료를 모아 〈동물의 역사(History of Animals)〉라는 책을 편찬했었다.

그는 이 책에서 "손은 모든 기관 중에 가장 중요한 기관이며 손금은 생명의 장단을 표시한다"고 말하고 "또 손금은 아무런 원인도 없이 나 타나는 것이 아니라 천부의 감화력 과 개성에 의해 생긴 것"이라고 주 장한 바 있다.

이를 보아도 손금은 우리 인간의 길흉화복을 한눈에 알아볼 수 있는 운 명의 인장임에는 틀림이 없다 하겠다.

그러면 지금까지 서술한 손과 손 금을 하나로 묶어 알기 쉽게 요약해 보자.

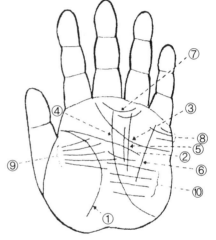

오른손은 후천적 성격과 운명, 현재를 나타내고 왼손은 선천적 성격과 운명을 보여주는데(왼손잡이는 반대) 좌우 적극적인 손, 소극적인 손을 구분 하여 종합 판단한다.

딱딱한 손은 둔감하고 완만하며 부드러운 손은 명랑하고 활발하다.(손의 경유(硬柔))

거친 살결은 둔감하고 난폭하며 부드러운 살결은 민감하고 고상하다.

성격선은 성격과 애정, 가정생활을 보여주는데 좋은 선은 애정을 가진 사람으로 행복한 부부생활을 할 수 있다. 짧은 선은 성급한 사람이며 어떤 일에 광적으로 치우치게 된다. 끊어지면 감정의 갈등이 있고 흐트러지면 다정다감하다.

손의 언덕에 나타나는 특성을 살펴보자. 성공구는 쾌활하고 투기심이 있고 권력구는 보스 기질, 상업구는 사교성과 과학적 재능, 엄지구는 자애심, 향락적인 면, 직업구는 깊은 사려나 부정을 증오하는 성격 등을 나타낸다.

(5) 손금의 명칭과 의미 요약

	이 름	위 치	의 미
3 대 선	① 생명선 (Life Line)	엄지와 검지의 사이에서 나와 무지구와 손바닥의 중앙부에 우묵한 부분의 경계에서 아래로 달려 손목에 이르는 굵은 금을 말한다	사람의 수명이 길고 짧음을 나타내고 신체의 강약, 건강 상태를 말한다
	② 두뇌선 (Head Line)	생명선과 대체로 같은 부분 즉 검지와 엄지의 사이에서 나와 손바닥의 중앙, 혹은 비스듬히 볼록구 쪽으로 달리고 있는 굵은 금을 말한다.	인간의 지능 정도, 두뇌의 강약, 성격 등을 나타낸다.
	③ 성격선 (Heart Line)	두뇌선 위에 있는 금으로 새끼손가락의 아래 옆으로 달리는 굵은 금을 말한다.	인간의 성정과 가정운, 애정 등을 나타낸다.
	④ 직업선 (운명선) (Fate Line)	손목 쪽에서부터 장지를 향하여 올라간 금을 말한다.(주로 성인에게)	인간의 운명의 소장을 나타내는 금으로 그 사람의 운, 불운과 사회적 생활을 나타낸다
	⑤ 성공선 (태양선) (Apollo Line) (Line of Sun)	무명지의 밑에 있는 세로금을 말한다. 보통은 성격선의 위에 있지만 사람에 따라서는 손목의 중간부터 무명지를 향해 두뇌선, 성격선을 지나 올라간 것을 말한다.	인간의 금전운, 명성과 인기 등 운수의 강약성쇠를 나타낸다.
	⑥ 건강선 (Health Line)	새끼손가락 아래쪽으로부터 손목으로 조금 비스듬히 달리고 있는 금을 말한다.	인간의 건강 상태를 나타낸다.
	⑦ 매혹선	검지와 장지 사이에서 나와 새끼손가락과 무명지 사이를 달리는 반원형의 금을 말한다.	인간의 성격 특히 애정을 나타낸다. 신경질이 있는 사람에게 많음.

⑧ 결혼선	새끼손가락의 바로 아래에 옆으로 나간 금을 말한다.	인간의 연애 관계를 나타낸다.
⑨ 제1영향선	무지구 쪽에 있음.	나이에 따라 변화. 없어지기도 함.
⑩ 제2영향선	소지구 쪽에 있음	매혹선과 신체 컨디션에 따라 변화
⑪ 엄지구	엄지손가락의 뿌리인 손바닥중에서 살이 제일 도톰한 곳.	사춘기에 잘 발달, 변화
⑫ 불록구	무지구의 반대 측인 손목 쪽 새끼손가락 맨 아랫부분 살이 도톰한 곳.	

사람에 따라서 삼대선 이외의 선은 나타나지 않는 경우도 있다.

금의 좋은 상은 끊어진 데가 없고 깊고 선명하게, 그리고 좋은색을 가진 것이 제일 좋은 수상이다(바늘을 뉘어 놓은 것, 세워 놓은 것 같은 것이 최상이다).

(6) 부속선의 명칭과 그 뜻

지금까지는 기본적인 손금을 설명하였고 이제는 부속선에 대하여 알아보기로 하자.

① **솔로몬환**(Solomon 環) : 검지 밑에 둥글게 나타나는 선이다. 옛날 이스라엘의 왕 솔로몬에게 있었던 선으로 지혜와 권력을 상징하고 있다. 솔로몬은 인간이 누릴 수 있는 최고의 영화를 누렸으며 놋쇠로 만든 통소로 하늘을 나는 새와도 대화를 했는데 이 모든 지혜는 솔로몬환이 있었기 때문인 것으로 전해지고 있다.

② **발전금** : 생명금의 출발점 부근에서 검지를 향해 위로 뻗은 선으로 야심과 향심을 나타낸다. 항상 발전을 위하여 노력하는 사람이다. 이 선이 있으면 현대 정주영 명예회장과 같이 학교 수업은 제대로 받지 못했어도 평소 꾸준한 연구와 노력으로 고등교육을 받은 사람 못지 않게 지식을 쌓게된다.

③ **신비십자금** : 손의 중앙부에 십자형으로 나타나는 선이다. 이 금이 있는 사람은 형이상(形而上)의 세계를 이해하고 신비로운 일을 긍정하는 사람

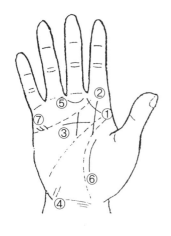

이다. 이 선은 가운뎃손가락을 향해 뻗어가는 직업선을 두뇌선 성격선의 중간지점에서 90도로 가로지르는 선이 있어 마치 십자(十字)모양을 이루는 것이다. 이 시기는 연령으로 보면 40대 중반에 해당하고 원래 십자는 장애선이다. 그러나 신비십자는 가로와 세로의 길이가 비슷하고 가로와 세로가 각각 두뇌선과 성격선에 부딪히므로 피뢰침의 역할을 하여 장애의 고난이 소멸될 것으로 본다. 1999년에 지구의 종말이 온다고 한 노스트라다무스의 예언에서도 말세에는 이 십자형을 가진 사람이 많이 출현한다고 했다.

이는 십자형을 가진 사람은 신이 선택한 백성으로 영적인 능력이 있으며 말세에 인간을 신에게 인도하는 사명을 띠고 이 땅에 태어난다는 것이다.

④ **총애금** : 손의 밑 바깥쪽에 나타나는 선이다. 성공금의 변형으로 보이는 이 선이 있으면 불가사의하게 많은 사람으로부터 총애를 받는다. 야당 당수 고 박순천 여사에게도 이 선이 있어 국민의 사랑과 지지를 받았다.

⑤ **희망금** : 중지 바로 밑에 있는 둥근 활 모양의 선이다. 큰 희망을 갈망하는 사람이다.

⑥ **제2생명금** : 생명금의 내부에 나타나는 제2생명금 또는 내부 생명금이다. 오장육부가 튼튼하여 신체가 강건하며 겉은 부드러우나 투쟁적인 성격을 갖고 있다.

⑦ **유머금** : 성격금의 출발점 부근에 위로 향한 두 개 또는 세 개의 지선이다. 위트와 유머가 풍부하고 사교성이 뛰어나다.

(7) 손(手), 금(線), 기호(記號)의 색

사람에게서 제일 중요한 것은 혈액이다. 그 혈액은 손의 색깔에 나타난다. 인간의 혈액은 그 사람의 건강 상태, 정신 상태, 또 병에 대한 치유력 여하를 알리는 중요한 것이다.

혈액의 상태나 혈행의 상태가 손의 색깔에 완연히 나타나므로 이 손바닥의 색과 손톱의 상태는 그 사람의 일체의 신체 상태를 판단하는 중요한 열쇠가 되므로 항상 자기 손바닥의 색을 보고 건강에 주의하여야 한다.

앞에서 말한 것과 같이 혈액이 알칼리성이 되어 있으면 가령 결핵균이 침입하여 와도 더 이상 번식하지 않는다. 반대로 산성의 혈액이면 결핵균의 온상이 되어 점점 균이 번식되어 병에 걸리기 쉽다.

혈액의 상태는 곧 색으로 손바닥에 나타나므로 주의만 하면 우리의 건강은 미연에 방지할 수 있을 것이다. 물건을 오랫동안 꼭 쥐고 난 뒤에 바로 손의 색깔을 보면 안 된다. 자극을 받았으므로 정상적인 색깔이 아니다. 그리고 대단히 춥거나 더워도 색에 변화를 가져온다. 술을 마신 뒤에도 색이 변하여 있으므로 절대 술을 마시고 보아서도 안 된다.

그리고 부인에 있어서는 사춘기, 월경 개시기와 갱년기(월경 폐지기)에는 어지간히 주의하여 보지 않으면 손바닥의 색을 잘못 볼 때가 있다. 이때는 일시적인 생리상의 변화가 생기는 관계로 대체로 옅은 파란 색깔이 나타난다.

손의 색깔과 의미 요약

손의 색깔	의 미
건강한 색 (담홍색)의 손	대단히 보기 좋은 광택이 나는 담홍색을 띠고 있는 손바닥이다. 이런 손바닥을 가진 사람은 건강 상태가 대단히 좋고 혈액도 알칼리성과 산성이 잘 조화되어 혈행도 잘 되어 있다는 것을 나타낸다. 원기와 정력이 풍부하며 성격도 명랑하고 성적 매력이 풍부하다.
빨간색 (적색)의 손	손바닥이 빨간 사람을 종종 볼 수 있다. 이러한 색깔의 손은 대개 손톱이나 손금이 모두 빨간 색깔을 하고 있다. 이것은 다혈질의 사람에게서 많이 볼 수 있다. 성격적으로 대단히 광폭성을 띠고 있고 성격이 급하고 노하기 쉽다. 무슨 일에든지 쉽게 뜨거워지고 쉽게 식는 타입의 사람이다. 폭음, 폭식을 하여 고혈압에 걸리기 쉬운 특질을 가지고 있다.

노란색 (황색)의 손	노란색의 손바닥은 담즙질을 나타내고 있다. 꼭 회복기에 들어선 황달병 환자와 같은 색을 하고 있다. 황달도 담즙질의 사람이 간장(肝腸)이 약해져서 걸리는 것과 같이 손바닥이 노란 사람은 간장이 약하므로 이러한 색깔이 나타나는 것이다. 신체도 그리 건강치 못하고 좀 음침한 성격의 사람과 학구적인 사람에게서 많이 볼 수 있다. 손바닥이 노랗게 되면 간장이 약하다는 위험 신호이니 주의하지 않으면 안 된다.
백색의 손	손바닥이 창백한 사람은 빈혈증이 있는 사람이다. 원기가 없고 항상 실행력이 없으며 공상과 꿈만을 좇는 사람에게 많다. 무엇에든지 싫증을 빨리 느끼고 사교성도 없는 극단적으로 자기중심인 사람이다.
청색의 손	청색의 손바닥은 전자와 비슷하나 흰 것보다는 푸른빛이 나타나 있다. 이는 선천적으로 혈행이 불순하고 심장이 약하다는 것을 알린다. 이런 사람은 대단히 신경과민이고 무슨 일에든지 노고를 느낀다.
연한흑색 (박흑색)의 손	손바닥의 색이 좀 까만 빛이 보이는 사람은 소화기 계통이 약한 것을 의미한다. 음성적이며 사교성이 전혀 없으며 내성적인 타입이다.

(8) 선과 무늬의 의미

① 선(線)

옛부터 소우주(小宇宙)라고 불리는 손에는 나뭇가지처럼 많은 줄기가 이리저리 뻗어 있다. 지도상의 씨줄과 날줄처럼 선과 선이 그려져 있어 인생의 축도(縮圖 : 지도)라고도 일컬어져 왔다. 또한 운명을 표시하는 이름이나 글자를 손바닥에 새겨놓았다 하여 운명의 인장(印章 : 도장) 또는 운명의 상형문자라고도 지칭되고 있다.

우리가 이미 알고 있듯이 이러한 손의 금에 의하여 돈 문제, 애정 관계, 직업상의 발전 여부, 건강과 질병 등을 예지할 수 있다. 그러나 이 금 위에 또 이상한 여러 가지의 기호나 무늬, 특이한 색깔들이 있어 운명 판단에 혼란을 준다. 이러한 모든 선과 기호나 무늬를 읽는 것은 전문가의 몫이지만 알아둬서 나쁠 것은 없다. 나쁜 의미는 미리 조심하고 무리하거나 과욕을 삼가고, 좋은 시기에는 더욱 열심히 인생을 잘 관리한다면 미래 운명의 예지에 그치지 않고 인생을 슬기롭게 살아가는 좋은 충고가 될 수 있다면 지나친 표현일까?

그러면 여러 가지 복잡한 선과 무늬 중에서 대표적인 몇 가지를 살펴보자.

▶ **상향선** : 나뭇가지와 같이 위로 뻗은 지선은 운명의 변화를 말하고 대체로 좋은 의미를 담고 있다. 본 선의 힘을 강하게 뒷받침해 준다.

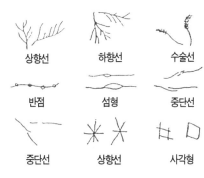

▶ **하향선** : 아래로 향한 지선이다. 대체로 나쁜 의미를 나타내며 본선의 힘을 약하게 한다. 선의 끝쪽에 있으면 본선을 상당히 약하게 한다.

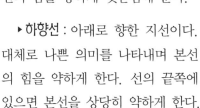

▶ **수술선** : 금의 끝에 나타나는 모양이다. 끝이 몇 개로 가늘게 나누어져 수술 모양이라고 한다. 기본선의 의미를 약하게 하는 나쁜 것이다.

▶ **반점** : 일종의 기호다. 금 위에 나타나는 예가 많고 금의 힘을 약하게 하는 나쁜 의미이다.

▶ **섬형** : 기호이지만 금 위에 나타난다. 나쁜 뜻으로 실패, 질병, 곤란을 의미한다.

▶ **중단선** : 끊어진 금은 금의 힘을 약하게 하는 나쁜 의미이지만 그것이 결정적으로 흉하다는 것은 아니고 어느 정도 가벼움을 나타낸다.

▶ **중단선** : 아주 금이 끊어져 사이가 벌어진 것은 아주 흉한 것이며 결정적으로 나쁜 운명임을 보여준다. 게다가 끊어진 금의 한 끝이 꼬부라진 것은 더욱 나쁜 상이다.

▶ **별형** : 두세 개의 선이 모여 엉켜서 생긴 별모양인데 그 나타나는 부분에 따라 아주 좋은 의미와 나쁜 운명의 두 가지가 있다.

▶ **사각형** : 금의 안쪽, 바깥쪽 또는 손바닥의 언덕에 나타나는 사각형이나 장방형의 무늬이다. 보호를 의미하고 위험에서 탈출하는 것을 나타낸다.

② 무늬의 위치와 의미

▶ 십자형

우리는 십자형 하면 으레 고난의 십자가를 연상하지만 수상에서는 어디에 있느냐에 따라 그 의미가 달라진다.

• 검지밑 권력구상의 십자형은 강한 자신감과 권세욕, 스스로 자랑할 수 있는 행복한 결혼을 나타낸다. 그리고 그 옆으로 별모양이 있다면 더욱 큰 기쁨과 감격이 있다. 이런 형의 유명 인물들로는 영국의 정치가 겸 저술가 처칠, 미국의 성녀 헬렌 켈러, 프랑스의 세계적 명배우 사라베루나루, 노르웨이의 세계 최초 남극 탐험가 아문젠 등이 있다.

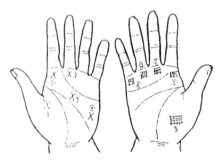

• 가운뎃손가락 밑 직업구상에 있는 십자형은 다소 어두운 성격의 소유자로 비통한 상태를 나타낸다. 이런 형의 유명인은 러시아의 작가 고리키, 미국 대통령 윌슨 등이다. 윌슨은 제 1차 세계대전 시 미국대통령으로 수많은 공적을 이루었다. 그러나 생각이 깊고 고매한 이상을 갖고 국제연맹의 설립에 노력하고 세계평화를 실현하려고 했으나 실의와 통한의 슬픔을 많이 겪었다.

• 제1 오목구 엄지 옆 생명금 출발점 옆의 십자형은 고난의 투쟁과 그 재액으로 사망하게 됨을 의미하는 고난의 상이다.

• 평야구 사각형 내 중지 밑에 있는 신비십자형은 형이상학 등 신비함의 깊은 뜻을 이해할 수 있는 능력을 소유한 사람에게서 볼 수 있다. 이 십자형의 세로금이 직업선과 길게 연결된 경우는 신비한 형이상의 세계를 이해하는 전문가이다.

▶ 그물형(Net Type)

• 권력구 상의 격자형(그물형)은 대야망을 위하여 자기 본위로 행동하여 실패하는 상이다. 주의 깊게 생각하고 행동함이 필요하다.

• 중지 밑의 그물형은 목표가 많고 지나치게 정신과 육체를 집중함으로 피로에 지쳐 노년을 불행하게 보낼 상이다. 정력을 한 군데 모아 소모하고 집중함이 요청된다.

• 성공구상의 그물형은 허영심의 충족을 위하여 힘쓰는 상으로 실패할 상이다. 그러나 성공금이 뚜렷하게 연결되면 명예, 돈의 충족을 얻을 수 있다.

• 새끼손가락 밑의 그물형은 외교적 수완과 상업적 재능을 나타낸다.

• 엄지 밑의 그물형은 신경과민형이다. 격한 감정의 희비(喜悲)가 교차될 수 있음을 암시한다.

▶별을 쥐고 있는 사람

소우주인 인체의 손에는 갖가지 무늬와 기호, 선이 있다. 그래서 서양에서는 점성술과 연관지어 손바닥을 태양구, 수성구, 월구(月丘)로 구분하고 성공선도 태양선이라고 불렀다.

이제 이 여러 가지 무늬나 기호 중 손에 별을 쥐고 있는 사람을 살펴보자.

• 스탈린이나 무솔리니가 갖고 있던 검지 밑 권력구의 별로 대망과 지배력에 관련된 심적 충격을 받게 됨을 말한다. 대부분의 경우 직업금과 성공금이 좋으면 야망을 성취하나 사망 시에는 충격적인 비운을 맛보는 예도 있다.

• 중지 밑 직업구상의 별로 약간 주의가 필요한 상이다. 직업선이 뻗어 별에 닿으면 크게 성공할 수 있으나 단독으로 별만 있는 경우는 노년기에 신체마비 증상을 일으키는 경향이 있다. 특히 생명금의 하부가 혼란하면 기력이 쇠진하여 나타나는 증상이다.

• 성공구상 약지 밑의 별은 미국의 대부호 록펠러1세나 삼성 이병철 회장에게 있었던 것으로 성공하여 감격적인 명성과 부를 이룰 상이다. 성공선이 성공구까지 뻗어 별에 걸려야 명성을 얻는다.

• 새끼손가락 밑 상업구의 별형은 두 가지 의미가 있다. 하나는 외교적 수완과 능력으로 감격적 대성공을 거둘 상이다. 이 경우는 다른 직업선, 성공선 및 기본선이 길상이어야 한다. 다른 경우는 사기, 배신으로 형벌을 받는 충격을 의미한다. 이 경우는 다른 선이 흉상인 때이다.

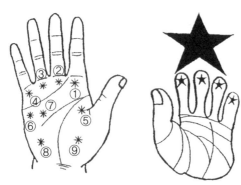

• 제1의 오목구로 투쟁성, 적극성으로 전쟁이나 혁명을 일으켜 성공의 감격을 맛볼 수 있는 상이다.

• 인내, 저항, 정신적 투쟁이 성공의 감격에 맞게 됨을 나타낸다.

• 약지 밑 성격선 밑 성공구, 상업구의 중간 별모양은 발명왕 에디슨에게 있었던 것으로 과학적 연구와 발명의 천재임을 표시한다. 성공선이 이 별과 부딪히면 그 시기에 부와 명성을 획득한다.

• 볼록구 손바닥 밑쪽의 별표는 물(水)과 관련된 충격을 의미하며 많은 경우 사랑하는 사람이 익사하여 받는 충격을 나타낸다.

• 엄지손가락 밑 엄지구의 손목쪽 별표는 애정 때문에 받는 감격 또는 연애에 성공하여 행복한 결혼을 하게 됨을 보여준다. 나쁜 경우는 애정에 관련하여 받는 비애, 비련의 충격을 나타낼 때도 있다. 이 경우에는 그 시기의 연령에 장애선이 직업선을 가로막고 있는 때이다.

▶ 삼발이형

지구상에 살고 있는 수십 억 인구는 동서양 남녀 노소를 막론하고 누구나 손에 생명선, 두뇌선, 성격선을 갖고 있다. 개개인의 사고 방식과 생활 환경과 직업에 따라 운명의 행운, 불운을 표시하는 직업선, 성공선, 기타 선과 무늬가 사람마다 각양각색으로 나타난다. 그 중 유명인 등에게서 찾아볼 수 있었던 특이한 기호나 무늬는 그 자체로 고유한 의미를 갖고 운명상 끼치는 영향이 크다. 그중 삼발이 비슷한 무늬의 뜻을 알아보자.

• 권력구상 검지 밑의 삼발이형은 여성 최초로 대서양을 단독 비행한 에르파르토가 가졌던 상으로 비상한 용기와 모험심을 갖고 대야망을 성취함을 의미한다.

• 성공구상 약지 밑의 삼발이형은 돈을 많이 벌고 명예와 지위가 확보됨을 나타낸다.

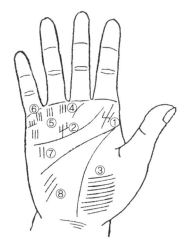

• 엄지구(엄지손가락 밑)의 가로줄무늬가 있는 사람은 사건 발생에 본인이 관련되어 비참한 감정을 느끼게 됨을 나타낸다. 영향금과 비슷하게 가는 가로금이 특히 많을 때에는 사건이 많이 발생하거나 본인의 성격으로 보아 신경 쓸 일이나 비관적인 일이 많이 발생한다.

• 성공구 약지 밑의 세 개의 세로금은 노벨상을 두 번이나 탄 라듐 발견자 퀴리부인, 정신분석학자 프로이트, 미국 대통령과 대학학장을 지낸 윌슨에게 있었던 무늬로 학자로서의 천재적 재능이 있음을 뜻한다.

• 성공구와 상업구 사이 세 개의 짧은 세로금은 과학적 연구에 천재적 재능이 있음을 표시한다. 유명인으로는 아인슈타인, 말코니, 에디슨 등이 이런 금을 가졌다.

• 새끼손가락 밑 상업구상의 여러 개의 짧은 세로금은 의학의 낙인(烙印)이라고 하여 특히 의학에 적합한 재능을 나타낸다.

• 오목구상의 짧은 세로금은 적의를 품었을 때 잘 인내하여 좋은 결과를 가져옴을 표시한다.

• 볼록구상의 내부를 향해 상승하는 사선은 독창력, 상상력을 소유하고 있음을 의미한다.

• 직업구상 중지 밑의 반월형 금은 기계에 관한 천재적 재능을 나타낸다. 미국의 자동차왕 헨리포드, 프랑스 항공과학의 권위자, 비행술의 선구자인 영불해협 최초의 횡단자 루이프레리오가 이런 상을 갖고 있었다.

▶상상력은 어디에서 나올까

하늘을 나는 새를 보고 '사람도 새처럼 날 수는 없을까' 하고 상상의 나

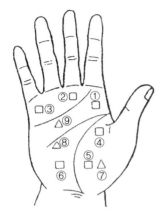

래를 폈던 라이트 형제는 드디어 비행기를 만들어 꿈을 실현했고, 달에 박힌 계수나무와 토끼를 보고 향수를 느꼈던 인간은 기어이 우주선을 타고 달나라에 착륙하기에 이르렀다. 이 모두 사람의 상상력과 결합된 연구와 노력의 결실인 것이다. 이제 이 상상력은 어디에서 나오는지 알아보자.

• 검지 밑 권력구의 사각형은 큰 꿈과 권력을 성취하는 과정에서 장애가 있을 때 그것을 제거하기 위한 노력을 나타내며 불운에 굴하지 않고 적극적으로 운을 타개하는 투지를 의미한다. 미국의 비행사 린드버그가 이런 상이다. 그는 명성을 얻기까지 숱한 모험 비행을 했으며 그 목적을 수행하는 데 따른 위험을 극복해야 했다. 이 상은 길상으로 보아 틀림없다.

• 가운뎃손가락 밑의 사각형은 재해를 예방하기 위한 노력을 표시한다.

• 새끼손가락 밑의 사각형은 주로 금전적, 물질적인 실패로부터의 보호를 의미한다.

• 생명선 출발점 옆 엄지 밑의 사각형은 투쟁이나 전쟁의 위험을 면하게 됨을 나타낸다.

• 엄지구 엄지 밑 손목쪽의 사각형은 정열적인 마음이 원인이 되어 야기된 위험으로부터의 보호를 의미한다.

• 볼록구쪽 손바닥 아래쪽 사각형은 여행 중의 위험을 피하게 됨을 보여준다.

• 엄지구 엄지 밑 손목쪽의 삼각형은 애정문제와 관련된 수단과 솜씨가 있는 사람으로 특히 이성을 속이는 수단이다.

• 볼록구상 손바닥 아래쪽 두뇌선 밑의 삼각형은 뛰어난 상상력을 나타낸다. 사상가, 작가, 시인, 화가, 음악가에 많고 능력을 활용하여 노력할 경우 성공 가능성이 큰 길상이다. 새끼손가락 아래쪽 방향에 있는 삼각형은 예언 능력을 나타낸다.

영국의 대사상가 겸 저술사 웰즈, 상대성원리로 세상을 경탄케 한 아인
슈타인이 이런 상이다. 소설가 정비석 씨도 손바닥이 온통 삼각형의 연속
이었다. 드물게는 심령술사에게도 이런 무늬가 있다.

• 평야구(두뇌선과 성격선 사이 검지 밑)상의 삼각형은 우수한 행정 수완을
표시한다. 유명인으로는 제2차 세계대전 당시의 미국대통령 프랭클린 루스
밸트가 이런 상이다.

(9) 손금 보는 법

① 운명의 나이테

'하늘엔 헤아릴 수 없는 비바람이 있고(天有不測風雨) 사람에겐 아침 저녁
으로 화와 복이 있다(人有朝夕禍福).' 는 말이 있다. 이처럼 일생을 살아가는
데에는 여러 가지 예기치 않은 일들이 발생한다. 이때마다 사람들은 기뻐
하기도 슬퍼하기도 하는데 운세가 좋고 나쁜 시기를 알 수만 있다면 기쁨
은 더 큰 기쁨으로 발전시킬 수 있고 슬픔은 최소한으로 줄일 수 있다고 하
겠다. 이와 같은 여러 가지 일들이 생기는 시기 즉, 운명의 나이테를 알아
볼 수 있다면 액운을 미리 대처해 나갈 수 있는 것이다.

손금은 역사의 기록처럼 과거를 새겨 놓고 시계처럼 현재를 말하지만 동
시에 미래 환경의 변화에 대해서도 사전에 반응을 나타낸다.

질병이나 건강은 의사의 진단이나 의료기계의 시험으로 확인되기 전에
건강선이나 생명선, 직업선 등에 나타난다(병원의 진단은 질병이 한참 깊어진
다음에야 확인된다).

손금으로 운세의 연령을 알아보는 데는 고도의 기술이 필요하다. 일반적
으로 운명의 나이테를 보면 남방민족이 북방민족에 비해 일찍 성장하고 일찍
늙는다든지, 성격이 급한 사람과 느린 사람의 차이 등을 알 수 있다. 또 나이
테를 자세히 보면 젊었을 때보다 노년기의 1년이 더 짧게 나타나 있다. 나무
의 나이테처럼 따뜻한 계절엔 나무가 더 성장하여 나이테의 사이가 크게 벌
어지고 추운 계절엔 성장이 더뎌 사이가 좁게 나타나는 것과 같은 이치이다.

수상학에서는 3대 주요선(생명선, 두뇌선, 성격선)과 직업선, 성공선에 연

령법을 응용하고 있다. 그러나 독자들이 바로 쓸 수 있고 맞춰 낼 수 있는 연령법은 생명선과 직업선의 연령법이나 다른 것은 상당한 숙련이 필요하다. 결혼선에도 연령법이 응용되지만 정확한 것은 아니다.

오히려 직업선에 나타나는 변화를 읽는 것이 정확도가 높다.

그림을 보면 숫자가 적혀 있는데 이것이 그 사람의 운세의 연령, 시기를 나타내는 것이다.

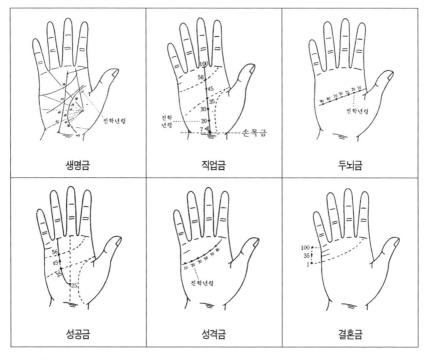

| 생명금 | 직업금 | 두뇌금 |
| 성공금 | 성격금 | 결혼금 |

• 생명선 : 영국 키로의 7진법으로 출발점이 1세, 끝이 100세이다.

• 두뇌선 : 출발점이 1세, 중앙부가 35세, 끝이 100세이다.

• 성격선 : 출발점 1세, 끝이 100세이다.

• 직업선 : 손목선을 7세로 하여 두뇌선과 마주치는 점이 35세, 두뇌선과 성격선의 중앙을 45세, 성격선과 만나는 점을 56세로 하고 끝을 100세로 한다.

• 성공선 : 직업선과 비슷하며 약간 늦추어 판단할 경우가 있다(두뇌선이 처진 우).

• 결혼선 : 새끼손가락 끝과 성격선 사이로 등분하여 중간 지점을 35세,

밑을 유년기, 위를 장년기로 본다.

② 운명의 나이테 2

프랑스의 데바로르는 그의 저서 〈신수상학〉에서 '수상학은 경험과학'이라고 주장하고 수상의 원리를 다음과 같이 설명하고 있다.

'우주에 충만한 초월적인 힘은 인간의 손끝에서부터 뇌로 가고 뇌에서 신체의 각 부분으로 전해진다. 그래서 다시 신체의 각 부분에서 뇌로 모여 손끝을 지나 몸 밖으로 나온다'는 것이다.

이 초월적인 힘은 사람이 살아 있는 동안 끊임없이 흐르고 있는데 손에 나타나는 초월적인 힘의 속도와 양은 손의 형태에 따라 다르게 마련이다. 따라서 사람의 뇌 조직과 가장 밀접한 관계에 있는 손바닥에는 이 초월적인 힘이 새겨놓은 선과 무늬가 그 사람의 성격, 재능, 운명에 따라 특별한 형상을 이루는 것이다.

일반적으로 건강상의 변화는 생명선에 나타나고 가정생활이나 직장, 사업 운세의 변화는 직업선에 나타나 있다. 예를 들면 생명선의 35세 자리에 섬 모양의 금이 있다면 그 시기에 오랜 기간 병을 앓게 될 것을 예고하는 것이고 직업선의 35세 자리가 끊어져 있다면 직업상 큰 변화가 있다는 것을 의미한다. 연령법을 숙달하는 데는 '왼손에 코란(聖典), 오른손에 소드(劍) 검'이라고 외친 마호메트의 예를 따라 한편으로는 수상학책을 탐구하면서 동시에 많은 손을 실제로 보고 손금에 숨어 있는 '진실(眞實)'을 직접 체득할 필요가 있다.

③ 운명의 나이테 3

과학자들은 지각과 지층, 화석 등을 보고 지구의 생성 연대와 변천 과정을 알아낸다. 또한 나무의 수령(樹齡)은 나이테를 보면 알 수 있고 물고기의 나이는 비늘로 알아낸다.

이와 같은 이치로 사람의 재능과 운명의 변화는 손에 새겨진 상형문자인 손금을 통해 알 수 있다.

따라서 손에 새겨져 있는 과거·현재·미래를 알아보는 기본 원리와 연령법을 터득한다면 미래의 일을 읽을 수 있다. 즉 대학 진학은 어떻게 되며 어떤 직장에 언제쯤 취직이 가능한가. 결혼은 언제 하면 행복할 수 있을까. 돈은 언제 많이 벌며 또한 질병으로 고생 않고 건강하게 언제까지 살 수 있을까 하는 의문에 대한 해답을 미리 알아볼 수 있다.

이번에는 좀더 깊이 들어가 그 연령에서 몇 월 며칠에 무슨 일이 일어나는지 판단하는 기본 자료에 대하여 알아보자.

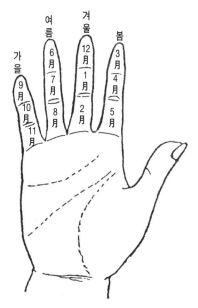

그림과 같이 손가락 마디에서 발병의 달을 아는 방법은 일찍이 이집트의 카푸아가 발견한 것이다. 이 비법은 그의 저서 〈이집트·아라비아 및 서양에 있어서의 수상학의 실험적 연구〉라는 책 속에 기록된 것이 현재까지 이용되고 있다.

이 활용법은 둘째손가락(人指)을 봄으로 하고, 셋째마디(末節)를 3월, 둘째마디(中節)를 4월, 첫째마디(基節)를 5월로 한다. 이와 같이 넷째손가락(약지)을 여름, 새끼손가락(小指)을 가을, 가운뎃손가락(中指)을 겨울로 정하는 것이다.

건강이나 운세가 좋고 나쁜 것은 이 부분의 기색을 읽으면 정확하지만 각 손마디의 혈색과 마디금 등에 의해서도 대강은 알 수 있다. 그리고 그 달(月)의 건강 상태나 운세는 달을 나타내는 손가락마디를 30등분하여 위쪽을 월초로 하고 가운데 쯤을 중순으로 하고 아래쪽을 하순으로 한다. 날짜 계산은 손가락마디를 같은 간격으로 30으로 나눈다.

이렇게 등분된 손가락마디는 그 빛깔에 의하여 판단한다.

혈색이 좋고 상쾌한 연분홍 빛깔은 건강하고 운세도 좋다. 윤기가 있는 노란 빛깔도 좋은 징조이다. 빨간색이 나타나면 다투는 일과 열성질환을 나타낸다. 창백한 것은 병의 전조이다. 이 기색이 나타나면 병과의 연을 끊도록 노력해야 한다. 청색, 자주색, 암자색, 남색, 암흑색 등도 나쁜 운세를 나타냄과 동시에 병에 걸리는 암시이다.

나쁜 표시는 숙변을 제거하고 단식이나 순생야식 등으로 없애야 한다. 그리고 손가락마디의 가로금은 질병의 표시, 세로금은 건강이 좋다는 의미이다.

▶ 왼손을 보나, 오른손을 보나

일간스포츠에 〈3분 수상학〉을 연재하면서 독자들로부터 "손금은 왼손을 보느냐 아니면 오른손을 봐야 하느냐"는 질문을 가장 많이 받았다. 오늘은 그 질문에 대해 먼저 명쾌한 설명을 드리겠다.

예로부터 동양에서는 남좌(男左) 여우(女右)라고 하여 남자는 왼손을 여자는 오른손을 본다는 달마상법(相法)이 전해져 왔다. 그러나 이것은 실제 임상 결과 그 신빙도가 떨어져 요즘에는 낡은 고전적 수법이라 하여 별로 채택되지 못하고 있다.

서양에서는 영국의 천재 수상가인 키로의 상법이 널리 활용되면서 폭넓은 지지를 받고 있는데 필자는 이에 공감하고 있다.

그 내용은 다음과 같다.

손금 보는 법(Palm Reading)은 첫째, 남자나 여자나 어른이나 아이 모두 왼손 오른손을 다 본다.

둘째, 양쪽 손을 다 보되 두 손의 손금이 비슷한가 서로 다른가를 살핀다.

셋째, 서로 다를 경우 적극적인

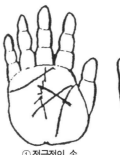

①적극적인 손　　②소극적인 손

손을 중점적으로 본다. 즉 그림 ①과 같이 왼손의 직업선(운명선)이 제대로 뻗지 못한 채 중간 지점에서 흔들리면서 다른 선과 부딪히고 있는 손을 적극적인 손이라 부른다. 그림 ②의 오른손에는 직업선이 곧장 가운뎃손가락을 향하여 뻗어가고 있어서 운명상 별다른 기복이 나타나 있지 않은데 이를 소극적인 손이라 부른다.

넷째, 이렇게 적극적인 손과 소극적인 손을 구별하고 나면 운명의 판단은 적극적인 손을 중심으로 내린다. 즉 손금 감정은 왼손 오른손을 다 보되 직업선에 문제가 있는 적극적인 손을 기준으로 판단하는 것이다.

그렇다면 손은 왼손, 오른손 둘인데 각각 무엇을 나타내고 있을까?

수상학에선 왼손은 타고난 손으로 선천적인 면을 나타내며 오른손은 후천적인 면을 나타내는 것으로 본다(왼손잡이 경우는 반대다). 후천적으로 본인이 노력하고 힘쓰면 오른손 손금이 좋아져 운세를 호전시킬 수 있다. 이와 반대로 타고난 재능을 활용하지 않은 채 아무렇게나 되는 대로 인생을 살아 갈 경우 오른손의 손금이 나빠지면서 운세도 기울게 된다.

또 왼손에 비하여 오른손의 직업선이 곧장 뻗어가지 못하고 끊어지거나 가로지르는 선(장애선)이 있을 경우 인생 관리의 노력 부족으로 앞으로의 생이 주어진 것보다 못해질 가능성이 많다. 그러나 이와 달리 왼손에 비하여 오른손의 직업선, 성공선, 생명선 등이 좋게 잘 뻗어 있을 때는 본인이 열심히 인생을 살아서 운세가 좋다고 본다.

여기서 우리는 귀중한 결론을 얻게 된다. 손금은 타고나야 하지만 그보다도 인생을 잘 관리하면서 운명을 개척해 나갈 경우 인생을 호전시킬 수 있다는 점이다.

④ 손금 감정 순서

인간만사는 새옹지마(塞翁之馬)라는 말이 있다. 중국의 만리장성 부근에서 한 노인이 말을 기르고 있었는데 말이 호나라 지방으로 도망갔다(불운)가 호나라에서 다른 좋은 말을 데리고 돌아왔다(행운)고 한다. 그런데 좋은 말을 타던 노인의 아들이 말에서 떨어져 다리에 골절상을 입는 사고(불운)가 생겼다. 그러나 그 일 때문에 전쟁이 일어났을 때 아들이 군대에 징집되지 않아 살아남게 되었다(행운)는 것이다.

우리의 삶에는 슬픔의 순간이 지나가면 기쁨이 오게 되어 있는 것과 같이 운(運)은 원래 우연의 하나이다.

인생을 움직이고 있는 거대한 힘은 전적으로 알 수가 없는 것이지만 사람의 미래는 수상을 통해 일부나마 알 수 있다.

이러한 손금을 실제 감정하는 순서와 방법을 알아보자.

앞에서도 언급했지만 손금은 남녀노소를 불문하고 오른손, 왼손을 모두 다 본다('남자는 왼쪽, 여자는 오른쪽' 하는 동양철학은 맞지 않다). 그리고 양쪽 손 중에서 직업선에 운명의 기복이 많이 나타나 있는 쪽의 손을 적극적인 손이라 하여 이 손을 중심으로 본다. 여기에 보충적으로 소극적인 손을 보며 비교해 나가는 것이 이상적이라고 설명했다.

또한 손을 보면서 개운기(開運期)를 찾아 발전의 기회로 삼아야 한다. 사람에게는 반드시 성공의 기회가 있기 때문에 결코 일생을 불행하게만 보내야 하는 사람은 없는 것이다.

그러면 실제 감정하는 순서를 보자.

- 수상의 형이 어디에 속하는지 살핀다.
- 손 피부의 건강 상태와 손톱 지문을 보고 대체적인 건강 상태를 알아낸다.
- 손바닥을 보고 언덕의 발달 정도 색깔의 상태를 살핀다.
- 손가락의 모양과 길이를 본다.
- 직업선과 성공선의 길이 및 직업선과 교차하고 있는 금을 본다.
- 결혼선과 영향선의 길이와 수효를 본다.
- 생명선과 두뇌선의 시작되는 부분에 이상은 없나 살핀다.
- 기타 특별한 장애선이나 기호가 있나 본다.

이렇게 수상은 종합적으로 보아야 한다. 결혼에 대한 것을 볼 때에 결혼선만 가지고는 안 된다. 결혼은 그 사람의 운세의 변화로 지위와 재력이 갖추어져 비로소 가정을 갖게 되므로 직업선, 두뇌선, 성격선 등을 함께 보지 않으면 안 된다. 또 건강을 보아야 한다. 생명선도 보고 어디까지나 종합적으로 각 선의 여러 가지 공통점을 모아 그것을 정리하여 운세를 판단한다.

⑤ 수상 보는 법 요약

실제 감정시 참고하여 언제 어디든지 사용할 수 있도록 하였다.

‣ **오른손과 왼손**

오른손 왼손	후천적 성격, 운명, 현재 선천적 성격, 운명
※ 좌우 적극적인 손, 소극적인 손을 구분하여 종합판단	

‣ **손의 경유(硬柔)**

딱딱한 손	둔감, 완만
부드러운 손	명랑, 활발

‣ **손의 살결**

거친 살결	둔감, 난폭
부드러운 살결	명랑, 활발

‣ **손의 대소**

큰 손	손재간, 소심
작은손	손재주 없음, 대담

‣ **손의 색깔**

담홍색 적 색 청 색 거무스름한 색 창 백 황 색	건강 다혈질 신경질 음성 빈혈증 담즙질

‣ **손 톱**

긴 손톱	심장에 주의
짧은 손톱	흉부에 주의

▶ 손가락

엄 지	애정
검 지	권력
장 지	사려
무명지	명성
새끼손가락	사교

▶ 언덕(丘)

권력구	명예, 공명, 지배
직업구	침착, 고독, 사려
성공구	명랑, 인기, 예술
상업구	지혜, 외교, 상재
평야구	원기, 대담, 저항
볼록구	공상, 상상, 신비

▶ 두뇌선

지능의 강약, 성격	
좋은 금	영리함
흐트러짐	신경 장애

▶ 생명선

수명의 장단, 건강 상태	
좋은 금	무병, 장수
흐트러짐	병약
반점	급성병
섬형	만성병
끊어짐	중병, 죽음

▶ 감정선(성격선)

성격, 애정	
좋은 금	애정을 가진 사람
짧은 금	성급한 사람
끊어짐	감정의 갈등
흐트러짐	다정다감

(10) 손금과 질병

① 손에 나타나는 질병

의학의 시조 히포크라테스는 '자연이 낫게 하고 의사가 처치(處置)한다'고 말했다. 그러나 잘 듣는 약일수록 부작용도 강하여 그것이 끼치는 피해도 넓고 깊다. 약품의 공해와 우리를 에워싸고 있는 환경 공해 속에서 몸을 지키기 위하여 손을 쓰지 않을 수 없다.

손금에 의한 병의 자기 진단법과 대책을 순차적으로 알아보자.

그림의 선은 건강선이다. 없는 것이 좋으며 있더라도 그림처럼 끊어지거나 특별한 모양을 하고 있다면 건강보다는 건강을 해치는 장애를 나타낸다.

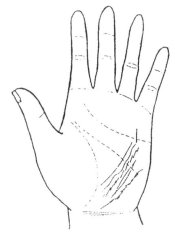

건강선은 건강을 나타내는 바로미터가 아니며 차라리 질병을 표시하는 선이라고 보아야 한다. 때문에 없는 것이 가장 좋다고 할 수 있으며 있을 경우 그림과 같은 모양을 하지 않고 끊어진 데가 없다면 건강에는 지장이 없다.

도표에 나와 있는 선을 하나씩 살펴보자. ㉮는 일반적인 건강한 건강선이며 ㉯처럼 구불구불하게 굽어진 건강선은 간장이나 신장에 약점이 있는 것을 나타낸다.

건강선으로 본 건강 상태

㉰처럼 토막토막 끊어지거나 여러 개의 가닥으로 되어 있는 선은 소화기 계통이 약한 것을 말한다. ㉱는 길쭉한 고구마형 또는 눈목자(目) 모양으로 호흡기계통이 약한 것을 의미한다. ㉲는 주렁주렁 엮은 고리모양의 것이다. 이것은 흉부질환이나 신장장애가 되기 쉬운 것을 나타낸다.

이런 모든 선들은 오장육부의 허약에서 비롯되어 얼굴의 일부분 또는 이목구비의 어느 부분에 찰색의 이상이 생기며 손에 나타나는 것이다. 그 모양으로 보아 질병이 깊어졌다기보다 이제 체내에서 진행되고 있는 초기의 증상일 수도 있으며, 그 선이 깊고 길며 심한 경우 직업선(운명선)이나 건강선에도 장애가 보이면 중증일 수도 있다. 미리 알아 이에 대처하여 건강에 유의하고 과학적인 식생활과 올바른 건강 관리에 힘쓰면 초기엔 쉽게 치료되어 이 선이 없어지는 경우도 많이 보게 된다.

② 손은 건강의 바로미터

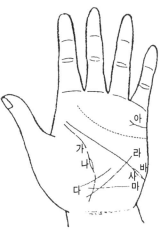

선인(先人)의 말에 '책속에 적혀 있는 의학은 과거의 의학이며 지금 눈앞에서 괴로워하고 있는 환자의 문제 가운데 내일의 의학 교과서의 알맹이가 있다' 는 잠언이 있다.

수상(手相)의 경우도 같은 것이어서 손금에는 인간의 문제를 풀어가는 수많은 열쇠가 있으며 손은 '건강의 바로미터' 이기도 하다.

손바닥의 언덕, 손가락, 손톱, 손바닥의 빛깔 등은 그 사람의 몸의 약점을 가리키지만 이것이 병이 나는 것과 연결되어 있는 것만은 아니다. 병이 나기 전에는 손바닥의 손금(장문)을 비롯해서 가위(×)표나 별(☆)표, 빛깔 등에 미묘한 반응이 나타난다.

대표적인 적신호는 그림과 같은 것들이다. ㉮와 같이 생명선이 터진 것은 그 연령에 발병하는 것을 말한다. 이 터진 선의 간격이 좁으면 경미한 질병이나 부상 또는 쇼크가 일어남을 나타내고 그 틈이 많이 벌어진 경우 중한 상태이다. ㉯와 같이 꼬아진 고리모양, 즉 작은 섬과 같은 것은 순환기계통에 고장이 있음을 가리킨다. 꼬아진 고리모양이 나타난 것은 무기력 상태가 계속된다는 것을 표시한다. 또 조그마한 물결 모양은 위장이 약한 것을 뜻한다.

㉰는 생명선을 끊는 선이다. 질병이나 사고가 발생하여 경제적 손실이나 정신적 방해 등 각종 사건이 생기며 짧게 자르는 경우는 열성질병에 의하

여 건강을 해지는 것을 말한다.

㉰㉱는 무절제한 생활을 계속하여 건강선이 뻗어 나와 생명선을 끊는 것이다. 이 경우에는 사고력이 둔해지고 쉽게 피로해진다.

㉲㉳는 두뇌선의 첫머리가 터지거나 꼬아진 고리모양이다. 이것은 머리의 부상이나 노이로제가 되는 것을 나타낸다.

㉴는 결혼선의 끝이 터지는 것이다. 이혼이나 별거를 의미하나 이 쇼크로 노이로제가 될 때는 두뇌선이 흐트러진다.

누구든지 폭음·폭식을 계속하거나 불면·불휴의 맹활동을 계속하면 반드시 생명선이 흐트러지고 다른 곳에도 질병의 신호가 나타난다. 체력에 벗어나는 과로를 계속하면 생명선에 장애선이 생기고 생명선이 짧아지기도 한다. 생명을 잃고 나면 무슨 의미가 있을까. 생명선의 상태를 보면서 체력의 한계 안에서 활동을 멈추도록 하는 것이 좋다.

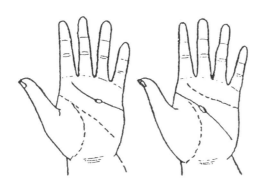

③ 섬과 건강을 나타내는 손금 7개조

섬은 사방이 바다로 둘러싸인 곳인데 수상에서 섬은 단독으로 있는 것보다는 다른 선의 중간이나 말단에 타원형 혹은 길다란 고구마형으로 나타나 그 선의 의미를 축소시키는 건강과 운명상의 문제가 있음을 암시한다. 지금까지 계속 생명선의 문제에 있어 질병과 관계 있는 것만 언급하고 있는데 과연 건강한 손금은 어떤 것인지 알아보고 다음에 병마에 대하여 살펴보자. 사람의 건강을 지배하는 피부, 영양, 4지 및 정신이 일정한 조화를 유지하면 손금에도 어느 정도 표시가 나타난다. 이 표시가 없는 것은 병적인 손이라 할 수 있다.

먼저 손바닥의 빛깔은 보기 좋은 연분홍빛이 된다.

둘째 다음 손금이 뚜렷하게 새겨져 있어야 한다.

셋째로 손의 모양이 어느 것에 속하는 것일지라도 각각 균형을 지니고 활발하게 움직여져야 한다.

넷째로 손바닥의 언덕이 풍만하고 흉상이 없어야 한다.

다섯째로 손바닥에 정맥이 불거져 드러나 보이는 것이 없어야 한다.

여섯째로 손톱이 정상의 모양을 지니고 흰 손톱이 명료하게 나타나 있어야 한다.

일곱째로 손바닥의 기색이 밝아야 한다.

이와 같은 표시가 없는 손금은 이상(異常)이며 병적인 상태라고 할 수 있다.

이중에서 섬이 형성되어 있어 병적인 경우를 보자. 일설에 의하면 가운뎃손가락 아래에 섬이 있으면 심장·신장·혈관 등의 질병을, 무명지(제4지) 아래에 있으면 눈이나 안신경의 장애를, 새끼손가락(제5지) 아래에 있으면 생식기나 폐장의 기능이 좋지 않음을 뜻하는 것이라고 되어 있다. 그런데 수많은 수상 연구가들은 성격선상의 섬모양은 순환기 계통의 약점을 뜻하는 경우가 많다고 말하고 있다. 그리고 호흡기의 장애는 생명선에 나타나고 눈이나 신경계의 장애는 두뇌선에 나타나는 때가 많다는 것이다.

그림Ⅱ처럼 두뇌선의 섬모양은 십중팔구 눈의 병을 의미한다. 안병이라고 하더라도 돌림병 같은 일시적인 것은 수상에 나타나지 않는다.

따라서 두뇌의 섬은 악질적인 것이라고 볼 수 있다. 이를테면 백내장이나 망막박리라든지 결핵성 안병 등 일상의 건강에 상당한 영향을 미치는 경우가 많다.

④ 손가락과 성격

손의 언덕이 각기 의미가 있는 것처럼 손가락 하나 하나에도 특성이 있다. 특히 손가락에는 그 사람의 선천적 정신과 성격이 나타나 있다.

손가락이 긴 경우 그 의미가 강하다.

▶ **엄지손가락** : 의지력, 인내력을 나타내고 크고 긴 경우 역경을 이기고 자신의 운명을 열어가는 힘이 있다.

▶ **검지(둘째손가락)** : 지배력, 야심, 자존심을 나타낸다. 긴 손가락인 경우 프라이드가 강하고 리더십이 있는 타입이다.

▶ **중지(가운뎃손가락)** : 자기경계심을 의미한다. 긴 경우 신경질적인 사람이 많고 자신의 칼라(색깔)을 감추는 면이 있다.

▶ **약지(무명지, 넷째손가락)** : 미적 감각이 있으며 예술적인 손가락이다.

▶ **소지(새끼손가락)** : 상업수완이 있는 손가락이다. 긴 경우 금전운이 강하고 기회를 포착하는 기민함이 있다.

▶ **전 영국 수상 글래드스턴**
(William E Gladstone, 1809~1898)

• 영국의 대정치가 국회의원, 수상(首相) 4회 역임.

• 복잡한 주요선은 수체(數體 : Tree Type)로 나뭇가지같이 무성하게 선이 뻗어가고 있다. 특이한 길상으로 경탄을 금할 길 없는 수상이다.

• 철학, 사색형으로 충실하고 건실하게 생활하는 타입이다. 손가락 중 새끼손가락이 특별히 길다. 외교적 수완이 풍부하고 변설능력이 있고 이론과 계수방면에 뛰어나다.

• 손모양으로 보아 신체가 강건하며, 곧게 쭉 뻗은 두뇌선은 계수에 밝은 우수한 지능의 소유를 의미한다. 볼록구에서 출발한 직업선 3개, 기타 2개의 선, 합계 5개의 선이 상승하고 있는 바 이는 운세의 변화 부침(浮沈)을 나타내는 것으로 다른 사람에게서는 볼 수 없는 여러 개의 직업선이다. 타의 추종을 불허하는 길상이다.

• 성공선이 여러 개 상승하고 있음은 본인의 애정에 따라 행복하고 안락한 생활을 만년까지 누리며 명성도 함께 얻을 수 있음을 나타낸다. 이런 특수한 손금은 그 예를 찾기 힘든 길상이다.

▶발명왕 에디슨(1847~1931)

세계 최고의 위대한 발명가 에디슨은 백열
전구, 축음기, 영화촬영기 그 외 각종의 발명
을 했다. 특허만도 1,300건을 넘었으며 이런
발명을 하려면 고도의 지적 능력과 학문이
필요했으나 그는 학교 교육도 제대로 받지
못했다. 가정이 가난하여 교육은 초보 정도
이고 12살 때부터 일을 하여 생계를 유지하
지 않으면 안 되었다. 이런 불가사의한 인물
을 읽는 데는 수상으로서 해명이 가능하다.

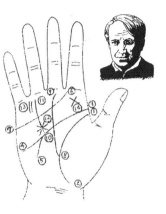

▶프랑스 여배우 사라베루나루(1844~1923)

• 사라베루나루는 세계적인 명성을
얻은 프랑스 여배우로 19세기 말경까지
활약하였으며 극장 르네상스를 경영한
바도 있다.

• 수형은 D.BC.C형으로 엘리자베스
테일러와 비슷하며 직각력이 뛰어나고

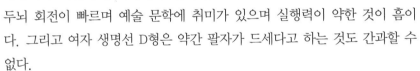

두뇌 회전이 빠르며 예술 문학에 취미가 있으며 실행력이 약한 것이 흠이
다. 그리고 여자 생명선 D형은 약간 팔자가 드세다고 하는 것도 간과할 수
없다.

• 생명선 상에 일부 섬형이 있어 건강상 약간의 문제도 없지 않으며 두
뇌선이 비상하게 명료하고 길고 강한 바 우수한 머리와 천부적인 예술적
재능이 있고 초년부터 상승한 직업선과 성공선은 가히 1급 수상이다. 더구
나 성공선 중간의 별문과 끝의 별문은 세인의 사랑과 애호를 받으며 명성
을 사해에 떨친 운명이다.

• 생명선이 두뇌선과 떨어진 형은 어지간히 행동적인 사람임을 나타낸
다. 남에게 지지 않으려는 경향과 지배욕이 강한 남성형이다.

4. 운세 개운법

(1) 관상개운법

운명을 좋게 하는 개운에 유익한 내용이다. 이 방법은 실험이 중요하며 특히 생활 습관이 중요하다.

① 규칙적 생활

우주의 리듬과 신체의 리듬이 합치되는 것이 중요하다.

기상, 취침, 식사 시간을 정하고 이를 지키는 것이다.

태양이 뜨면 기상하고 태양을 향하여 양팔을 벌리고 매일 심호흡을 실천하라.

의식동원(衣食同源) 소식정량(少食定量) 식사가 인간의 수명을 좌우한다.

식사의 영양 균형이 중요하고 하루 20품목 섭취가 바람직하다. 육식, 당분, 염분의 섭취를 피하고 채식 위주의 식사로 소식한다.

쾌식, 쾌변, 쾌면이 좋다.

집이 풍수학상 좋은 곳이면 여유롭다.

마음의 여유로 생기를 돕는다.

인상은 부모의 유전적 요소도 있으나 후천적으로 본인의 노력에 의한 마음의 여유는 인상을 바꾸며 운명도 바꾼다.

매일 거울을 보며 표정 연습을 하여 미소와 낙천적 사고, 밝은 얼굴, 미소띤 얼굴을 하면 운명을 밝게 한다.

사물의 판단은 선입관이나 고정관념, 감정에 치우치지 말고 객관적으로 판단하라.

모든 일에 적극적으로 행동함이 운을 여는 비결이다.

마음의 평정이 행복한 일상을 만들고 불평불만은 금물, 매사에 감사하는 자세가 중요하다.

지압은 좋다, 특히 머리끝에서 발끝까지 지압하면 건강뿐 아니라 개운에 유용하다.

귀에는 361개의 경혈이 집중되어 있다. 귀를 가볍게 맛사지하면 돈복이 굴러온다.

(2) 일반적인 운명 개선 방안

① 행동지침

• 물은 정수한 물을 마시고 음식에 사용한다. 일반 수돗물은 받아서 48시간 지난 다음 사용한다.

• 음식은 밥의 양을 80퍼센트로 하고 고기, 과일, 야채를 많이 섭취한다.

• 방부제 음식은 가능한 한 피한다. 예) 라면, 빵 등 독이 있는 음식은 피한다.

• 수면은 충분한 시간 취한다. 생활 리듬을 가능한 한 일정 시간으로 유지한다. 즉 규칙적인 생활이 좋다.

• 수면 시 머리를 남쪽이나 동쪽으로 둔다.

• 운동 1) 손 운동의 그림을 활용한다.
    2) 욕탕에서의 운동은 평소의 배의 효과가 있다.
    3) 운명 체조인 수족 운동 흔들이 운동을 병행한다.
    4) 발전하면 합심법도 실천한다.
    5) 기도, 생활, 명상과 합심법을 한다. 특히 시간은 저녁 11시 전후가 아주 좋다. 조석으로 실천한다.

• 약초 경동 시장에 가면

경동시장 건강원

1) 쑥뜸 : 강화 강뜸 활용

2) 수지침을 장애선 부위에 시침한다.

3) 약초로 삼지 구엽초와 오가피는 아주 효능이 좋다.

4) 평상시 머리 영양제와 비타민은 필수 요소

5) 술과 감초의 과다 섭취는 역효과

• 정신 무장 : 운동하면서 꼭 수상의 장애선이 없어져 운명이 좋아지고 나는 꼭 성공한다고 입으로 외친다. 이를 반복하면 123333번째 기적이 일어난다.

"나는 매일 모든 면에서 점점 더 좋아지고 있다."

— 프랑스, 에밀쿠에

(3) 개운 체조

① 운명의 관리

독일의 철학자 니체는 운명을 사랑하라고 했다. 또한 동양의 전통사상에도 하늘에 순응하는 자는 존재하고 거스르는 자는 망한다(순천자는 흥, 역천자는 망)는 뜻이 있다. 운명을 사랑까지야 할 수는 없지만 거스르지 않고 순리대로 따라가면서 지혜로 운명의 활로를 개척할 필요는 있다. 왜냐하면 인간이 태어나고 죽는 것을 자유자재로 할 수 없듯이 운명의 많은 부분도 우리의 의지대로 반드시 전개되는 것이 아니기 때문이다.

따라서 일반적으로 무슨 일이 잘 안 된다고 낙망하거나 실의에 빠져서는 안 되고 주어진 운명을 잘 읽고 미래에 대비하는 예지를 가져야 한다. 본인의 타고난 재능과 후천적 노력에 의해 목표를 이룰 수 있기 때문이다.

그러나 인생의 길에는 예기치 못한 곤란과 장애가 가로놓여 있다. 어려움이 있을 때 장애 요소를 운명개척법으로 제거하여 대난(大難)을 소난(小難)으로 소난(小難)을 무난(無難)으로 바꾸는 것이 바로 개운법이다.

▶ 운명과 자녀교육

'양자강의 오렌지(orange)를 황하 유역에 심으면 탱자(trifoliate orange)가 된다.'

위에 든 예는 자녀 교육에 있어 후천적 환경의 중요함을 말하는 것이다.

유전(流轉)과 환경(環境) 중 어느 쪽이 중요한가의 문제를 둘러싸고 논쟁의 역사가 계속되어 왔다.

아리스토텔레스는 유전을 더욱 중요하다고 생각했으나 그 이후 많은 극단론자들이 나와서 어느 쪽이든 한쪽이 중요하다는 것을 주장했다.

근년에 와서 마구토가루는 본능설의 입장에서 유전 쪽을 지지했으며 이에 대해서 극단적인 환경설을 주장한 것은 위도손이다. 그는 12명의 건강한 어린이를 독특한 세계에서 그에게 맡겨 기르게 한다면 조상의 재능, 취미, 직업, 인종에 관계없이 책임지고 의사, 법률가, 예술가, 상인, 장관, 거지, 도둑놈이라도 되게 해보이겠다고 말하고 있다.

이 생각은 분명히 극단으로 누군가가 위도손에게 음치인 아이를 음악가로 만들어 주었으면 하고 말하면 그의 목적을 위해서 독특한 세계가 필요하게 되겠지만 그런 것은 제아무리 위도손이라도 할 수가 없기 때문이다.

진리는 이 양자의 사이에 있다. 유전과 환경은 하나의 통일을 이루는 두 가지의 원인이며, 어느 쪽도 상대 없이는 성립이 안 된다.

맹모삼천(孟母三遷)이라는 말이 있으나 맹자(孟子)야말로 그 효과를 나타냈던 것으로 이 양자의 조화 없이는 효과를 기대할 수 없다. 굳이 수상에 의한 자녀 기르는 법을 제시하는 이유도 여기에 있다. 물론 유전은 중요하지만 동시에 선천적으로 타고난 재질을 기르고 발전시키는 독특한 교육도 잊어서는 안 될 것이다.

▶ 운명개척법(운명을 다스리는 개운법)

이 운명개척법은 세계 여러 나라의 석학들이 다년간 연구하고 실험을 거친 것이며 그 신묘한 운명개선 방법은 구미 각국의 유명인, 정치가는 물론 특히 일본의 많은 재벌들이 실천하고 있는 방법이다.

• 신(神)과 통하는 합심법(합장법)

운세조정신기법

합심법(合心法)을 행하면 신비로운 힘을 발휘하는 손을 만들 수가 있다. 손가락 다섯 개를 밀착시키고 손바닥을 합치는데, 좌우 각 다섯 개 중 중지는 적어도 제2절까지, 기타의 손가락은 제1절까지를 서로 떨어지지 않게 밀착시키고, 되도록 똑바로 안면의 높이에서 합장하기를 연속 40분간, 1일 1회(하루에 5분~10분 정도가 이상적임) 반복한다.

손바닥은 팔을 심장보다 높게 올려서 합장하고, 손가락사이는 벌리지 않는다

〈정신통일법〉

합장은 생체역학에서 볼 때, 인체를 좌우대칭적인 균형 상태로 하는 것이다. 손바닥을 얼굴의 높이로 유지하는 것은 생체의 각 기관을 이와 같은 균형 상태로 유지하도록 강제하는 것이기도 하다. 이와같이 하는 것에 의해서 교감신경과 미주신경과의 균형이 잡히고, 체액도 이상적인 약 알칼리성이 된다.

여기서 중이며, 공이며, 무가 되어 심신일여(心身一如)의 경지가 열리게 되므로 장문을 마음대로 그릴 수가 있게 되는데 운세도 자유롭게 조정할 수가 있다.

이것이 이른바 그리스의 신문(神文) 즉 합장(合掌)하고 안수(按手)하면 만병을 고친다는 손을 만들고, 로마의 신주(神呪) 즉 합장(合掌)은 신(神)에 통한다는 손을 만드는 것, 또 선가의 쌍수음성(雙手音聲)을 발하는 손을 만드는 것이 된다. 그리고 매일 5분간 정도의 합심법(합장)은 그날의 무병식재(無病息災)를 보증하는 것이다.

타인에게 촉수 요법을 행할 때에는 환자는 혈액 순환이 완전히 될 수 있는 자세를 취하게 하고, 먼저 그 수족이나 신체의 부정(不淨)을 바르게 하고, 그런 뒤에 40분간 수행을 행한 손바닥으로써 환부에 촉수를 행하고, 다시 지두압(指頭壓)을 실시함으로써 자연양능(自然良能)의 힘을 열어 병고를 치유로 향하게 하는 것이다.

합장하는 것은 물리학적으로는 생체의 생물전기의 회로를 만드는 것이다. 따라서 합심법(合心法), 합장(合掌)이라고 하는 형태를 취하는 것에 의해서 스스로의 생물 전기 기능을 높이게 되는 것이다. 지금으로부터 60년 전, 일본의 의학자 서승조(西勝助)가 이것을 발표하였을 때에는 의학계에서는 아무도 상대를 하지 않았던 것이다.

그 뒤, 이태리의 '가르바니'의 학설로서 새로운 인식과 각광을 받게 되고 심장의 수축과 확대에 의해서 전기가 발생하는 것이 해명되기에 이르렀으며, 널리 심전계의 개발까지 하게 된 것은 주지의 사실이다.

▸심신 평형구현 물고기 운동

다른 사람에게 부탁해서 물고기 운동을 하고자 할 때에는 발목을 붙들고 좌우로 흔들어서 진동하게 하면 되고, 어린 아기의 경우에는 허리를 양쪽에서 잡고 좌우로 흔들어주는 허리 물고기운동을 하면 된다.

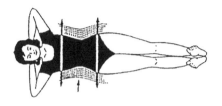

전신의 힘을 빼고 천정을 보고 곧게 누워서 몸을 일직선으로 뻗고 발가락 끝을 무릎쪽으로 직각 이상이 되게 오므리면서 두손을 깍지끼어 머리 아래 목 뒤로 대고, 양쪽 팔꿈치를 펴서 붕어가 헤엄치듯 재빨리 움직여 아침저녁으로 1~2분간씩 한다.
효능) 척추 좌우의 고장이 잡히고 장이 꼬여서 틀어진 염진이나 폐쇄로 막히는 것도 예방. 충수염, 복통에 좋다.

본 운동은 장 본래의 기능을 생리적으로 촉진하는 것 이외에 직업이나 그 밖의 운동 또는 노동에 의해서 생기는 척추신경의 이상을 고르게 한다. 이와 같이 해서 심리적으로도 좌우 심신의 평형을 가져오는 것이며, 마침내 몸과 마음의 평형을 가져오고 이상적인 손금이 그려지게 됨으로써 운명이 개선된다.

(서울법대인상을 받은 방순원 변호사는 오늘도 이 운동을 실천하고 계시다.)

▸만병에 특효한 온냉욕

• 온냉욕의 바른 방법

온냉욕은 손금을 개선하기 위해서는 대기요법과 더불어 빠뜨릴 수 없다. 목욕하면 보통 온욕(溫浴)을 말하지만 온냉욕, 또는 냉온욕은 찬물과 더운

물에 번갈아 들어가는 것이며, 바른 냉온욕의 방법은 목욕통을 두 개 갖추어 준비한 다음 먼저 찬물 목욕통에 1분간 들어가고 다음 더운 목욕통에 1분간 들어갔다가 하는 것을 번갈아 되풀이한다(냉온욕의 그림 설명과 시간표 참조). 온욕은 발한에 의하여 수분, 염분 및 비타민C를 잃게 하고, 산, 염기의 평형을 유지하여 병을 고치고 건강을 지키기 위해서 행하는 것이 온냉욕이다.

온냉욕을 행하는 데는 건강 상태에 따라서 다음의 어느 것인가를 선택할 필요가 있다. 단 매독성인 자는 대기요법을 2, 3개월 실행한 후에 행해야 한다.

병약자나 고령인 사람은 온도차를 적게 해서 시작하는 것이 좋다. 먼저 손목과 발목의 끝부분에 물을 끼얹는 것부터 시작하도록 한다. 이것이 익숙해지면 무릎 아랫부분에 미치고, 다음 허벅지 다리의 가장자리까지 물을 끼얹는다. 이것을 각 부분마다 1주일 정도씩 실시해서 익숙해지면 전신의 냉온욕을 실행하는 것이다.

냉온욕은 피부를 수축 확대시키게 되므로 때도 잘 지고, 체액이 중성으로 유지되기 때문에 때가 잘 끼지 않으며, 이른바 때 벗은 비단결 같은 고운 살결이 되고 암시에도 잘 들으며 본인이 바라는 것이 이루어진다.

(삼성 이병철 회장은 생전에 온냉욕을 조석으로 실시했다.)

• 실시요령(주의사항을 꼭 읽고 실천할 것)

〈표1〉 온냉욕의 시간표(물과 탕을 1회로 계산했을 경우)

횟수\적요	물 (14~15℃)	탕 (41~43℃)	순 서	주 의 사 항
1회	1분	1분	물　탕	▲보건이 목적인 경우에는 물이 섭씨 14~15℃, 탕이 41~43℃에서 하는 것이 좋다. 병약자도 차츰 익숙하도록 해서 이 온도로 계속할 것.
2회	〃	〃	물　탕	▲횟수는 냉온을 합해서 5회 미만으로는 효과가 적고, 11회 이상이면 병약자의 경우 피로해진다. 어느 경우에나 물과 탕에 들어가는 시간을 정확하게 1분으로 하고 물에 먼저 들어가서 마지막도 반드시 물에서 씻고 나오도록 하는 것이다. 온과 냉을 합해서 7회를 표준으로 한다.
3회	〃	〃	물　탕	
4회	〃	〃	물　탕	▲냉온욕을 하면 목욕 후에 한기가 드는 일이 없으며 여름에는 시원하고 겨울에는 따뜻하다.
5회	〃	〃	물　탕	▲오랫동안 익숙해지면 체질에 맞추어 온탕 3분, 냉탕 2분 또는 다음과 같이 변형하여도 무방하다.
6회	〃	〃	물 (끝마침)	①회온탕 5분, ②회냉탕 1분 ③회온탕 4분, ④회냉탕 1분 ⑤회온탕 4분, ⑥회냉탕 1분 ⑦회온탕 4분, ⑧회냉탕 1분 ⑨회온탕5분

물이나 탕에 들어가면 어깨까지 잠기도록 한다.

모래시계

냉탕 (14~15℃)

열탕 (41~43℃)

※냉탕은 30℃부터 견딜만할 때 점차 내려 15℃로 한다.

보통 쓰는 욕조 외에 수조를 준비한다. 수온은 14~15℃가 이상적이나 수돗물도 좋다(여름은 21℃가 됨). 탕은 41~43℃. 온통에 먼저 들어가고 다음 탕으로 들어간다. 각 1분간씩 번갈아하며 마지막에는 물통에서 나오도록 한다. 온냉을 합해서 7회가 표준. 물이나 탕에 들어가면 어깨까지 잠기도록 한다.

• 효능

신경통, 류머티즘, 두통, 당뇨병, 혈압병, 간장병, 심장병, 신장병, 감기, 아디손(Addison) 씨병, 말라리아, 빈혈증, 일반 순환기의 질환, 피로 회복에 좋다.

▶ 만병(萬病)을 고치는 반신욕(半身浴)

일본 進藤義晴(신도 - 요시 하루 : 進藤議院院長)의 이론

만병의 원흉인 냉(冷)을 제거하여 병을 고치는 반신욕은 명치 아래를 물에 담가 목욕하는 방법이다.

사람은 왜 병에 걸리는 것일까?

사람의 병은 사백 네 가지라고도 하고 만병이라고도 하는 모든 병의 근원에는 냉과 과식이 있다. 과식의 해는 일반에게 잘 알려져 있는데 어떤 종류의 음식물은 냉의 원인이 되기도 한다. 한 마디로 말하면 모든 병은 냉 때문에 생기는 것이다.

냉이란 단순히 손발이 차게 느껴지는 냉증만이 아니다.

우리의 몸을 Thermography(적외선으로 체온의 분포를 측정하는 장치)로 보면 누구나 상반신은 온도가 높고(심장을 중심으로 37도 전후) 하반신은 낮은데 특히 발은 31도 이하라는 것이 확인되었다. 이처럼 발목 아래가 저온인데 이에 비해 상반신이 더운 상태를 냉(冷)이라고 하는 것이다. 그러므로 발을 덥게 해도 상반신을 그 이상으로 뜨겁게 하면 그것도 역시 냉의 상태가 되는 것이다.

이런 냉의 상태를 아래 명치 밑 하반신을 목욕탕에 담금으로써 반신욕으로 만병을 치료하는 이론이 성립되는 것이다. 반신욕은 40°C 정도의 물에 명치 아래만 20분에서 30분 정도 목욕한다.

반신욕은 혈액 순환을 촉진시켜 간장병, 신장병, 당뇨병을 개선시킨다.

치질통증을 가라앉힌다.

요통, 어깨결림이 가벼워진다.

생리불순이나 자궁근종을 개선한다.

감기도 쉽게 낫고 혈압도 정상으로 된다.

이렇게 거의 만병을 다스릴 수 있을 정도로 반신욕은 모든 병에 유효하다.

탕에 약을 넣으면 병을 격퇴하는 데 더욱 효과가 있어 삼백초를 넣은 물에 허리까지 담그면 방광염을 고친다. 무좀에도 잘 듣고 피부염, 가려운 것도 잘 낫는다. 무화과 나뭇잎을 넣은 물에 목욕하면 살갗이 아름다워지고

사마귀도 없어진다. 쑥을 넣으면 요통을 고치는 효과가 있다. 솔잎은 물을 덥게 하여 냉증에 효과가 있다.

▶ 바른 식생활 소식정량(小食定量)

상학자(相學者) 水野南北은 〈상법수신록(相法修身錄)〉에서 얼굴생김은 하늘이 주는 것이지만, 절제에 의해서 어떻게든지 바꿀 수가 있다. 설사 가난하고 단명한 상이라도 식사에 주의하면 유복하고 장수하게 된다. 또 비록 부귀하고 장수할 상을 지니고 있을지라도 너무 많이 먹는 사람은 가난하게 되고 병신, 단명이 된다고 했다.

얼굴생김과 밀접한 관련을 갖는 손금은 식생활과도 불가분의 관계가 있으며, 바른 생활을 하지 않으면 건강하게 될 수도 없고 손금도 개선되지 않으며, 좋은 운명을 맞이하기도 어렵다. 그러면 이상적인 식생활은 어떤 것일까?

• 원칙 : 음식물에 관해서는 자기 정신이 기본이므로, 음식물의 분량이 일정하지 못하여 날마다의 식사 분량이 고르지 못하면 그 마음이 안정되지 못한다. 식사의 분량이 일정해지면 비로소 그 정신도 자연히 안정된다. 평정한 마음에는 재난이 닥치지 않는다.

사람이 귀하게 되거나 천하게 되는 것은, 한결같이 음식물의 신중 여하에 달려 있다. 사람은 심기를 기본으로 하므로 입신 출세를 하려고 뜻하는 자는 우선 식사를 줄이고, 또 날마다의 분량을 엄중히 정해 놓아야 한다. 이렇게 정할 수 있는 사람은 반드시 입신 출세를 한다.

정하지 못하는 사람은 한평생 입신 출세를 못하기 마련이다.

• 소식(小食) : 식사 분량의 한도보다도 적게 먹는 사람은 그에 상응한 복을 받고 장수하며, 노년에는 길하다. 소식으로 정해 놓은 분량을 엄중히 지키는 사람은, 비록 빈약의 상일지라도 상당한 복을 받고 장수한다.

• 과식 : 식사의 분량 한도보다도 많이 먹는 사람은 비록 상이 좋을지라도 성공하지 못하며, 한평생 근심 걱정이 끊일 사이 없을 뿐 아니라 노년에도 흉하다. 부잣집의 주인이 만일 대식, 폭식이면 그 가독은 길지 못하다.

하루 세 끼니 식사가 똑같지 못하고 일정하지 않은 사람은 심신이 아직 부정한 것이다. 부인이 대식하면 남편을 이기는 상극이요 부부의 인연이 변화하게 된다. 항상 대식하고도 차차로 말라가는 사람이 있다. 이런 사람은 식사로 인하여 병을 얻어서 죽음을 기다리는 사람이다. 신체가 강건한 사람이라도 항상 대주. 대식을 하고 보면, 혈색이 쇠퇴해서 발전할 기운을 잃고 출세하기는 어렵게 된다.

• 조식(粗食) : 그 수입, 지위, 신분 따위에 비해서 조식을 하는 사람은 아무리 가난뱅이의 상일지라도 상당한 복을 받고 또 수명도 받아서 노년기에 길하기 마련이다.

• 미식(美食) : 햇것이나 풋것 같은 음식물을 즐겨 먹는 사람은 아무리 인상에는 복이 있더라도 산재를 하고 가정을 망치게 된다. 더구나 가난뱅이는 덕이 어디로 사라져서 행방불명이 된다. 미식하는 사람은 한평생 발전하지 못한다. 번창(繁昌)하는 곳에서는 미미육식(美味肉食)을 보통으로 삼가하며 생물을 죽여서 그 고기를 먹음으로써 사람 마음이 어느듯 오만불손해지고 드디어는 악하게 된다. 그러나 항상 조식을 하는 사람은 그 마음이 스스로 안전하고, 따라서 악심을 일으키는 법이 없다. 그러므로 시골이나 두메사람에게는 악인이 적고, 도회지에는 많다.

• 식사 분량이 일정한 사람 : 식사를 엄중히 일정하게 먹는 사람은, 비록 현재의 운이 나쁘더라도 출세를 할 수 있다. 식사를 일정하게 정해 놓은 사람은 몸이 다스려지고 마음이 흔들리지 않으므로 바라는 일이 성취되며 스스로 올바르고 성실해 보인다. 이것은 자연스러운 덕이다. 또 식사를 엄중하게 한정하는 자는 뜻이 있으면 마음도 엄중하다. 따라서 그 신체도 엄중하다. 소식하더라도 식사를 일정하지 않게 먹는 사람은 반드시 다병이다.

식사 분량이 일정하지 못한 사람 : 식사의 분량이 일정하지 못한 사람은 인상이 좋더라도 흉하게 된다. 이런 사람은 일이 안정되지 않고, 거의 다 되어가던 일도 그만 무너져 버리고 만다. 식사 분량이 일정한 사람의 경우, 저절로 그 분량이 흐트러지면 틀림없이 흉사의 전조이므로 엄중한 정량을 정해 놓아야 한다. 식사 분량이 흐트러져서 고르지 않은 사람은 겉으로는 엄중한 듯이 보이더라도 그 마음은 엄중하지 않고 반드시 겉면을 치장하는 격이다.

▸혈압 이상, 장수에 좋은 수족(手足)운동

천장을 바라보고 드러누워서 팔다리를 쭉 곧게 뻗고, 발바닥을 수평으로 해서 수족의 미진동(微振動)을 아침 저녁 1회 1~2분간 한다. 수족의 정맥판을 바로잡고 혈액의 순환을 좋게 하며, 글로뮤(glomus)의 활동과 재생을 촉진한다. 수족 부상이나 발의 고장을 고친다. 고혈압자도 이 수족운동

손발을 가볍게 떤다

을 5분간만 하면 20밀리 정도 내려가며, 저혈압자는 올라가서 정상에 가까워진다. 손금 개선과 운명개조의 기초를 만든다.

• 와천(臥天)수족운동

먼저 천장을 보고 누워 베개를 벤 다음, 수족을 되도록 곧게 펴서 수직으로 들고 발바닥을 되도록 수평으로 한다. 이 상태에서 수족을 미동시키기를 1, 2분간 조석으로 1회씩 행한다.

약 51억 개의 인체의 모세관 중에서 38억 개가 분포되어 있는 사지를 들어 미동시키는 이 모세관현상 발현운동, 즉 약해서 간단히 수족운동이라고 하는 운동은 우선 사지의 정맥판을 정정(整正)하여 정맥혈의 환류를 촉진하고, 또 임파액의 이동 및 그 신구교대를 활발하게 하며, 그 위에다 이 글로뮤(glomus)의 활동 재생을 도와서 노쇠를 막는다.

또 이 수족운동에 의하여 동맥혈이 신체의 각 기관에 흡수되어가므로 전신의 혈액 순환이 생리적으로 행해지게 되고, 이것에 의하여 울혈이 제거되므로 순환 계통의 모든 병이 낫게 되고 또 예방이 되는 것이다. 수족운동은 또 기생충이나 세균류가 침입하기 쉬운 손발의 피부 기능을 완전히 활동시켜서 이들의 침입을 방지한다.

발은 인체의 역학적 기초이고, 따라서 발은 만병의 기본이라고 하는데, 수족운동은 그 발을 생리적으로 건전하게 하는 운동이다.

이 운동의 전에 발끝으로 부채꼴운동하고 발목을 상하로 운동하게 되면, 발은 한층 더 완전하게 되는 것이다.

▶ 장수하는 단배운동(丹背運動)

• 자세와 실행 요령

단배운동에는 준비운동과 본 운동의 두 가지가 있다.

준비운동(약 1분간)

항상 머리의 직립을 기준으로 하고 행한다. (준비운동11종)

ㄱ. 양 어깨를 동시에 상하 굽히기를 열 번

ㄴ. 머리를 오른쪽으로 굽히기를 열 번

ㄷ. 머리를 왼쪽으로 굽히기를 열 번

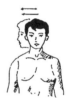

ㄹ. 머리를 앞으로 굽히기를 열 번

ㅁ. 머리를 오른쪽 뒤로 돌리기를 열 번(턱은 당긴 채로)

ㅂ. 머리를 오른쪽 뒤로 돌리기를 열 번

ㅅ. 머리를 왼쪽 뒤로 돌리기를 열 번

ㅈ. 양팔을 수직으로 들고, 머리를 우와 좌로 돌리기를 각 한 번씩

ㅊ. 양팔을 위로 든 채. 엄지손가락을 되도록 깊이 손바닥 안에 굽혀 넣고, 다른 4지로 엄지를 꼭 눌러서 주먹을 쥔다. 주먹을 쥔 채 팔을 직각으로 굽혀서 팔굽을 수평으로 내린다.

ㅋ. ㅊ의 상태에서 위쪽 어깨를 수평으로 한 채 뒤로 당기는 동시에 머리를 뒤로 젖히며 턱을 위로 든다.

이상 11종의 준비운동 종료 후에는 팔의 힘을 빼고, 손바닥을 펴서 가볍게 무릎 위에 세워 놓고, 다음의 단배운동으로 넘어간다.

• 본운동 단배운동(약 10분간)

좌우 흔들이 단(丹)운동

그림과 같이 앉아 어질게 되기를 생각하고, 능력자가 되기를 마음에 새기고, 선하게 되기를 믿는다.

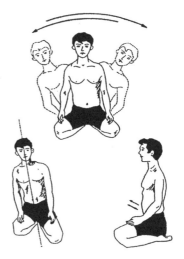

우리들이 체액적으로나 정신적으로나 중용상태에 있을 때, 양·능·선·(良·能·善)을 마음에 두는 것은 불량(不良)이 량(良)이 되는 것이고, 능력자(能力者)가 되는 것이고, 도덕적으로 선자(善者)가 되는 것을 다짐하는 것이다.

생각하는 것이나 마음에 새기는 것, 즉 그 신념이 동물성 신경계통의 의식 속에 들어가고, 다시 이것이 교감신경과 미주신경의 운동 상태에 있는 식물성 신경 계통에 작용하여, 그 결과 최초의 신념이 생리적 결과로서 구현되어 오는 것이다. 이것은 소위 관세음보살의 교리나 성경 원리 또는 진보된 심리학의 이론으로부터도 이해될 수 있는 바이다.

이마를 중심으로 머리의 끝까지 일직선에 가깝게 마치 한 개의 막대기같이 하고, 좌우로 흔드는 동시에 복부의 운동을 병행하기를 조석으로 10분간씩 한다.

복부의 운동은 척추를 좌우로 기울일 때마다 아랫배 중심에 힘을 주어 밀어내는 기분으로 행한다. 따라서 척추 1왕복에 대하여 복부는 2회가 된다. 단 호흡에는 관계가 없다.

운동의 속도는 척추운동 1왕복을 1회로 하여 1분간에 50회 내지 55회, 약 10분간 즉 총수 500회를 표준으로 한다. 단 이 속도에 도달하는 데는 적어도 3개월 계획으로 서서히 하지 않으면 도중에 여러 가지 고장이 일어나는 수가 있으므로 급히 해서는 안 된다. 이렇게 하는 중에 겨울에도 나체로 실행할 수 있을 만큼 피부가 단련되고, 점차로 전신의 건강이 확보되어 간다는 것을 알아야 한다.

관상보고 사람 아는 법

초판 1쇄 발행 ㅣ 2019년 10월 5일
초판 2쇄 발행 ㅣ 2022년 8월 10일

지은이 ㅣ 엄원섭
펴낸이 ㅣ 이현순
펴낸곳 ㅣ 백만문화사
주소 ㅣ 서울 마포구 독막로 28길 34(신수동)
전화 ㅣ 02)325—5176   **팩스** ㅣ 02)323—7633
신고번호 ㅣ 제2013—000126호
전자우편 ㅣ bmbooks@naver.com
홈페이지 ㅣ www.bm—books.com

Copyright 2019 by BAEKMAN Publishing Co.
Printed & Manufactured in Seoul, Korea

ISBN 979—11—89272—15—9 (03180)
값 20,000원